U0136290

文革史料叢刊第六輯

第五冊

李正中　輯編

只有不漠視、不迴避這段歷史，中國才有希望，中華民族才有希望！忘記歷史意味著背叛！

——摘自「文革史料叢刊·前言」

蘭臺出版社

巴金先生說在文革

愛盡火與血磨煉

的人是不會沉默的

八十又
五叟

李正中

著名中國古瓷與歷史學家、教育家。
李正中　簡介

祖籍山東省諸城市，民國十九年（1930）出生於吉林省長春市。

北平中國大學史學系肄業，畢業於華北大學（今中國人民大學）。

歷任：天津教師進修學院教務處長兼歷史系主任（今天津師範大學）。

　　　天津大學冶金分校教務處長兼圖書館長、教授。

　　　天津社會科學院中國文化研究中心主任、研究員。

現任：天津文史研究館館員。

　　　天津市漢語言文學培訓測試中心專家學術委員會主任。

　　　香港世界華文文學家協會首席顧問。

　　　（天津理工大學經濟與文化研究所供稿）

為加強海內外學術交流，應邀赴日本、韓國、香港、臺灣進行講學，

其作品入圍德國法蘭克福國際書展和美國ABA國際書展。

提要

　　無產階級文化大革命時間長達十年之久,被人們稱為「十年動亂」、「十年浩劫」,在歷史的長河中,它的重要性終究不會被抹滅。李正中是一位文革受難者,也是歷史研究者,他認為保留史料以供後人研究是十分重要的事,於是花費數十年的歲月,有計畫地整理蒐集。

　　本書由李正中輯編,其所蒐集的文革史料,部分來自於天津拍賣市場、古舊物市場等地購買;部分是學生贈送。這些第一手直接史資料的內容,包羅萬象,有手寫稿、油印品,鉛印文字、照片、繪畫,傳單、小報等等文革遺物,甚至造反隊的隊旗、臂標也在內。

　　《文革史料叢刊》第六輯共五冊,收錄文革時期的舞臺藝術劇本及政治性質歌曲集。

　　本書為第六輯第五冊,總共387頁,由下列五本書籍合併編排印刷:

1. 革命歌曲選3

   文革時期紅色歌曲。人民音樂出版社出版,1974年12月北京第一版,全書50頁。

2. 海河兒女的心聲

   文革時期紅色歌曲,有詞無曲譜。天津人民出版社出版,1976年12月第一版,全書63頁。

3. 革命歌曲第一集

   文革時期紅色歌曲。人民音樂出版社出版,1978年1月北京第一版,全書47頁。

4. 革命歌曲第五集

   文革時期紅色歌曲。人民音樂出版社出版,1978年9月北京第一版,全書48頁。

5. 電影歌曲第一輯

   文革時期紅色歌曲。天津市電影發行放映公司編印,出版日期不詳,全書68頁。

文革五十周年祭

百萬紅衛兵打砸搶燒殺橫掃五千年中華文史精華　　可惜

中國知識分子慘遭蹂躪委曲求全寧死不屈有氣節　　可敬

國家主席劉少奇無法可護窩窩囊囊死無葬身之地　　可歎

內鬥中毛澤東技高一籌讓親密戰友林彪墜地身亡　　可悲

2016年李正中於5.16敬祭

前言：忘記歷史意味著背叛

文學巨匠巴金說：

應該把那一切醜惡的、陰暗的、殘酷的、可怕的、血淋淋的東西集中起來，展覽出來，毫不掩飾，讓大家看得清清楚楚，牢牢記住。不能允許再發生那樣的事。不再把我們當牛，首先我們要相信自己不是牛，是人，是一個能夠用自己腦子思考的人！

那些魔法都是從文字遊戲開始的。我們好好地想一想、看一看，那些變化，那些過程，那些謊言，那些騙局，那些血淋淋的慘劇，那些傷心斷腸的悲劇，那些勾心鬥角的醜劇，那些殘酷無情的鬥爭……為了那一切的文字遊戲！……為了那可怕的十年，我們也應該對中華民族子孫後代有一個交代。

要大家牢記那十年中間自己的和別人的一言一行，並不是讓人忘記過去的恩仇。這只是提醒我們要記住自己的責任，對那個給幾代人帶來大災難的「文革」應該負的責任，無論是受害者，或者害人者，無論是上一輩或是下一代，不管有沒有為「文革」舉過手點過頭，無論是造反派、走資派，或者逍遙派，無論是鳳或者是牛馬，讓大家都到這裡來照照鏡子，看看自己為「文革」做過什麼，或者為反對「文革」做過什麼。不這樣，我們怎麼償還對子孫後代欠下的那一筆債，那筆非還不可的債啊！

（摘自巴金《隨想錄》第五冊《無題集‧紀念》）

我高舉雙手讚賞、支持前輩巴老的呼籲。這不是一個人的呼籲，而是一個民族對其歷史的反思。一個忘記自己悲慘歷史和命運的民族，就是一個沒有靈魂的民族，沒有希望的民族，沒有前途的民族。中華民族要真正重新崛起於世界之林，實現中華夢，首先必須根除這種漠視和回避自己民族災難的病根，因為那不意味著它的強大，而恰恰意味著軟弱和自欺。這就是我不計後果，一定要搜集、編輯和出版這部書的原因。我想，待巴老呼籲的「文革紀念館」真正建立起來的那一天，我們才可以無愧地向全世界宣告：中華民族真正走上了復興之路……。

當本書即將付梓時刻，使我想到蘭臺出版社出版該書的風險，使我內心感動、感激和感謝！同時也向高雅婷責任編輯對殘缺不全的文革報紙給以精心整理、校對，付出辛勤的勞累致以衷心得感謝！

感謝忘年交、學友南開大學博導張培鋒教授為拙書寫「序言」，這是一篇學者的呼喚、是正義的伸張，作為一個早以欲哭無淚的老者，為之動容，不覺潸然淚下：「一夜思量千年事，人生知己有一人」足矣！

李正中於古月齋

2014年6月1日文革48周年紀念

序言：中國歷史界的大幸，也是國家、民族之大幸

張培鋒

　　李正中先生積三十年之功，編集整理的《文革史料叢刊》即將出版，囑我為序。我生於1963年，在文革後期（1971-1976），我還在讀小學，那時，對世事懵懵懂懂，對於「文革」並不瞭解多少，因此我也並非為此書寫序的合適人選。但李先生堅持讓我寫序，我就從與先生交往以及對他的瞭解談起吧。

　　看到李先生所作「前言」中引述巴金老人的那段話，我頓時回想起當年我們一起購買巴老那套《隨想錄》時的情景。1985年我大學畢業後，分配到天津大學冶金分校文史教研室擔任教學工作，李正中先生當時是教務處長兼教研室主任，我在他的直接領導下工作。記得是工作後的第三年即1987年，天津舉辦過一次大型的圖書展銷會（當時這樣的展銷會很少），李正中先生帶領我們教研室的全體老師前往購書。在書展上，李正中先生一眼看到剛剛出版的《隨想錄》一書，他立刻買了一套，並向我們鄭重推薦：「好好讀一讀巴老這套書，這是對「文革」的控訴和懺悔。」我於是便也買了一套，並認真讀了其中大部分文章。說實話，巴老這套書確實是我對「文革」認識的一次啟蒙，這才對自己剛剛度過的那一個時代有了比較深切的瞭解，所以這件事我一直記憶猶新。我記得在那之後，李正中先生在教研室的活動中，不斷提到他特別讚賞巴金老人提出的建立「文革紀念館」的倡議，並說，如果這個紀念館真的能夠建立，他願意捐出一批文物。他說：「如果不徹底否定「文革」，中國就沒有希望！」我這才知道，從那時起，他就留意收集有關「文革」的文獻。算起來，到現在又三十年過去了，李先生對於「文革」那段歷史「鍾情」不改，現在終於將其衰輯付梓，我想，這是中國歷史界的大幸，也是國家、民族之大幸！

　　前兩年，我有幸讀到李正中先生的回憶錄，對他在「文革」中的遭遇有了更為真切的瞭解。「文革」不僅僅是中國知識分子的受難史，更是整個民族、人民的災難史。正如李先生在「前言」中所說，忘記這段歷史就意味著背叛。李先生是歷史學家，他的話絕非僅僅出於個人感受，而是站在歷史的高度，表現出一個中國知識分子的真正良心。

　　就我個人而言，雖然「文革」對我這一代人的波及遠遠不及李先生那一代人，但自從我對「文革」有了新的認識後，對那段歷史也有所反思。結合我個人現在從事的中國傳統文化教學與研究來看，我覺得「文革」最大的災難在於：它對中華優秀傳統文化做出了一次「史無前例」的摧毀（當時稱之為「破四舊，立新風」，當時究竟是如何做的，我想李先生這套書中一定有非常真實的史料證明），從根本上造成人心

的扭曲和敗壞，並由此敗壞了全社會的道德和風氣。「文革」中那層出不窮的事例，無不是對善良人性的摧殘，對人性中那些最邪惡部分的激發。而歷史與現在、與未來是緊緊聯繫在一起的，當代中國社會種種社會問題、人心的問題，其實都可以從「文革」那裡找到根源。比如中國大陸出現的大量的假冒偽劣、坑蒙拐騙、貪汙腐化等現象，很多人責怪說這是市場經濟造成的，但我認為，其根源並不在當下，而可以追溯到四十年前的那場「革命」。而時下一些所謂「左派」們，或別有用心，或昧了良心，仍然在用「文革」那套思維方式，不斷地掩飾和粉飾那個時代，甚至將其稱為中國歷史上最文明、最理想的時代。我現在在高校教學中接觸到的那些八十年代、九十年代後出生的年輕人，他們對於「文革」或者絲毫不瞭解，或者瞭解的是一些經過掩飾和粉飾的假歷史，因而他們對於那個時代的總體認識是模糊甚至是錯誤的。我想，這正是從巴金老人到李正中先生，不斷呼籲不要忘記「文革」那段歷史的深刻含義所在。不要忘記「文革」，既是對歷史負責，更是對未來負責啊！

記得我在上小學的時候，整天不上課，拿著毛筆──我現在感到奇怪，其實就連毛筆不也是我們老祖宗的發明創造嗎？「文革」怎麼就沒把它「革」掉呢？──寫「大字報」，批判「孔老二」，其實不過是從報紙上照抄一些段落而已，我的《論語》啟蒙竟然是在那樣一種可笑的背景下完成的。但是，僅僅過去三十多年，孔子仍然是我們全民族共尊的至聖先師，「文革」中那些「風流人物」們今朝又何在呢？所以我認為，歷史是最公正、最無情的，是不容歪曲，也無法掩飾的，試圖對歷史進行歪曲和掩飾其實是最愚蠢的事。李正中先生將這些「文革」時期的真實史料拿出來，讓那些並沒有經歷過那個時代的人們真正認識和體會一下那場「革命」的真實過程，看一看那所謂「革命」、「理想」造成了怎樣嚴重的後果，這就是最好的歷史、最真實的歷史，這也就是巴老所說的「文革紀念館」的一個重要組成部分啊！我非常讚成李正中先生在「前言」中所說的，只有不漠視、不回避這段歷史，中國才有希望，中華民族才有希望！

是為序。

中華民族最黑暗的年代「文革」48周年紀念於天津聆鍾室
〔注〕張培鋒：現任南開大學文學院教授博士班導師

古月齋叢書8　文革史料叢刊　第六輯

前言：忘記歷史意味著背叛　李正中

序言：中國歷史界的大幸，也是國家、民族之大幸　張培鋒

革命歌曲选

人民音乐出版社

1974

图书卡片

种类: 文学艺

书号: 88

书名: 舵孩曲选

针机图书室

革 命 歌 曲 选

第 三 集

人民音乐出版社

一九七四年·北京

革 命 歌 曲 选

（第三集）

★

人 民 音 乐 出 版 社 出 版

（北京朝内大街166号）

新 华 书 店 发 行

外 文 印 刷 厂 印 刷

787×1092毫米32开本　44面曲谱　1.5印张

1974年12月北京第1版　1974年12月北京第1次印刷

书号：8026·3028　定价：0.12元

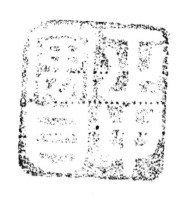

目　录

毛主席的军事路线永放光芒

翟俊杰词
彦 克曲

1=F 4/4

豪迈有力 阔步行进

高 山 顶， 在 青 纱 帐， 在
上 甘 岭， 在 珍宝 岛 上， 在
边 防 线， 在 天空 海 洋， 在

祖 国 解 放 的 战 场 上，
消 灭 侵略 者的 西沙 战 场，
祖 国 需 要 的 任何 地 方，

我 们的 队 伍 南 征 北 战， 嘿！
我 们的 队 伍 所 向 无 敌， 嘿！
我 们的 队 伍 一 往 无 前， 嘿！

```
5  5   i  6   5  | 5.3  2 3  1   0 |
井 冈  山 星   火   燃   遍  四   方。
胜利 革命 的步 旗帜 伐   迎风 势不 可  挡。
```

```
i.     i  i   5  | 6.6  6 5  3   - |
人     民 军   队   百   战  百   胜，
提     高 民   团结  保卫 官兵 祖团 国结，
```

```
2.     1  2   3  | 5.3  5 6  5   0 |
从     小 到   大、 从   弱  到   强；
军步   民 调   筑一  起致 铁壁 斗志 铜墙 昂扬，
```

```
6.  6   5.  1   2  | 3 3   5  6  | 1. 1
枪  杆   子  打   出   新 天   地，  毛 主
人  民   的  战   原   则是 党  指  挥枪，毛 主
```

```
i  5  6.6 5 3 | 2 1 2 3 5  -  | 6.  3  5  6
席的 军事路线   永放光 芒，      永  放  光
席的 军事路线   永放光 芒，      永  放  光
席的 军事路线   永放光 芒，
```

```
i  -  -  03 | 6.  3 5 6 | i  -  -  0
芒。 2.在      永 放光 芒。
芒。 3.在
```

红 旗 颂

葛绪光词
王鸿德曲

1=F 2/4

雄壮、豪迈

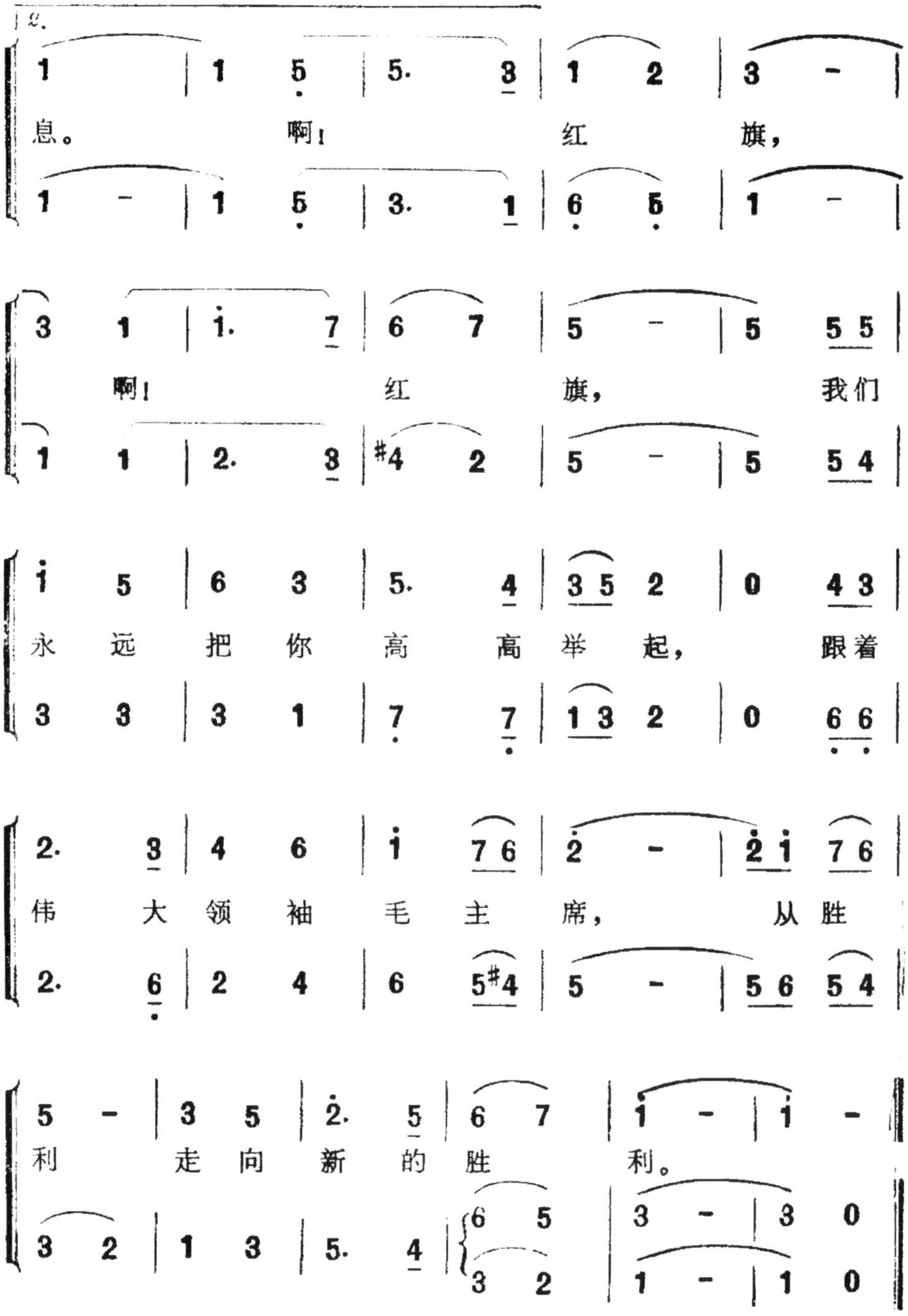
息。 啊！ 红 旗，
啊！ 红 旗， 我们
永 远 把 你 高 高 举 起， 跟着
伟 大 领 袖 毛 主 席， 从胜
利 走 向 新 的 胜 利。

毛主席，各族人民热爱您

1=♭E 4/4　　女高音独唱

刘士贤词
尚德义曲

1. 敬爱 的毛主席， 毛 主 席，
2. 敬爱 的毛主席， 毛 主 席，

各族 人民 热爱 您。 吹起芦笙，弹起月琴，
各族 人民 热爱 您。 天山 角下，海兰江滨，

唱支 赞歌献给您， 翻身 农奴，草原牧民，
大寨 花开万年春， 多少 苗寨，多少黎村，

颗颗 红心向着您。 啊
革命 生产齐跃进。 啊

渐慢

您是我们的带路 人， 您和我们亲 又 亲。
文化大革命凯歌 传， 祖国面貌新 又 新。

$\underset{\text{敬}}{5} \quad - \quad \underset{\text{爱}}{1} \quad \underset{\text{的}}{3} \mid \underset{\text{毛}}{5} \underset{\text{主}}{3} \underset{\text{席}}{5} \underset{}{6} \quad \underset{}{5} \quad \underset{}{3} \mid \underset{\text{毛}}{\dot{3}} \quad \underset{\text{主}}{\dot{1}} \underset{}{3} \underset{}{\dot{1}} \underset{}{5} \underset{}{6} \underset{}{5} \underset{}{\dot{3}} \mid$

$\overset{8}{\underset{\text{席}}{5}} \quad - \quad - \quad - \mid (0 \ \dot{3} \ \dot{1} \ 5 \ 6 \ 5 \ 3) \quad \underset{\text{各}}{1} \quad - \quad \underset{\text{族}}{4} \quad \underset{\text{人}}{6} \mid \underset{\text{民}}{\dot{2}} \quad \dot{1}\dot{2} \quad \dot{1} \quad 6 \mid$

$\underset{\text{热}}{\dot{1}} \quad \underset{\text{爱}}{5} \underset{}{6} \quad \underset{}{5} \quad \underset{\text{您}}{3} \mid (0 \ 1 \ 2 \ 3 \ 4 \ 5 \ 6 \ 7) \quad \underset{\text{您}}{\dot{1}} \quad - \quad - \quad - \mid \underset{\text{的}}{\dot{1}.} \quad \underset{\text{恩}}{\dot{1}\dot{2}} \quad \underset{\text{情}}{\dot{1}}{}^{\flat}7 \ 6 \ 56 \mid$

$\underset{\text{比}}{4} \underset{\text{山}}{4} \underset{}{3} \underset{}{4} \underset{}{6} \quad \underset{\text{高}}{-} \mid (0 \ 4\dot{8} \ 45 \ 6) \quad \underset{\text{您}}{2.} \quad \underset{\text{的}}{2} \underset{\text{恩}}{5} \underset{\text{情}}{4} \underset{}{3} \underset{}{23} \mid (031 \ 345) \quad \underset{\text{比}}{1} \underset{\text{海}}{5} \underset{}{1} \underset{}{34} \underset{\text{深}}{5} \quad - \mid$

$\underset{\text{您}}{\dot{1}.} \underset{\text{的}}{\dot{1}} \underset{\text{光}}{\dot{1}} \underset{\text{辉}}{\dot{1}} \underset{\text{思}}{\dot{2}} \quad \underset{\text{想}}{\dot{1}} \underset{}{7} \mid \underset{\text{照}}{6} \underset{\text{亮}}{5} \quad \underset{\text{了}}{4} \underset{\text{我}}{3} \underset{\text{们}}{5} \underset{\text{的}}{1} \underset{}{\dot{2}} \mid \underset{\text{心}}{3} \quad - \quad - \quad 2 \mid$

渐回原速

$\underset{\text{社}}{\dot{1}} \underset{\text{会}}{\dot{1}\dot{2}} \underset{\text{主}}{\dot{1}}{}^{\flat}7 \ 6 \underset{\text{义}}{4} \underset{\text{前}}{6} \underset{\text{程}}{6} \mid \underset{\text{似}}{\dot{1}} \underset{\text{锦}}{\dot{1}\dot{2}} \underset{}{\dot{1}}{}^{\flat}7 \ 6 \ 4{}^{4}6 \ (67 \mid \underset{\text{我}}{\dot{1}}\underset{\text{们}}{2}\underset{}{3}\underset{}{2} \ \dot{1}{}^{\flat}765 \ 4345 \ 6) \mid$

永远跟着您。

$\underset{\text{党}}{\dot{1}} \underset{\text{的}}{\dot{1}\dot{2}} \underset{\text{阳}}{\dot{1}} \underset{\text{光}}{5} \underset{\text{照}}{5} \underset{\text{耀}}{3} \underset{\text{我}}{5} \underset{\text{们}}{5} \mid \underset{\text{各}}{\dot{1}} \underset{\text{族}}{\dot{1}\dot{2}} \underset{\text{人}}{\dot{1}} \underset{\text{民}}{6} \underset{\text{一}}{5} \underset{\text{条}}{3} \underset{\text{心}}{5} \mid \underset{}{3} \quad - \quad \underset{\text{啊！}}{5} \quad \dot{1} \mid$

沿着您的革命 路线，

团结胜利向 前 进， 向

前 进。

我站在金水桥上唱赞歌

独 唱

晏玉林、谷成波词
胡 箎、尹晓星曲

1=G 2/4

激情地

钢 枪

握 在 手， 红星 映金 波，

6. $\underline{\dot{1}}$ 5 3 | $\underline{2\ 1}$ 2 | $\underline{3\ 5}$ 6 | 0 $\underline{6\ 5}$ |
警 卫 战 士 仰 望 天安 门， 金水

$\dot{1}$. 2 | $\underline{3\ 6}$ 5 | 5 - | $\underline{5\ 6}$ $\underline{5\ 2}$ | $\underline{3\ \dot{1}}$ $\underline{5\ 6}$ |
桥 上 唱赞 歌，金水

3 $\underline{0\ 6}$ | 5. 3 | $\underline{2.5}$ 3 | 1 - | 1 ($\underline{0\ 12}$ |
桥 上 唱 赞 歌。

稍快

$\underline{3.6}$ $\underline{5\ 3}$ | $\underline{2.5}$ 3 | 1. 2 | $\underline{1\ 55}$ $\underline{5\ 5}$) 5 $\underline{5\ 6}$ |
天 安

2. 3 | $\underline{2.3}$ $\underline{1\ 7}$ | 6 - | 6 6 5 | $\underline{4.3}$ $\underline{5\ 6}$ |
门 的 红 旗 辉映 着 万里 山

2 - | 2 $\underline{6\ 5}$ | 1 2 | $\underline{3\ 5}$ 6 | $\underline{6\ 7}$ $\underline{6\ 5}$ |
河， 中南 海 的 明灯 照亮了

$\underline{3.5}$ $\underline{2\ 1}$ | 6 $\underline{6.\dot{1}}$ | 5 - | 5 - | $\underline{0\ 6}$ $\underline{5\ 6}$ |
社会 主义 祖 国。 大庆

| 1 | 1 | 1 2 | 1 2 | 3 | 3 | 3 5 | 3 5 | 6 | 6 |

精 神　　放 射 异 彩，　大 寨 红 花

| 7.6 | 5 6 | 3 | - | i. | i | 6.6 | i | 6 5 | 6 |

遍 地 结　果。　　文　化 大 革 命　胜 利

| 3 | 2 | 0 | 1 2 | 3 | i | 6. | 5 | 5.2 | 3 |

辉 煌，　　　七 亿 人　民　　　朝 气 蓬

| 1. | 5 | 1. | 2 | 3 6 | 5 | 5 | - | 0 i | 7 6 |

勃。啊！　　　　　　　　　　　金 色 的

| 5 | 3 7 | 6 | - | 6 | 5 6 | 5 | 3 | 1 6. | 1 |

北　京，　　　阳 光 灿 烂 暖

| 5 | 6 | 2 | - | 2 | 1 1 | 4. | 5 | 6 6 | 6 |

心　窝，　　　伟 大 领　袖　毛 主 席

| 5. | 3 | 5 | 6 | 7 | - | 7 | i 6 | 5 | - |

指　航　程，　　革 命 道

3 <u>65</u>｜5. 　<u>6</u>｜<u>31</u>2｜1 - ｜1（0 <u>12</u>｜
路　多么　广　　　　　阔。

<u>1.7</u> <u>63</u>｜5. 　<u>35</u>｜<u>2.5</u> 3｜1)5｜5. 　<u>6</u>｜
　　　　　　　　　我　　站　　在

<u>3.2</u> <u>35</u>｜1 <u>61</u>｜5. 　<u>6</u>｜6. 　5｜4　3｜
金水　桥上　唱 赞　歌，　赞　歌 一 唱

<u>2.3</u> <u>16</u>｜2 - ｜2.　 0｜3. 　5｜i　i｜
千山　万水　和。　　　　警 卫 战 士

7 <u>65</u>｜6 <u>766</u>｜5　3｜<u>21</u> 2｜3　5｜
忠 于　党，心中的 太 阳 永　不

6 - ｜6 <u>655</u>｜i <u>76</u>｜2 - ｜2 - ｜
落，　　心中的 太　阳

稍慢　　　　　回原速
7. 　<u>6</u> 5　3｜i - ｜i - ｜i - ｜i 0‖
永　不　落！

歌颂伟大的党

刘文玉词
秦咏诚曲

1=C 2/4

中速

(5.5 i2 | 3 - | 5.3 2i | 2 - | 3 2 i |

7.2 65 | i 1.1 | 13 56) ‖: i.i i | 6. 5 |

1.(领)毛主席　亲　手
2.(领)毛主席　亲　手
3.(领)毛主席　亲　手

43 2.3 | 1. 5 | i 2 | 3 2 i | 7.6 7 2 |

培　育的　党，　在　疾　风　暴　雨　中　壮大　成
培　育的　党，　在　改天　换地的　斗争　中　谱写　新
培　育的　党，　在　文　化　大革　命中　乘风　破

(3 3 2 i)

5 - | 6. 7 | i 6 | 4. 6 | 5 3 |

长，　半　个　世　纪　英　勇　战　斗，
章，　艰　苦　奋斗，　改　造　中　国，
浪，　无产阶级　专　政　日　益　巩　固，

0 1 23 | 5 3 | 2 - | 2 3 | 2.3 25 | i - |

迎　来了　祖　国　　　一片春　光。
锦　绣　河　山　　　壮丽辉　煌。
马　列　主义战　旗　　　高高飘　扬。

混声二部

| 5 | i·2 | 3· | 3̇ | 5̇5̇3̇3̇2̇1̇ | 2̇ — | 6 | 2̇·3̇ |

伟　　大 的　党　　是 人民的希　　望，　　伟　大 的

| 5 | 6·7 | i· | i | 2̇1̇i76 | 7 — | 6 | 7·i |

| 4· | 4 | 5̇4̇4̇3̇2̇ | 3̇ — | 3̇·3̇ 3̇5̇ | 6̇·6̇ 6̇i |

党　　是 胜利的保　　障，　　全国 人民　紧紧 跟着

| 2̇· | 2̇ | 3̇2̇2̇1̇7 | i — | 3̇·3̇ 3̇5̇ | 6̇·6̇ 6̇i |

1.2.

| 2̇·i 75 | 6 i | 5̇·5̇ i2̇ | 3̇5̇ | 4̇ | 3̇3̇3̇2̇ |

中国 共产　党，　团结 战斗 奔　向 胜利的前

| 7·6 53 | 6 3 | 5̇·5̇ 67 | i3̇ | 2̇ | i5545 |

3.

| i — | i 0 ‖ 5̇·5̇ i2̇ | 3̇· 4̇ | 5̇· 4̇ |

方。　　　　　团结 战斗　奔　　向

| 3̇ — | 3̇ 0 ‖ 5̇·5̇ 67 | i· 2̇ | 3̇· 2̇ |

| 3̇3̇3̇2̇ | i — | i — | i 0 ‖

胜利的 前　方。

| i5 567 | i — | i — | i 0 ‖

28

敬爱的领袖伟大的党

大为 宝贵、周彦词

铁 源曲

1=A 2/4

热情地 进行速度

```
(1 1   6 | 4.5 6 | 5.4 3 4 | 5 - | 5 6 5 | 5.4 3 2 |
 1 1.1 | 1 0) | 5. 5 5 6 | 5 3 2 | 1.7 6 1 | 5 - |
```

1. 滔 滔 长 江 翻 银 浪，
2. 粮 仓 座 座 遍 城 乡，
3. 团结的大 旗 迎 风 扬，

```
 1 1 2 | 6 1 5 | 5.4 3 5 | 2 - | 5.5 5 6 |
```

莽 莽 昆 仑 披 霞 光。 天 翻 地
钢 花 飞 舞 石 油 香。 山 河 巨
胜 利 的 歌 声 传 四 方。 革 命 形

```
 5 3 2 | 1.7 2 3 | 6 1 6 | 5 | 3 5 | 2 | 1.2 |
```

覆 换 人 间，是 谁 领 导 咱 得 解
变 日 月 新，光 辉 的 道 路 谁 开
势 一 片 好，前 进 的 巨 轮 谁 领

```
 3 - | 3. 0 1 1 | 6 | 4.5 6 | 5.4 3 4 |
```

放？ 敬 爱 的 领 袖 毛 主
创？ 敬 爱 的 领 袖 毛 主
航？ 敬 爱 的 领 袖 毛 主

```
 5 - | 5 6 5 | 5.4 3 2 | 1 - | 1 - |
```

席， 伟 大 的 中 国 共 产 党！
席， 伟 大 的 中 国 共 产 党！
席， 伟 大 的 中 国 共 产 党！

无产阶级文化大革命胜利辉煌

李如会词、
沧远、鲁生、瑞征曲

$1=^\flat E$ $\frac{2}{4}$

$$\begin{array}{l}
\dot{1}.\underline{\dot{1}}\ \dot{1}\ \dot{2}\ |\ \dot{1}.\quad 5\ |\ \underline{6.5}\ \underline{\overset{\frown}{4\ 3}}\ |\ 2\quad -\ |\ \dot{1}.\underline{\dot{1}}\ \dot{1}\ \dot{2}\ | \\[4pt]
\text{党的 基本 路}\qquad\text{线 深入 人}\qquad\text{心，}\qquad\text{马列 主义、} \\
\text{社会主义 新生 事物 发展 壮}\qquad\text{大，}\qquad\text{一代 新人} \\
\text{批林批孔 普及 深入 持久 发}\qquad\text{展，}\qquad\text{亿万 人民} \\[4pt]
3.\underline{3}\ 3\ 3\ |\ 6.\quad 5\ |\ \underline{4.3}\ \underline{2\ 1}\ |\ 2\quad -\ |\ 6.\underline{6}\ 6\ 7\ |
\end{array}$$

$$\begin{array}{l}
3.\underline{3}\ \underline{\overset{\frown}{2\ 1}}\ 7\ 6\ |\ 5\ 6\ 5\ |\ \underline{4.3}\ \underline{2\ 1}\ |\ 5\quad -\ |\ 5\quad -\ | \\[4pt]
\text{毛泽东 思 想 把我 们 武}\qquad\text{装，} \\
\text{迎着大风大浪 苗 壮 成}\qquad\text{长，} \\
\text{满怀革命豪情 谱 写 胜利篇}\qquad\text{章，} \\[4pt]
\dot{1}.\underline{\dot{1}}\ 7\ 6\ |\ 5\quad 3\ |\ \underline{2\ 2}\quad 3\ |\ \underset{\cdot}{6}\ |\ 3\quad -\ |\ 3\quad -\ |
\end{array}$$

$$\begin{array}{l}
3.\underline{3}\ 3\ 3\ |\ 6\ 6\ 6\ 6\ |\ \underline{7.6}\ \underline{\overset{\frown}{5\ 6}}\ |\ 3\quad 0\ |\ 7.\qquad 6\ | \\[4pt]
\text{彻底 粉碎 资本 主义 复辟 阴}\qquad\text{谋，}\qquad\text{无}\qquad\text{产} \\
\text{马列 主义要全面 占领 上层 建}\qquad\text{筑，}\qquad\text{社}\qquad\text{会} \\
\text{反复辟，反倒 退，批判 封资 修，}\qquad\text{继} \\[4pt]
1.\underset{\cdot}{7}\ \underset{\cdot}{6}\ 1\ |\ 4\ 4\ 4\ 4\ |\ \underline{5.4}\ \underline{\overset{\frown}{3\ 2}}\ |\ 3\quad 0\ |\ 2.\underline{2}\ 2\ 1\ |
\end{array}$$

无产 阶级
社会 主义
继　 续

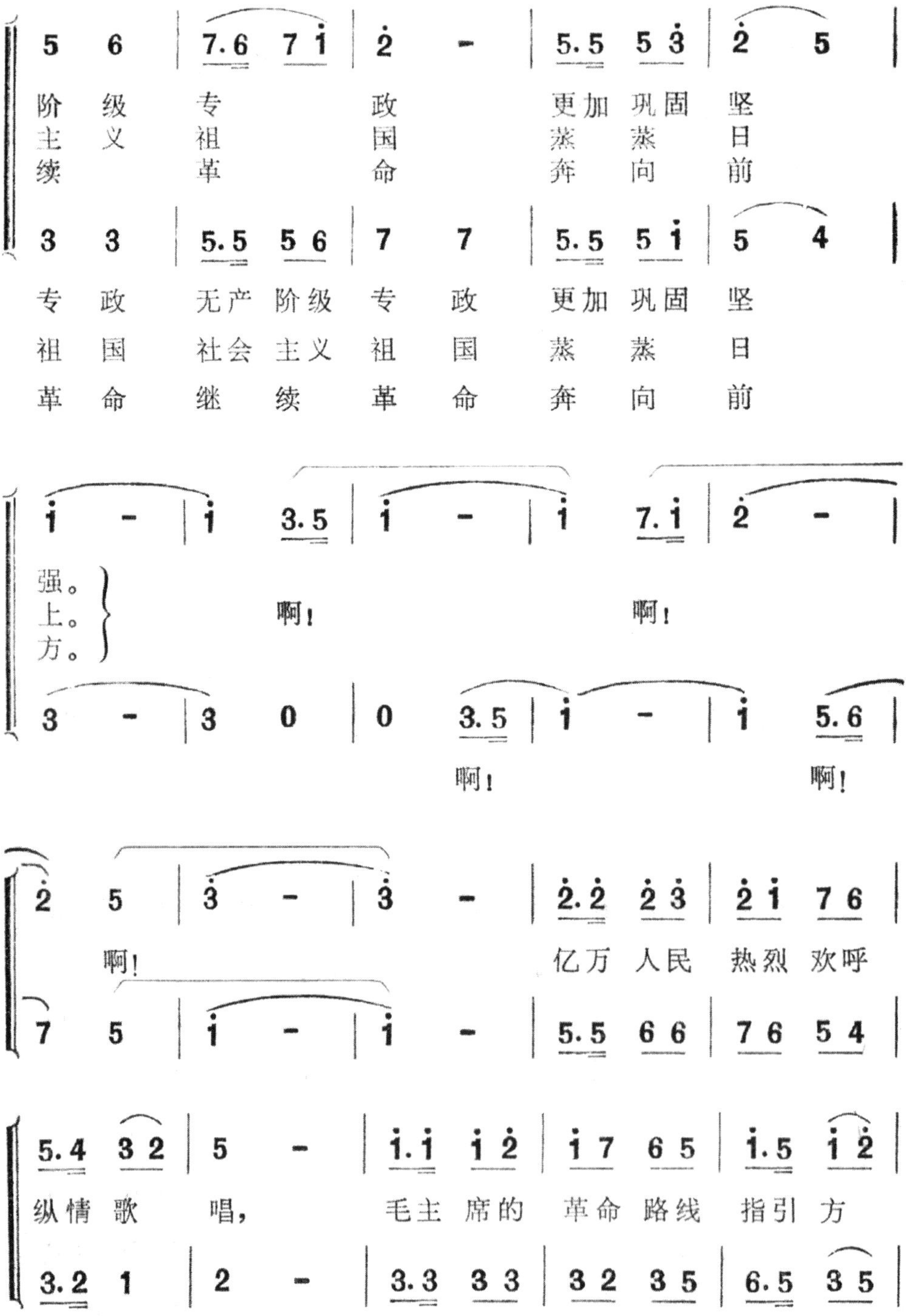

阶级专政更加巩固坚
主义祖国蒸蒸日
续革命奔向前
专政无产阶级专政更加巩固坚
祖国社会主义祖国蒸蒸日
革命继续革命奔向前
强。
上。
方。
啊!
啊!
啊!
啊!
啊!
亿万人民热烈欢呼
纵情歌唱,毛主席的革命路线指引方

向。 亿万 人民 热烈 欢呼 纵情 歌 唱，

无产 阶级 文化 大革 命 胜 利

1.2. 辉 煌。 3. 辉 煌。

深挖洞，广积粮，不称霸

韩 敏、铁 志词
李名方改词作曲

1=C 2/4

热情、壮健

1.深 挖 洞，嗨！深 挖 洞， 全民 皆兵
2.广 积 粮，嗨！广 积 粮， 全国 人民
3.不 称 霸，嗨！不 称 霸， 革命 人民

| 2 32 1 6 | 3 6 | 1 | 6.5 3 | 5 | 3 5 | 6. | 1 |

战旗 红， 战 旗 红。 从 城 市， 从城革 命，
斗志 昂， 斗 志 昂。 抓 城 革 命，
是一 家， 是 一 家。 五 大 洲，

| 6 5 3 | 2 6 | 6. 6 1 3 | 2 3 0 1 | 6 — | 6 0 |

到 乡 村， 筑 起地下铁 长 城。
促 生 产， 备 战备荒有 力 量。
三 大 洋， 我们的朋友 遍 天 下。

| 3 3 5 | 2 3 1 6 | 6. 6 5 3 | 2 3 1 2 | 3 2 3 |

又 能 防， 又 能打， 灵活机动 布奇兵。 毛主 席
学 大 寨， 好 榜样， 道路越走 越宽广。 毛主 席
反 霸 权， 反 侵略， 风雷激荡 传天涯。 毛主 席

| 5.5 3 5 | 6 1 6 1 | 2 — | 3 2 3 | 1 6 5 3 |

号召 我们 深 挖 洞， 人 民 战 争
指示 我们 广 积 粮， 革 命 事 业
教导 我们 不 称 霸， 团 结 斗 争

| 1. 2. |
| 3.5 6 1 | 2 3.1 | 6 — | 6 (0 6 1 3 | 6. 3 3 |

威 力 无 穷。
蓬 勃 兴 旺。

| 6. 3 3 | 6 3 6 1 6 1 | 2 1 2 3 2 3 | 6 0 3 2 1 | 6 3.3 |

mp

| 6 3.3) | 3. |
| 3.5 6 1 | 2 3.1 | 6 — | 6 — |

力 量 大。

我们是马列主义的理论大军

上海市群众歌咏大会
筹备小组词曲

1=A 2/4

坚定有力 稍快

```
5  5.5 | 3.    1 | 2  1.2 | 5  -  | 5.3 6 5 |
1.火 红的  战    旗 指  征   程,      万里 山河
2.火 红的  战    旗 指  征   程,      万里 山河

3 5  1.6 | 2  -  | 2  -  | 3 3 3 | 5.5 5 3 |
风 雷  滚。            毛主 席  号召 我们
风 雷  滚。            毛主 席  号召 我们

2  1 2 | 3  5.5 | 1  3 | 6  -  | 5.    5 |
学 理  论, 亿万 人 民    齐           齐
学 理  论, 亿万 人 民    齐           齐

3  2 | 1  0 | 6 0 3 0 | 6.6 6 1 | 2.3 2 5 | 6  0 |
上    阵。   占 领  资产阶级 世袭领  地,
上    阵。   批 判  剥削阶级 孔孟之  道,

- 2 0 6 0 | 2.2 2 3 | 5.3 2 1 | 2  1 1 1 | 6.  6 5 | 3 3 |
筑 起   反修防修 钢铁长   城。我们是 马 列主 义的
巩 固   无产阶级 红色政   权。我们是 马 列主 义的

1.1 2 | 3  5 | 6.    6 | 5 0 3 0 | 2.2 5 | 1  0 |
理论大 军,     势 如 破竹 横扫残  云!
理论大 军,     高 唱战歌 奋勇前  进!
```

我们是第一代彝族工人

表 演 唱

郗金行、钟大坤词
王贤超、钟大坤曲

1=♭B 2/4

(1̇2̇ 3.3 3 3 | 3 3 3 | 5 1 2 1 | i i i) | 5.1 1 1 | 2 3 i 2 |

　　　　　　　　　　　　　　　　　　　　　　我　们是第一代

3 1 2 1 | 5 - | 6 6 6 6 | 5 6 5 | 5.3 5 1 | i - |

彝族工　人，　　毛泽东思想哺育着我　们，

3. 3 | 2.3 2 1 | i 2 1 | 5 5 | 5. | 6 i 2 |

为　了　建设新凉　山哟，誓　为祖国

5 5 | 3. 5 | 5 1 2 1 | i (0 1̇ 2̇ | 3.3 3 3 | 3 3 3 |

献青　春，　　献青　春。

渐慢

5 1 2 1 | i 6 7 1̇ 2̇) | 3 2 3 | 5 5 3 | 3 2 3 | 5 1 | 1̇ 6 - |

　　　　　　1.(领)风　钻　穿透　千　重　岭，
　　　　　　2.(领)高　山　峻岭　飞　彩　云，
　　　　　　3.(领)漫　天　红霞　披在　身，
　　　　　　4.(领)山　沟　办起　水　电　站，

3 6 5 6 | 1̇ 6 3 i | 2 - | 2 0 3 | 3.3 5 3 |

矿石　滚滚　流　不　尽，　　我　推着　矿车
穿云　破雾　任　驰　骋，　　我　驾着　汽车
滔滔　银浪　脚　下　滚，　　我　修桥　护路
机器　隆隆　震　山　村，　　我给　彝家

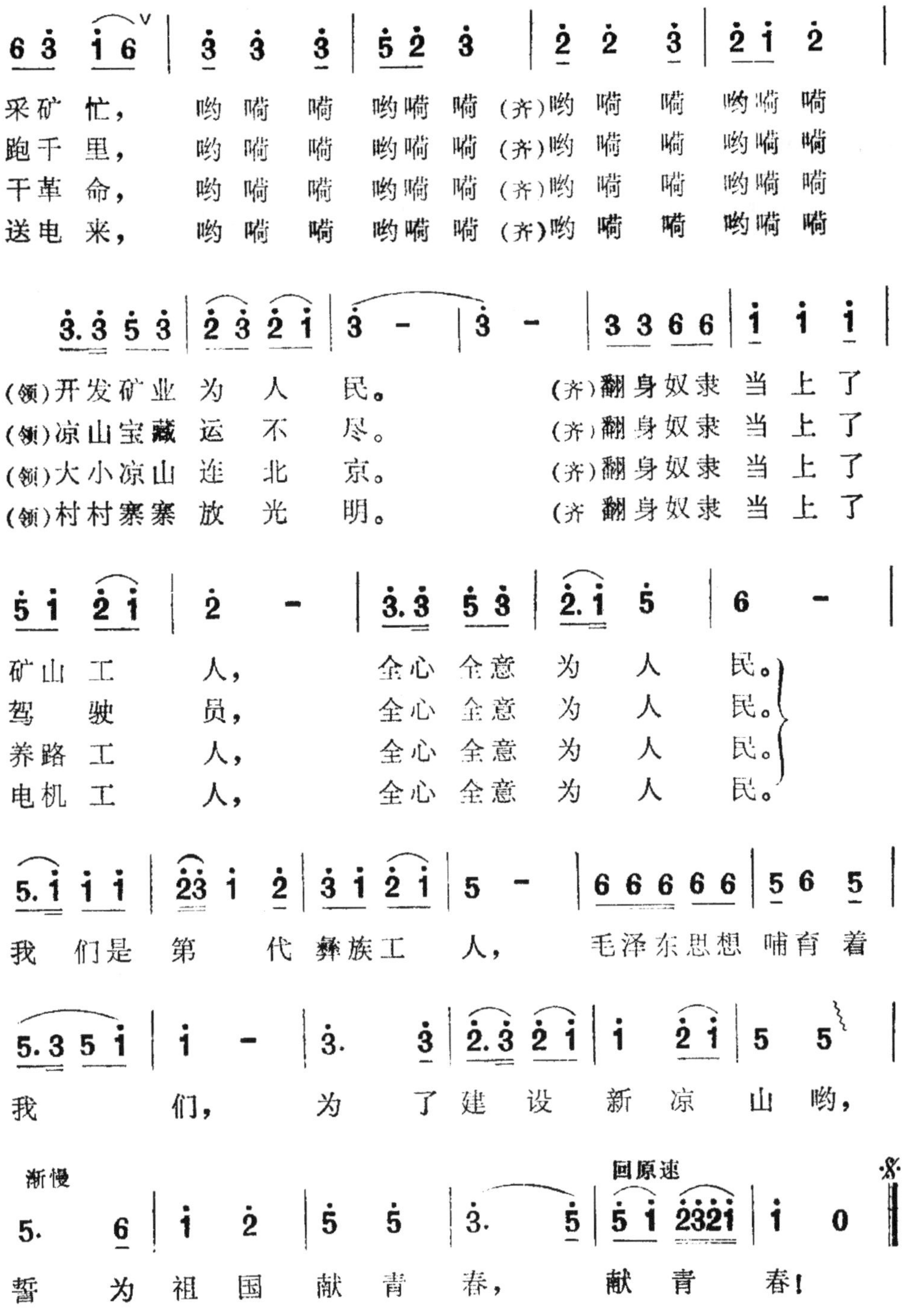
采矿 忙， 哟 嗬 嗬 哟嗬 嗬 (齐)哟 嗬 嗬 哟嗬 嗬
跑千 里， 哟 嗬 嗬 哟嗬 嗬 (齐)哟 嗬 嗬 哟嗬 嗬
干革 命， 哟 嗬 嗬 哟嗬 嗬 (齐)哟 嗬 嗬 哟嗬 嗬
送电 来， 哟 嗬 嗬 哟嗬 嗬 (齐)哟 嗬 嗬 哟嗬 嗬
(领)开发矿业 为 人 民。 (齐)翻身奴隶 当 上 了
(领)凉山宝藏 运 不 尽。 (齐)翻身奴隶 当 上 了
(领)大小凉山 连 北 京。 (齐)翻身奴隶 当 上 了
(领)村村寨寨 放 光 明。 (齐 翻身奴隶 当 上 了
矿山 工 人， 全心 全意 为 人 民。
驾 驶 员， 全心 全意 为 人 民。
养路 工 人， 全心 全意 为 人 民。
电机 工 人， 全心 全意 为 人 民。
我 们是 第 代 彝族工 人， 毛泽东思想 哺育 着
我 们， 为 了 建 设 新 凉 山 哟，
渐慢
回原速
誓 为 祖 国 献 青 春， 献 青 春！

侗家今日新事多

女声小合唱

陈　是词

吴忠泽曲

1=♭B 2/4

热情奔放地

(0 i 2 ‖: 3 6 6 6 5 | 5 3 5 3 3 | i 3 3 3 2 | i 6i 6 6 |

3. 5 i 2 | 0 i 0 #5 | 6 0 0) | 6 3 3 3 3 |

1-4. 侗家（嘛）今日

2321 2 6 | 2. 3 32 i | 23 2. | 2 3. 0 |

新事 多吧 新 事 多呃，

6 3 3 3 i | i. 3 3 6 | i. 3 i 6 | 6 6. | 6 3 0 |

唱（嘛）就是 几 大箩， 就是 几大 箩 呃。

3. 3 6 6 | i 6i 6. i | 6. 3 3 i | i 65 6 |

知 识 青 年 下 乡 来， 扛 起 背 包 唱 起 歌。

赤 脚 医 生 思 想 红， 合 作 医 疗 好 处 多。

教 育 阵 地 红 旗 飘， 贫 下 中 农 来 讲 课。

连 唱 三 天 和 三 夜， 唱 不 完 一 个 箩 角 角。

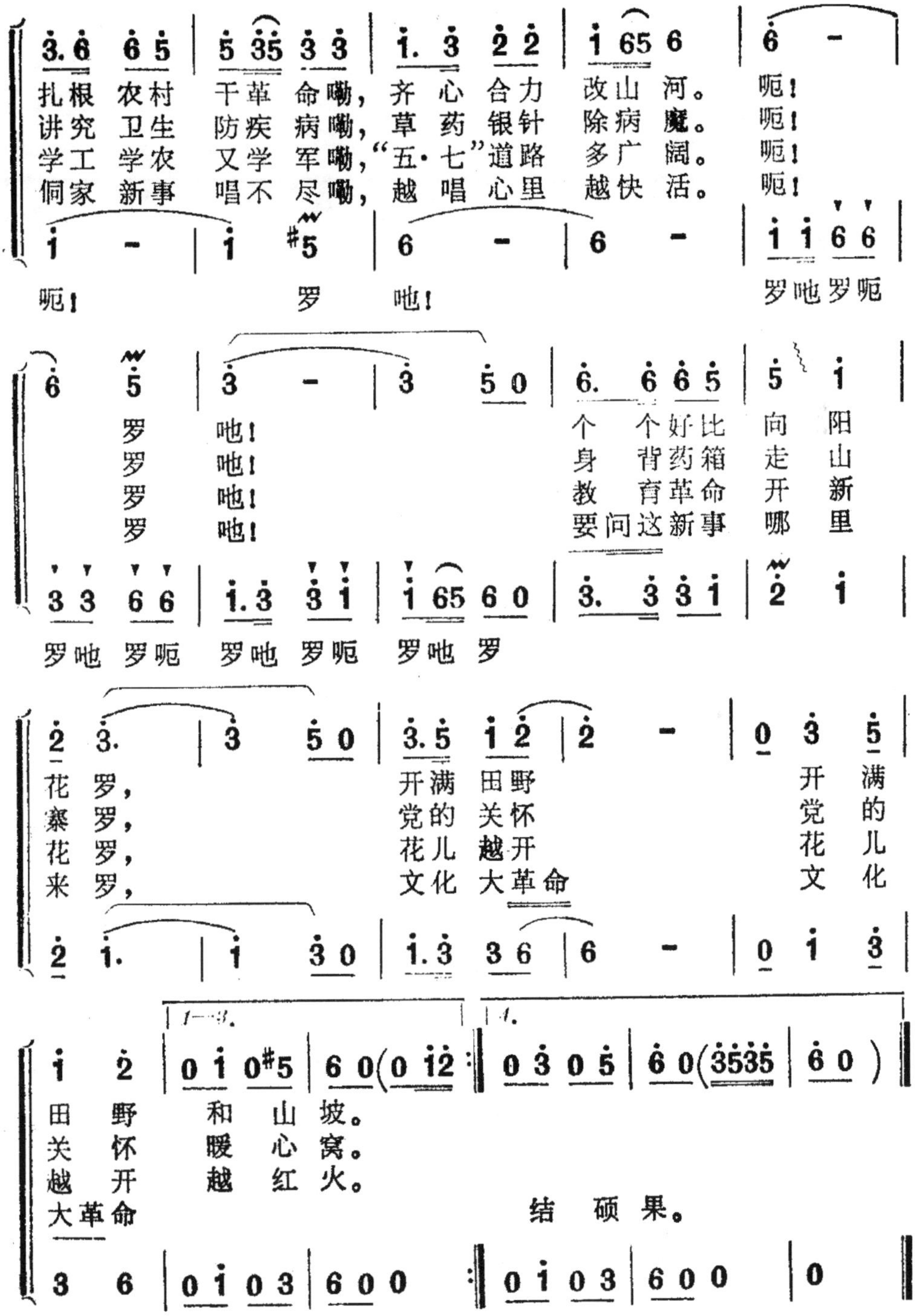
扎根农村干革命嘞，齐心合力改山河。呃！
讲究卫生防疾病嘞，草药银针除病魔。呃！
学工学农又学军嘞，“五·七”道路多广阔。呃！
侗家新事唱不尽嘞，越唱心里越快活。呃！
呃！罗吔！罗吔罗呃
罗吔！个个好比向阳花罗，开满田野开满田野和山坡。
罗吔！身背药箱走山寨罗，党的关怀党的关怀暖心窝。
罗吔！教育革命开新花罗，花儿越开花儿越开越红火。
罗吔！要问这新事哪里来罗，文化大革命文化大革命结硕果。
罗吔罗呃罗吔罗呃罗吔罗
1—3.
4.

鼓足干劲，力争上游

张万舒词
春源曲

1=D 2/4

热情 奔放地 欢快

（乐谱）

1.（齐）工人阶级 英雄汉哎， 英 雄 汉 呐，
2.（齐）贫下中农 英雄汉哎， 英 雄 汉 呐，
3.（齐）革命战士 英雄汉哎， 英 雄 汉 呐，

要 为 祖国 多 贡 献哎， 多 贡 献 呐。
要 为 祖国 多 贡 献哎， 多 贡 献 呐。
要 为 祖国 多 贡 献哎， 多 贡 献 呐。

大 庆 道路 咱们 走哎， 咱 们 走 哎，
大 寨 道路 多 宽 广哎， 多 宽 广 哎，
革命 红 旗 高 高 举哎， 高 高 举 哎，

《鞍 钢 宪法》 咱照 办哎， 咱 照 办。（女）咳
昔 阳 经验 是 样 板哎， 是 样 板。（女）咳
"南泥湾" 精神 代 代 传哎， 代 代 传。（女）咳

```
( 6  6  8  8 | 6  6  8  3 | 6  6  3  3 | 6  6  3  3 )
7
6    —    | 6  —  | 6  —  | 6  0  |
咳
咳咳
咳咳
```

```
 3   6   5  | 3   6   5  | 3. 6  5  3 | 2      2 ·  |
我  们  是  革  命  的  主    力  军    哎，
我  们  是  国  家  的  主    人  翁    哎，
我  们  是  人  民  的  子    弟  兵    哎，
```

```
 3   6      | 5   6   5  | 3. 6  5  3 | 2      0   |
说   到     做   到    说 干  就    干！
说   到     做   到    说 干  就    干！
说   到     做   到    说 干  就    干！
```

```
 3  6·  1  | 2  3  2  | 5      | 3. 1 | 5      6  |
(齐)我  们  是  革  命  的    主    力  军    哎，
(齐)我  们  是  国  家  的    主    人  翁    哎，
(齐)我  们  是  人  民  的    子    弟  兵    哎，
```

```
 1   6     | 5   6   5  | 6. 1  3  2 | 1  0  5. 6 |
说   到     做   到    说 干  就    干！ 闹 革
说   到     做   到    说 干  就    干！ 出 大
说   到     做   到    说 干  就    干！ 顶 酷
```

41

i　-　｜　i　-　｜　i 3　i.5　｜　6　-　｜　6　-　｜

新，　　　　　　　　闯　难　关　汗，
力，　　　　　　　　流　大　汗　寒，
暑，　　　　　　　　斗　严

3 6　6 5　｜　3 6　6 5　｜　3　0　｜　1 3　3 2　｜　1 3　3 2　｜

闹　革　新　呀　闹　革　新　呀　嗨，　　闯　难　关　呀　闯　难　关　呀
出　大　力　呀　出　大　力　呀　嗨，　　流　大　汗　呀　流　大　汗　呀
顶　酷　暑　呀　顶　酷　暑　呀　嗨，　　斗　严　寒　呀　斗　严　寒　呀

6　2 2　｜　5　-　｜　3 0 1　6 1　｜　2　-　｜　2　5.6　｜

集　体　力　　量　大　无　边，　　　炉
千　军　万　　马　同　心　干，　　　调
山　南　海　　北　同　奋　战，　　　战

1　0　｜　0　0　｜　0　0　｜　5.5　5 3　｜　5 6　5 0　｜

嗨。　　　　　　　　　集　体　力　量　大　无　边，
嗨。　　　　　　　　　千　军　万　马　同　心　干，
嗨。　　　　　　　　　山　南　海　北　同　奋　战，

i　-　｜　i　-　｜　i i　7.6　｜　2 2.　｜　2　-　｜

火　　　　　　　烧　得　旺哎，
动　　　　　　　千　江　水哎，
备　　　　　　　训　练　忙哎，

3 6　6 5　｜　3 6　6 5　｜　3　0　｜　5 1　1 6　｜　5 1　1 6　｜

炉　火　烧　得　旺　啊　烧　得　旺，　　炉　火　烧　得　旺　啊　烧　得
调　动　千　江　水　啊　千　江　水，　　调　动　千　江　水　啊　千　江
战　备　训　练　忙　啊　训　练　忙，　　战　备　训　练　忙　啊　训　练

2 i	5. 6	40 32	5 -	5 -
机 器	轰 隆隆	转，		
搬 走	万 座	山，		
挥 镐	闹 生	产，		

5 0	0 0	0 0	2.3 21	76 5.
旺，			机 器	轰隆 转，
水，			搬 走	万座 山，
忙，			挥 镐	闹生 产，

25 53	25 53	55 6.2	i i 6	51 i 6	51 i 6
鼓足干劲	力争上游	力争上	游 哎，	优质低耗	夺高产哎，
鼓足干劲	力争上游	力争上	游 哎，	祖国变成	米粮川哎，
鼓足干劲	力争上游	力争上	游 哎，	钢铁边防	捷报传哎，

25 53	25 53	55 6.5	3 3	33 32	33 32

5. i 32	1 0 3.5	i -	i -	6. i 32	i 3.5
天天夺高	产，哎咳 咳			天天夺高 产。	
变成米粮	川，哎咳 咳			变成米粮 川。	
处处捷报	传，哎咳 咳				

1. 2.

3. 2 1 6	1 0 3.5	6 -	6 -	6.5 35	1 0

43

慢

3.

（3567 | i i 55 | i i 55 | i ）

0 i 76 | 5 3 2 | i i. | i — | i — | i ‖

处处　捷　报　传哎。

0 6 5 3 | 2 5 6 | i i. | i — | i — | i ‖

大港石油工人战歌

1=♭B 2/4

大　港　油　田
业余文艺宣传队 词曲

雄壮、有力　稍快

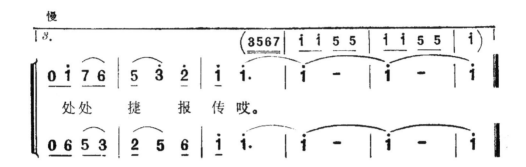

（513）‖: >5 — | 5 513 | >5 — | 5 513 | >5 | >4 |

>3 | >2 | i 55 55 | 5 5) | i — | i 5.6 |

1. 红　　　旗　迎风
2. 红　　　旗　迎风

5 0 | 2 — | 2 i3 | 2 0 | 3 3 |

展，　　歌　声震山川，　会师
展，　　歌　声震山川，　会师

$$\stackrel{\frown}{\dot{3}} \quad \dot{3} \quad \dot{2} \mid \dot{1} 0 \quad \dot{2} 0 \quad 6 0 \quad \dot{1} 6 \mid 5 \quad \stackrel{\frown}{\dot{1} \dot{3}} \mid 5 \quad - \mid$$

大港　　战油海，壮志　豪　　情

大港　　战油海，壮志　豪　　情

$$\dot{2} \quad \stackrel{\frown}{\dot{2} . \dot{3}} \mid \dot{1} \stackrel{\vee}{\cdot} \quad \dot{3} . \dot{2} \mid \frac{4}{4} \dot{1} . \quad 6 5 \quad \stackrel{\frown}{3 . 5} \mid 6 \quad - \quad - \quad \dot{1} \dot{2} \mid$$

冲云　天。沿着　大　庆道路　走，　　茫茫

冲云　天。盐碱　滩　上立井　架，　　芦苇

$$\dot{3} . \quad \stackrel{\frown}{\dot{1} 6 7} \stackrel{\frown}{\dot{1} 3} \mid \dot{2} \quad - \quad - \quad 5 . 5 \mid 6 . \quad \dot{1} \stackrel{\frown}{\dot{2} . \dot{3}} 5 4 \mid$$

荒　滩搞勘　探，　　"两论"指　路方　向

荡　里把井　钻，　　钻机隆　隆震大

$$\frac{2}{4} 3 \quad 5 . 4 \mid \frac{4}{4} 3 \quad \dot{1} \quad \dot{2} \quad \stackrel{\frown}{3 \dot{1}} \mid 5 \quad - \quad - \quad - \mid$$

明，风餐　露宿扎营　盘。

地，石油　滚滚见青　天。

$$\frac{2}{4} 5 . \quad \underline{5} \quad 5 \quad 5 \mid \stackrel{\frown}{3 . \dot{1}} 5 \mid 5 \quad 0 \mid \dot{1} \dot{1} \dot{2} \mid$$

不　怕征途　多艰　险，　铁脚板

不　怕风吹　和浪　打，　硬骨头

$$\frac{2}{4} 3 . \quad \underline{3} \quad 3 \quad 3 \mid \stackrel{\frown}{\dot{1} . 5} 3 \mid 3 \quad 0 \mid \dot{1} \dot{1} \dot{2} \mid$$

$$
\begin{array}{l}
\text{1 6 5 | \dot{1}.\dot{2} \dot{3} | \dot{3} 0 | \dot{5}. \dot{5} | \dot{5}.\dot{5} \dot{5}} \\
\text{能 踏破 万 重 关，\quad 文 化 大 革 命} \\
\text{意 志 比 钢 坚，\quad 批 林 批 孔} \\
\text{1 6 5 | \dot{3}.\dot{5} \dot{1} | \dot{1} 0 | \dot{3}. \dot{3} | \dot{3}.\dot{3} \dot{3}}
\end{array}
$$

$$
\begin{array}{l}
\text{\dot{3}.\dot{1} \dot{5} | \dot{5} 0 | \dot{3} \dot{3} \dot{5} | \dot{2} \dot{1}\dot{6}} \\
\text{擂 战 鼓，\quad 千 军 万 马} \\
\text{促 大 干，\quad 千 里 油 田} \\
\text{\dot{1}.\dot{5} \dot{3} | \dot{3} 0 | \dot{3} \dot{3} | \dot{6} 6}
\end{array}
$$

$$
\begin{array}{l}
\text{5.6 \dot{1} | \dot{1} 0 5 5 | 6.6 6 | 6 0 6 6 | \dot{2}.\dot{2} \dot{2}} \\
\text{建 油 田。\quad 我们 火海 敢 闯，我们 刀山 敢} \\
\text{捷 报 传。} \\
\text{5.6 \dot{1} | \dot{1} 0 5 5 | 6.6 6 | 6 0 6 6 | \dot{2}.\dot{2} \dot{2}}
\end{array}
$$

$$
\begin{array}{l}
\text{\dot{2} 0 1 \dot{2} | \dot{3} \dot{3} \dot{3} \dot{3} | \dot{2}.\dot{2} \dot{1}\dot{6} | 5 — | 5 0} \\
\text{攀，\quad 我们 火海 敢闯，刀山 敢 攀，} \\
\text{\dot{2} 0 5 5 | \dot{1}\dot{1} \dot{1}\dot{1} | 7.7 6 | 5 — | 5 0}
\end{array}
$$

46

毛泽东 思 想来 武 装，
大 港工 人学 大 庆，

督为祖 国 做出新贡献！

沿着毛主席 革命路线 永

向 前！

姑娘开来了插秧机

女声小组唱

沙　群词
上海市五四农场
业余文艺宣传队　曲

1=♭E　2/4

热烈、欢快地

(6 3 5 | 6 6 i 6 5 | 3 35 2 1 | 6123 5235 | 6.6 6 6 |

6 6 6 6) | 6 6 3 5 | 6 i 6 | 5.i 6 5 | 3. 2 |

1. 红 太 阳　光　辉 照 大　地，
2. 春 风 吹　来　暖 心　里，

1 1 6 6 | 6 i 5 6 | 3 - | 3 - | 5 5 3 5 |

大寨 花开 香 万　里，　　　　毛 主 席
千里 水乡 歌 声 起，　　　　毛 主 席

i i 6 | 5.i 6 5 | 3 2 1 | 6 6 6 5 5 | 3 35 1 |

号召　农业 机械　化，　姑娘 开来了 插 秧
革命 路线 指 方　向，　人民 公社　力量 大无

2 - | 2 3 | 5.5 3 5 5 | 1 3 2 1 | 6 - |

机，　　姑娘 开来了 插　秧　机。
比，　　人民 公社　力量 大无 比。

(0 1 8 5 |

6 - | 6.i 6 5 | 35 2 1 | 6.6 6 6 | 6.6 6 6) |

领	6.	5	3	2 3	6 6.	6	i
	插	呀	插	呀	插 呀，		

女高	6	3	3 3	5	1 6	5	6	—
	车	轮	飞 过		秧 满		田，	
	热	汗	洒 遍		万 顷		田，	

女低	6	3	3 3	2	1 6	5	6	—

5.	3	6	5 6	3	—	3	—
插	呀	插	呀	插！			

3 3	6 6	5 3	2	3	—	3	—
青 青	新 苗	接 蓝		天，			
大 干	迎 来	丰 收		年，			

1 6	1 2	5 3	2	3.	1	2	3

5	3 5	6 i	6	5. i	6 5	3.	2	5. 5	3 5
行	行，	一	崭	齐		呀，	社员	越	看
一	颗	秧 苗	一	颗	心	呀，	颗颗	红	心

3	1 2	3.	2	5	3 2	1.	6	2. 2	1 2

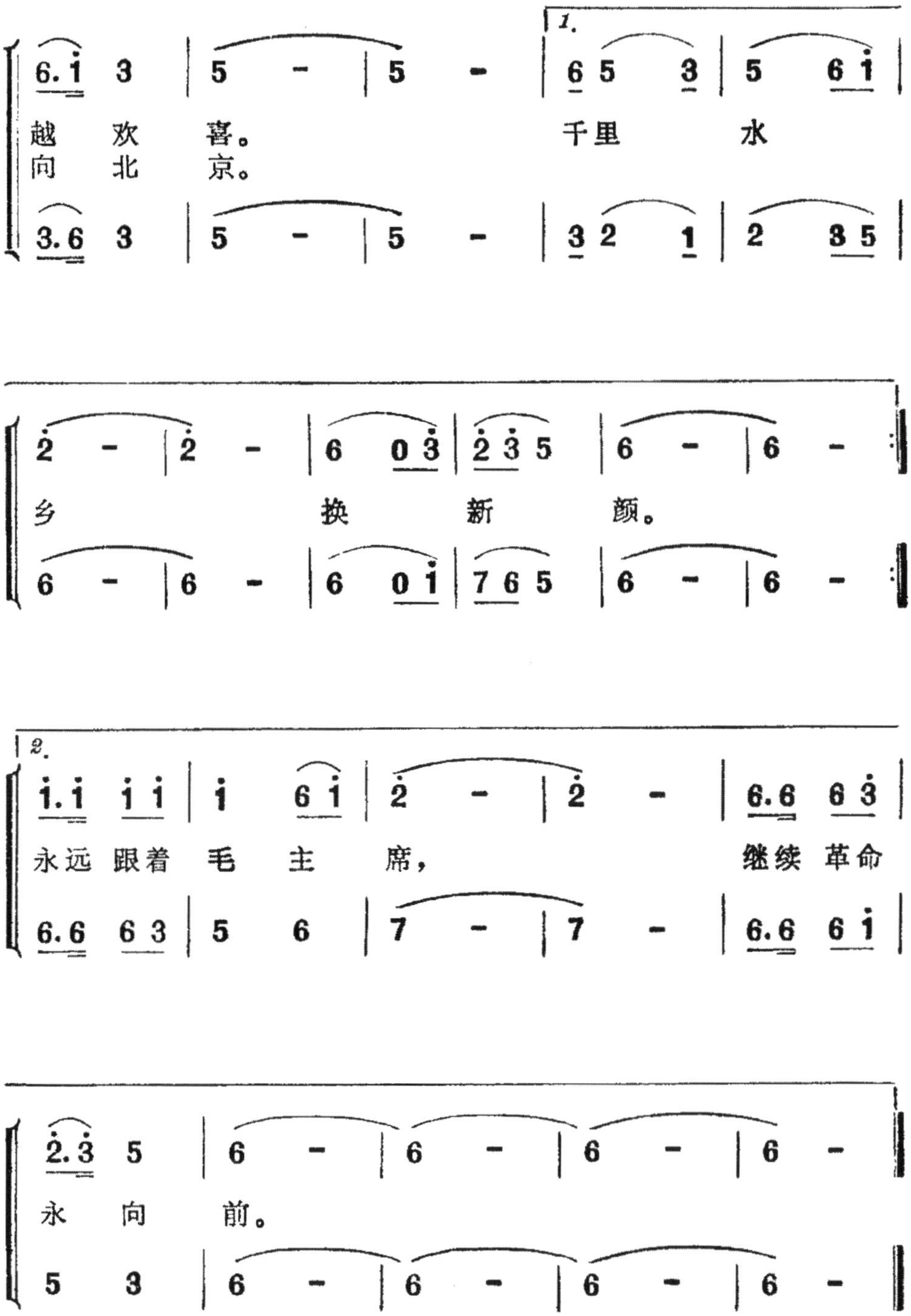
越 欢 喜。 千里 水
向 北 京。
乡 换 新 颜。
永远 跟着 毛 主 席， 继续 革命
永 向 前。

伟大的军队工农的兵

陈楚良词

李晓理曲

$1=\flat B$ $\frac{2}{4}$

```
(1.3 | 5  -  | 5  4.6 | 5  -  | 5  6 6 | 4  3 |

2. 5 | 1  -  | 1  0 ) | 5  3.4 | 5  1 |
            1.伟   大的 军  队
            2.伟   大的 军  队
            3.伟   大的 军  队

2.1 7 6 | 5  -  | 6.  7 | i  i  i | 2.1 7 i |
工   农的 兵,     跟   着 毛主 席 向  前
工   农的 兵,     跟   着 毛主 席 向  前
工   农的 兵,     跟   着 毛主 席 向  前

2  -  | 3.  2 | i  7 6 | 5  6 | 3  5 5 |
进,    南 征 北 战 几  十 年, 红旗
进,    艰 苦 奋 斗 不  忘 本, 革命
进,    心 与 群 众 紧  相 连, 谦虚

i  2 | 3.  5 | 2  6 5 | i  -  | i  3 3 |
招   展  山 河 新。     人 民
纪   律  最 严 明。     不 拿
谨   慎  干 革 命。     学 习

6  i | 7  6 5 | 6  -  | 6  6 6 | 2  4 | 3  2 1 |
军 队 党 领 导,     紧 握 枪 杆 担 重
群 众 吃 针 线,     军 民 团 结 鱼 水
大 寨 吃 大 苦,     学 习 大 庆 做 "铁
```

2 -	2 -	5.5 1	1 -	2.2 1 2

任。		保卫祖 国，		建设祖
情。		红军传 统		代 代
人"。		继续革 命		立 新

3 -	5. 4 3 1	2 5	1 -	1

国，	人 民军队	为人	民。
传，	人 民军队	爱人	民。
功，	人 民军队	学人	民。

我们是红色新一代

党永庵词

陈玉琢曲

1=♭E 2/4

热情、充满朝气

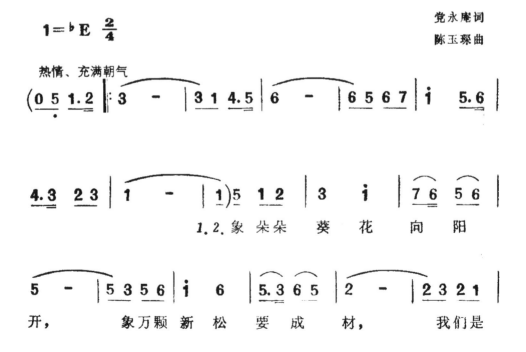

(0 5 1.2 ┊ 3 - │ 3 1 4.5 │ 6 - │ 6 5 6 7 │ 1 5.6 │

4.3 23 │ 1 - │ 1)5 12 │ 3 1 │ 7 6 5 6 │

1.2.象 朵朵 葵 花 向 阳

5 - │ 5 3 5 6 1 6 │ 5.3 6 5 │ 2 - │ 2 3 2 1 │

开， 象万颗 新 松 要 成 材， 我们是

红色的新一代，新一代，迎着火红的
风浪走过来！步伐多坚定，
青春放光彩！学习工农兵，
战歌多豪迈，高举革命旗，继往又开来。毛主
壮志满胸怀，敢于反潮流，永做促进派。红旗
席指路我们走，一生交给
飘扬歌声壮，昂首阔步
党安排！毛主席指路我们
向未来！红旗飘扬歌声
走，一生交给党安排！
壮，昂首阔步向未来！

火红的青春火红的心

牟旭辉词
张在超曲

1=♭B 2/4

5 | $\overline{3}\overline{3}$ $\underline{2}$ | $\underline{2}$· $\underline{1}$ | $5\underline{6}$ $\underline{1}$ | 5 — | 3 $\underline{1}\underline{1}$ |

火　红的青春　火红的心，　　　我们在

$6·\underline{1}$ $\underline{6}\underline{5}$ | $\overline{6\underline{3}}$ $\underline{1}$ | 2· 5 | $\dot{3}$ $\dot{3}$ | $\dot{3}$· $\dot{2}$ |

广阔天地扎　下　根，同传统观念

$\underline{1·\underline{6}}$ $\underline{5}\underline{0}$ | 6 0 | $\underline{\dot{2}\dot{2}}$ $\underline{\dot{2}\dot{3}}$ | $\underline{\dot{5}·\dot{3}}$ $\underline{\dot{2}\dot{1}}$ | $\dot{6}0$ $\dot{5}0$ |

彻底决　裂，　　　立志建设社会主义　新农

$\dot{1}$ 0 | 3 3 | $\dot{1}$ — | $\underline{7·\underline{6}}$ $\underline{5}\underline{3}$ | $\dot{6}0$ $\dot{6}0$ |

村。　斗争中　　　迎来无限风光，

6 6 | $\overline{2·}$ $\underline{\dot{5}}$ | $\underline{\dot{3}·\dot{2}}$ $\underline{1}\underline{6}$ | $\dot{2}0$ $\dot{2}0$ | $\dot{3}$ $\dot{3}$ |

风　浪　中　　炼出一代　新人，朝气

$\overline{\dot{3}\dot{3}}$ $\dot{2}$ | $\underline{1·\underline{2}}$ $\underline{6}\underline{5}$ | 6 $\underset{\vee}{}$ 55 | $\underline{\dot{1}·\dot{1}}$ $\underline{6}\dot{1}$ | $\dot{2}$ $\overline{\dot{1}3}$ |

蓬勃　地投入新战斗，向着　共产主义　明

$\dot{5}$ — | $\overline{\dot{3}\dot{3}}$ $\dot{1}$ | $\dot{2}$ 5 | $\dot{1}$ — | $\dot{1}$ 0 ‖

天　　阔步　前　　进。

踏着雷锋的脚步走

韦 之词
黄祖禧曲

1=E 2/4

坚定有力　进行速度

3.4 ‖: 5. 3 | 1 1.7 | 6. 1 | 5 5.5 | 6 7 | 1 2 |

1. 我们　肩　并肩，我们手　挽手，沿着毛主　席的
（攻读）马　列书，放眼五　大洲，沿着毛主　席的

3.3 2 1 | 5 - | 5 1.2 | 3 - | 6. 5 | 1 2 |

革命路　线，　　踏着雷　锋　的　脚步
革命路　线，　　踏着雷　锋　的　脚步

6. 6.5 | 5 3.1 | 2 0 3 0 | 1 - | 1 0 3 | 3 3.5 |

走，踏着雷　锋　的脚步　走。　　　到　农　村和
走，踏着雷　锋　的脚步　走。　　　为　人　民

1 2 | 6 0 6 | 2 2.3 | 1 2 | 5. 5 | 5 5 |

工　　地，到边　疆和海　　岛，在　广　阔
服　　务，要完　全彻　　底，在　平　凡的

4 3 4 5 | 6 - | 6.6 6 5 | 4 3 2 | 5 - | 5 5.5 |

天　地　中，　　战天斗地显　身　手。　　我们
岗　位　上，　　朝气蓬勃去　战　斗。　　我们

i. i | 7 6 | 5 3 5 | 6 6.6 | 6. 6 | 7.6 5 4 |

愿　做大　海一　滴　水，汇进波　澜　壮　阔的
甘　当一　颗螺　丝　钉，拧在革　命　机　器上

55

5.4 3 2 1　3.4 ∥ 1　3.4 | 5.　3 | 1 1.7 | 6. 1 |

革命洪　流。2 攻读
永不生　　　锈。我们肩　并肩,我们手　挽

5 5.5 | 6 7 | 1 2 | 3.3 2 1 | 5　- | 5 1.2 | 3　- |

手,沿着毛主席的革命路　线,　　踏着雷

6. 5 | 2 6 0 | 5 5 5 3 2 3 | 1　- | 1 ‖

锋　的脚步　朝　前走。

我们是教育革命的小闯将

殷鸿声调
周懋功曲

1=C 2/4

坚定、有力　进行速度

(i i i 2 | i　- | 7.7 5 7 | 6　- | 2 5 6 7 6

5 2 | i i.i | i 0) | i 0 1 5 | 6.6 6 5 5 | 3 0 2.3

1.2.我　们是 教育革命的 小 闯

1　- | 2 5 | 7 6.7 | 6 2 | 5　- | i.i i 2

将,　胸怀朝阳斗志昂。{《五 七指
学 工学

i　- | 7 5.7 | 6　- | 2 2 6 6 | 6 5 2 3

示》 光辉照, 大风 大浪 不 迷
农 又学军, 毛主席的 教导 记心

航。登险峰，战恶浪，
上。破旧框，立新章，
我们决不做小绵羊，誓做革命
工厂农村是课堂，开门办学
接班人，要学青松立山岗。
闹革命，教育战线红旗扬。
好好学习天天向上，朝气蓬勃
苗壮成长，高举革命大批判的
旗帜，乘风破浪向前方。
ff

从小学做工农兵

田 耳词
赵其沛曲

映 山 红

影片《闪闪的红星》插曲

女声独唱

陆柱国词

傅庚辰曲

红星照我去战斗

影片《闪闪的红星》插曲

男声独唱

集 体词
傅庚辰曲

1=F 2/4

中速
mf

(3 56 i 7 | 6. 5 | 6 2 2i 6 | 5. 3 | 2.3 2 1 | 6.1 5 6 |

1 -) | 1.2 3 6 | 5 32 1 | 5 35 6 2 | i - | 6.5 6 3 |

1. 小 小 竹 排 江 中 游， 巍 巍 青山
2. 小 小 竹 排 江 中 游， 涛 涛 江水

2.3 2i 6 | 5 - | i 12 6156 | i - | 6 6i 6532 | 3 - |

两 岸 走， 雄 鹰 展翅 飞， 那怕 风雨 骤，
向 东 流， 红 星 闪闪 亮， 照我 去战 斗，

1.2 i 6 | 5 5 i 65 3 | 2.3 2 1 | 6156 1 | 3 56 i 7 | 6. 5 |

革命 重担 挑肩 上， 党的 教导 记心 头， 党的 教 导
革命 代代 如潮 涌， 前赴 后继 跟党 走， 前赴 后 继

6 2 2i 6 | 5 - | [1. 2.3 2 1 | 6.1 5 6 | 1 - | [2. 2.3 2 2 i |

记 心 头， 党的 教导 记 心 头。 砸碎 万恶的
跟 党 走。

6 6i 65 | 1 16 1 2 | 3 6 5 3 | 5.4 3212 | 3 - | 2.3 2 2 i |

旧世 界， 万里 江山 披锦绣， 披 锦 绣。 砸碎 万恶的

6 6i 65 | 1 16 1 2 | 3 6 5 3 | i 65 i 2 | 3 - | 6 56 2 3 | i - |

旧世 界， 万里 江山披锦绣， 万里 江 山 披 锦 绣。

海河儿女的心声

HAI HE ERNÜDEXINSHENG

天津人民出版社

注意事项

1. 爱护图书 如有丢失
   污损 照价赔偿。

2. 要按期还书 限期不
   超过半个月。

3. 图书不能转转借。

4. 用后送另 读后感 。

　　　　　　牛棚 图书室

海河儿女的心声

本　社编

天津人民出版社

内 容 提 要

在热烈庆祝华国锋同志任中共中央主席、中央军委主席，热烈庆祝粉碎王、张、江、姚反党集团篡党夺权阴谋的伟大历史性胜利的大喜日子里，海河两岸诗翻喜浪，歌涌春潮，专题诗歌朗诵音乐会的波涛奔流在工厂，飞荡在农村……《海河儿女的心声》即在这浪潮波涛中汇集而成。

选入本集的作品虽然只有十几篇，但它充满了革命的激情和胜利的欢欣，确实是天津市广大工农兵和革命文艺工作者发自肺腑的声音。

目　　录

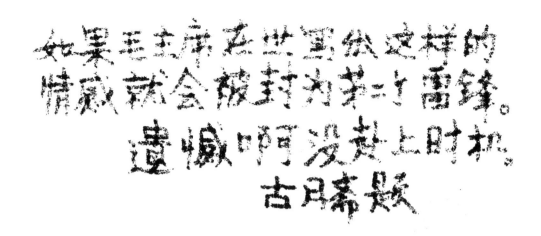

如果毛主席在世量公这样的情感就会被封为第二个雷锋。遗憾啊没赶上时机。

古月希贤

毛主席啊，战士永远怀念您！

解放军驻津某部　白雾　李洪民

群山肃立，
江河激荡，
八亿神州，
哀乐回响。
敬爱的毛主席和我们永别了！
晴天霹雳，
捶打着亿万人的胸膛。
战士怀念毛主席啊，
悲痛的泪水，
洒遍机场、关山、海疆。

从哨位采来山花、松柏枝，
从海滩带回珊瑚、野海棠，
从蓝天披一身霞光、彩云……
静静地编织花圈，

默默地设置灵堂；
紧紧地簇拥着电视机，
久久地把毛主席的遗容瞻仰……

长青树中，
安卧着伟大领袖和导师，
和蔼、亲切，坚毅、安详，
仿佛他老人家马上就会醒来，
微笑着倾听我们把心中的话儿讲。

毛主席啊，
战士不能离开您，
就象禾苗不能离开雨露阳光！
每当朝霞初起，
我们心中响着《东方红》的乐章，
每当夜幕降临，
我们眼前亮着中南海的灯光。
老红军战士怎能忘；
是您授予我们手中的钢枪，
烽火岁月铭刻在闪亮的准星，
万水千山屹立在历史的长廊……

风雨如磐夜漫漫，
毛主席肩背红伞走四方，
播下火种驱阴霾，
唤起工农举刀枪——
跟着毛主席，
秋收起义闹暴动；
跟着毛主席，
赤着脚板上井冈；
跟着毛主席，
铁流两万五千里；
跟着毛主席，
百万雄师过大江！
多少次"左"、右倾机会主义路线破坏干扰，
是毛主席力挽狂澜三千丈，
把马列主义的普遍真理，
结合于中国革命的具体实践，
亲手把第一面五星红旗，
升起在天安门广场！

敬爱的毛主席啊，
千秋大业是您开创，
中国革命靠您导航。

您的战士怀念您啊，
深深的忧虑伴着巨大的悲伤……
祖国的天空却有一股乌云，
卷起阴风，掀起浊浪。
大海航行怎能离开舵手，
革命的航船啊驶向何方？
三军战士心急切啊，
茫茫夜幕中把北京眺望。

千里海疆怎能忘——
湛蓝的海水披彩霞，
毛主席曾来军舰上！
给我们真理的罗盘，
给我们精神的食粮，
指引我们劈波斩浪永向前方！
战士擦拭着毛主席巡视的战位，
走在毛主席走过的甲板、机仓，
颗颗红心揪得阵阵发疼，
个个铁拳攥得咯咯作响。
任你乌云压城，
任你浊浪千丈，
绝不许"四人帮"断送革命，

绝不许列宁故乡的悲剧
重演在八亿神州的城乡！

十月的春雷，
在战士的心头炸响；
十月的蓝天，
红旗辉映着艳阳；
毛主席生前的英明决策迅速实现了，
华主席率领我们一举粉碎"四人帮"！
欢呼啊，欢呼！
歌唱啊，歌唱！
欢呼毛主席亲自选定的接班人，
挽救了革命挽救了党，
歌唱祖国又一个红色的十月，
不似春光，胜似春光！

年青的女飞行员，
来到红旗如林的天安门广场，
接受华主席的检阅，
在洒满阳光的金水桥旁。
人流、歌潮，笑语、红墙，
多象难忘的"八·一八"啊！

毛主席亲切地把我们接见，
又给我们一双钢铁的翅膀。
如今天高云又淡啊，
万里晴空任翱翔！

战士仰望着天安门城楼，
仰望着毛主席的巨幅画像，
毛主席的目光多亲切，
饱含着信任和期望。
敬爱的毛主席啊，
您放心吧！
南湖的红船正破浪前进，
华主席为我们把定航向；
时代的列车正全速飞奔，
华主席为我们把汽笛拉响！

毛主席啊，毛主席，
战士永远怀念您，
伟大的教导
铭刻在胸膛；
党的基本路线牢牢记，
三项基本原则永不忘；

跟着领袖华主席，
跟着以华主席为首的党中央——
马列主义大旗高高举，
团结起来志如钢；
永远高唱《东方红》，
永远紧握手中枪；
高歌猛进啊，
猛进高歌，
去迎接共产主义的灿烂阳光！

光辉的大道

天津第一机床厂　潘振戎

机轮唱，马达叫，
山在欢呼海在笑，
喜庆的人群啊，象十五的大潮，
兴高采烈拥上工厂的大道。

欢呼吧，以华主席为首的党中央，
把"四人帮"一举粉碎了！
乌云驱散，红日高照，
白杨挺拔，苍松不老，
啊！工厂的大道，
今日显得如此宽广，无比自豪！
让我们挽起你的臂膀，
纵情高呼：我们党胜利了！
　　　　　　人民胜利了！
　　　　　　无产阶级胜利了！

激动的泪水，遮不住满脸的欢笑，
沸腾的声浪，牵动了我们的思潮，
当年，那最难忘的情景啊，
仿佛又出现在工厂的大道：
一九五六年一月十二日，
毛主席视察工厂，
健步向我们走来了！
欢蹦的心啊，你慢些、慢些儿跳，
喜悦的泪水啊，你莫把眼睛挡住了，
千遍万遍高呼毛主席万岁！
万遍千遍向毛主席问好！
毛主席紧紧握住咱工人的手，
咱和领袖的心啊，
靠的这样近，贴的这样牢！
他老人家那慈祥的笑容，
永远铭刻在我们心头；
光辉的教导，是导航的灯塔，
照耀着工厂前进的大道。
毛主席要求咱造出更多更好的机床，
这殷切的期望啊，
鼓舞我们大干快上，干劲冲云霄！
一句句亲切的话语，象春风，

温暖着机床工人的心啊，
毛主席巨手一挥——
光辉大道征途万里红旗飘！

冬去春来二十年，
大道上二十次雪化冰消；
七千个日日夜夜啊，
千百次经历着斗争的风暴。
每天，从毛主席走过的大道，
奔向自己的岗位，
犹如战斗在毛主席身边，
激情无限，龙腾虎跃！
年年，我们庆祝这盛大的节日，
用革命和生产的新成绩，
捧着红心向毛主席汇报！
我们遵循毛主席的指示，
造出了赶超世界先进水平的机床，
立志为八〇年实现农业机械化，
在毛主席指引的大道上勇把重担挑。
这条光辉的大道，
连着大庆油田的井架，
通着开滦煤矿的坑道，

这条光辉的大道，
铺在咱工人阶级的心中，
任何阶级敌人，
也休想把她毁掉！

最可恨，祸国殃民的"四人帮"，
舞文弄墨，阴阳怪调，
不懂装懂充"内行"，
挥大棒、扣帽子，耍尽鬼花招，
你这样干，他们说不行，
你那样做，他们说不好，
编着法儿折腾人，
篡改毛主席指示，另搞一套，
肆意歪曲毛主席的革命路线，
妄图将革命事业一手葬送掉。
他们是想，
拖我们再回旧社会的二条石呀，
重新锁上铁镣铐，
好让他们这帮资产阶级新贵族，
为非作歹任逍遥，
呸！提起这伙害人精，
咱心肺气炸恨难消！

霹雷一声裂长空，
九天万里滚狂飙，
山悲水哀石流泪啊，
毛主席他老人家和我们永别了！
在那举国哀痛的日子里，
我们臂带黑纱心欲碎，
相聚到工厂的大道，
凝视着毛主席的遗像，
把那严峻的问题思考……
革命航船谁掌舵？
无产阶级大军谁领导？
多少次，深夜猛起推窗望，
盼那东方红霞普天照！
万里长风扫阴霾，
倚天抽剑斩魔妖，
英明的领袖华主席，
继承毛主席的遗志，
迅速、果断、大智、大勇，
把王张江姚反党集团一齐铲除掉！
咱心头顿时热浪滚啊，
以华主席为首的党中央，
为咱全国人民立了大功劳！

机轮唱，马达叫，

山欢呼啊海在笑，

欢乐的人群，象十五的大潮，

兴高采烈拥上光辉的大道。

看哪，毛主席又向我们走来了！

他老人家频频点头微微笑，

仿佛在连声称赞：干得好！

毛主席放心，咱放心，

万众欢呼华主席的英明领导，

革命航船又有了掌舵人，

无产阶级江山万代牢！

铲除四大害，踢开绊脚石，

咱无穷的干劲往上冒，

有咱华主席来撑腰，

甩开膀子猛劲儿地干哪！

跟着领袖华主席，

永远前进在毛主席开创的光辉大道！

韶山灌区连北京

天津电器厂　何树岩

韶山红日金灿灿，
韶山东风鼓征帆，
韶山灌区幸福水，
千年万代流不断。

喝一捧渠水透心甜，
唱一曲颂歌入云端，
毛主席引来幸福水的恩情唱不尽，
华主席建设灌区的功绩颂不完。

华主席亲自作勘察，
踏遍青青大围山，
华主席亲上第一线，
滔滔浏阳河喜浪翻。

华主席亲任总指挥，
十万民工战犹酣，
华主席亲手绘宏图，
光荣的韶山添新篇。

韶山灌区连北京，
神州万里春光满，
伟大领袖华主席来掌舵，
千条江河唱得欢。

华主席和咱心连心，
幸福水流进咱心坎，
颂歌献给华主席，
声声出自咱心田。

渠水滚滚流不断，
颂歌曲曲唱不完，
毛主席指引革命路，
华主席率领咱永向前。

欢腾吧，八亿神州

宝坻县　张景源

听不够呵，
十月的惊天春雷；
看不够呵，
十月的盖地红雨。
是大喜的炽热，
烧沸了神州的人海；
是欢腾的激流，
彩绘了这不是节日的节日。

热烈欢呼呵，
我们又有了自己的领袖，
热烈庆祝呵，
揪出了"四人帮"这人民的公敌。
八亿神州呵，
战旗格外红，

园田格外绿，
太阳格外暖，
春风更和煦，
鱼儿跃出潺潺水，
喜鹊唱在百花枝。

千山歌呵，万水颂，
歌颂领袖华主席，
挽救了革命挽救了党，
避免了一场大倒退，
捍卫了毛泽东思想，
捍卫了马列主义。
感谢毛主席呵，
为我们党安排了英明领袖，
感谢华主席呵，
把毛主席旗帜高高举起。
跟着您呵，华主席，
狠批"四人帮"，
大干社会主义，
把无产阶级革命进行到底。

颂歌一曲表心怀

解放军驻津某部　颜廷奎

一

唱不完的颂歌抒不尽的情，
好似长江大河浪汹涌。
数不清的鲜花看不够的画，
宛如满天彩霞落军营。

闪亮的红星军装绿，
欢乐的笑脸军旗红。
大鼓咚咚锣声脆，
军号声声爆竹鸣。

军营呵，为什么欢乐汇成海？
军营呵，为什么春意这般浓？
战士呵，为什么心花齐怒放？

战士呵，为什么笑脸喜相迎？

水有源啊树有根，
欢乐来自北京城。
华主席登上天安门，
草绿色军装红五星。

华主席走进人民大会堂，
向我三军寄深情。
人民军队有了新统帅呵，
钢铁长城披彩虹！

二

怎能忘，悲九月呵九月冷，
怎能忘，永别了呵毛泽东。
大山淌泪大河哭，
日月失色花雕零。

毛主席的伟业谁继承啊？
毛主席的军队谁率领？
疑虑难解天无语，
忧愤难平地无声。

却闻魔鬼狰狞笑，
但见乌云欲遮城。
"四人帮"磨刀霍霍露杀机，
红帽子底下藏狰狞。

大船远航遇恶浪，
大军长征现敌情。
革命需要新领袖呵，
领我们扫尽雾千重！

金色的十月东风劲，
浪涛中站出华国锋。
华主席挥手斩魔爪，
"四人帮"如鸡被缚锁囚笼！

华主席挥手除四害，
"四人帮"美梦落了空！
华主席挥手向前进，
八亿人民八亿兵！

心中的石头落了地，
神州万里齐欢腾；

挽救了革命挽救了党呵，
我们的华主席真英明！

三

真英明呵华主席，
战士热爱华国锋。
激情的浪花飞八月，
华主席来到咱军营。

跟咱同吃一桌饭，
问寒问暖问震情。
华主席握着战士手，
心相连呵脉相通。

战士紧挨华主席的肩，
浑身热血在沸腾。
激情的浪花溯长河，
思绪飞到枪林弹雨中。

华政委灯下学马列，
奋笔疾书志满胸。

按照毛主席军事思想摆巧阵，
山间、丛林逞英雄。

激情的浪花洒湘南啊，
华书记走遍湖泊和山冲。
跟贫下中农一起斗地主，
跟公社社员一起踏晨钟。

韶山清泉润肝胆啊，
湘江碧波洗眼明。
步步踩着毛主席的脚印走，
搏风击浪迎雷鸣。

毛主席选定的接班人啊，
马列大旗高高擎。
毛主席培养的接班人啊，
战士难表无限情！

四

毛主席放心我爱戴，
颂歌一曲出喉咙！
深情的颂歌唱不尽，

钢铁的誓言响铮铮！

一切行动听指挥啊，
枕戈握枪听号令。
英明领袖指引咱，
战士拚命向前冲！

华主席啊，战士誓死保卫您，
誓言胜过钢铁凝！
看我们，把钢铁誓言装枪膛，
火舌嗖嗖靶心红！

看我们，把钢铁誓言化狂飙，
要扫除一切害人虫！
跟着领袖华主席啊，
永远高歌东方红！

献给领袖华主席

纪东序

一张带着油墨香的报纸，
打开了我感情的闸门：
——心窝里积聚的爱呵，
胸膛里埋藏的恨，
都一起向外奔流，奋力猛喷。
象九曲黄河，浪涛滚滚，
象万里长江，排浪荡心。
——啊，我的眼圈红了，
喜泪呵，滴湿了我的衣襟；
啊，我的拳头攥紧了，
横枪跃马，轻装上阵。
因为，华国锋担任我党、我军主席，
革命的大业呵，又有了新的领导人。
因为，"四人帮"被揪出来了，
华主席呵，抹去了我们心头的乌云。

啊，我欢呼，我雀跃，
顾不得疾病在身；
我歌唱，我弹琴，
顾不得嗓子粗哑，心拙手笨。
在历史上的这一个时刻呵，
我怎么能无动于衷，四平八稳？！

于是，我怀揣着油墨喷香的报纸，
大步流星飞奔出门——
我走访战友、同志，
倾诉衷情、欢欣，
顾不得雨雪飘洒，
顾不得寒风袭身。
我说着，我讲着，
用颤抖的声音……
我讲着，我说着，
到处传播这个特大喜讯。
一路上，我觉得青天更蓝，
一路上，我觉得同志们更亲。
相识的，大手和大手握紧，
不相识的，全都心心相印。
我越走越感到大道宽阔，

我越讲越感到前途似锦。

于是，我想到了整个民族，
于是，我想到了国家的命运……
啊，是毛主席把我们救出苦海，
是毛主席领我们奋勇进军……
啊，是毛主席为我们深谋远虑，
亲自选定了接班人！
中国革命有华主席掌舵，
远航的巨轮，不会下沉；
伟大的军队，有华主席指挥，
旌旗猎猎，铁流滚滚；
八亿人民有华主席领导，
巍巍神州，高歌猛进！

啊，在胜利中高歌，
在胜利中猛进，
高歌牵动着我的思绪，
进军震动着我的赤心。
我怎能忘记，
那个震动心灵的早晨：
北京的电波传播着一个噩耗，

敬爱的周总理呵，再也不能接见我们。
我怎能忘记，唐山丰南的天灾，
撼山摇海想阻挡我们。
我更没有忘记呵，
那个窃居要位的黑帮，
到处煽风点火，蛊惑人心。
妄想把人民的天安门城楼，
变成"新女皇"的"天阙"、"御门"。
中国的卡普兰，
想把我们伟大的导师，
谋害在中南海滨。
最难忘的是那个寒冷的下午，
那牵动我们每一根神经的电波，
撕扯着我们每个人的红心：
毛主席与世长辞了……
我们的日子将怎么度过？
湛蓝的天空会不会变混？
天昏昏，地沉沉，
泪眼望泪眼，红心问红心。
一连串问题谁来回答，
人民的命运谁来关心？
霹雳一声震天响，

华主席挥手扫乌云。
八亿人有了新领袖，
高山大海笑吟吟。
八亿人有了新领袖，
党中央的决议暖人心！

战歌声中庆胜利，
我们怎能不高歌！
胜利之中再进军，
我们怎能不兴奋！
一千首赞歌写不完，
一万卷诗书描不尽。
一千张铜锣，我们还嫌音调低，
一万面皮鼓，我们还嫌太低沉。
揪出了"四人帮"啊，
米酒沾唇不醉人。
揪出了"四人帮"啊，
喝口淡茶也爽心。
不信，你问杨开慧……
不信，你问丘少云，
先烈的热血没白洒，
马背上的战刀没白抡。

革命大业昭明，
时代的列车正飞奔！

"你办事，我放心。"
历史已经得结论。
中国有了新领袖，
岁月峥嵘气象新。
党、政、军、民齐踊跃，
八亿人民一股劲。
跟着华主席闹革命，
揽月摘星上昆仑。
跟着华主席闹革命，
捉鳖何惧大海深！
放眼大海金灿灿，
彩霞中又升起日一轮，
放眼山河金灿灿，
征途上旌旗又高入云……
《国际歌》声震寰宇，
正飞向共产主义凯旋门！

舵 手 颂

王榕树

祖国象一艘巨大的航船，
在历史的海洋中破浪向前；
领袖就是英明的舵手，
稳稳把定胜利的航线。
此刻呵，刚刚写下前四行，
火样的激情快把稿纸点燃；
歌颂无产阶级的舵手呵，
谁的心里不掘开诗的喷泉！
今天，乌云驱散了，浊浪击退了！
到处是深情的颂歌，良好的祝愿！
望航道呵，凯歌和鼓角，
已经填满了波山浪谷间……

啊！欢庆伟大的历史性胜利呵，
我们深深地把毛主席怀念……

中国革命的红色航船呵，
是毛主席亲手掌舵扬帆。
船后：别三千年漫漫长夜；
船头：迎八万里风云雷电。
啊！从南湖到中南海，
半个多世纪，五十五年，
毛主席饱经了甲板上风风雨雨，
才赢得了我们党和国家的今天。
赞美呵！无产阶级的英明舵手，
一生都在拨迷雾、战险滩……
舵手的胸怀呵胜似海洋，
集纳了千千万万大河小川，
汇成了浩浩荡荡革命大军，
泥沙也在奔流中陆续沉淀……
舵手的目光呵横扫海空，
明察天际的风雨，水底的礁山；
当危急的时刻，那擎天的巨手，
总是从容地拨正船头，力挽狂澜。
啊！斗争的发展，革命的胜利，
都和毛主席的伟大名字紧密相连！
啊！正因为这样呵！
毛主席的与世长辞，

举国上下才出现了
千山肃立，
万水呜咽，
挽联垂天……

是呵！在伟大领袖毛主席
病重和逝世的那些日子里，
"四害"横行，
大地震颤，
云倾急雨，
浊浪拍舷……
一串长长的问号，
一个深深的忧虑，
爬上了多少人心坎！
有的紧锁双眉在思索，
一支一支地吞吐着烟圈……
有的彻夜不眠伴灯光，
经典著作里寻求着答案……
有的肝胆相照在交心，
声音不大却谈得很深很远……

为什么无产者的

创业的精神，冲天的干劲，
受到束缚、受到阻拦，
不能同钢水一起奔泻，
象煤一样去发热发光发电？
为什么无产者的
忠诚的党性，炽热的感情，
受到压抑，受到非难，
不能同红霞一同喷吐，
不能同银锹一起去填平沟堑？
为什么，为什么呵
无耻之尤自比吕后武则天，
共产主义竟然还需女皇？
难道乌鸦的嘴里会有什么经典？！
为什么？为什么……
一连串的为什么使人看清了
——王、张、江、姚的狼子野心，
权欲膨胀策划篡党夺权。
我们关切之情呵，
犹如一块石头悬挂心间！
船往何处驶？
舵向哪边扳？！
东进；

还是西行？！
开往共产主义的新大陆；
还是资本主义的污泥滩？！

啊！在这严重的时刻，
——决定中国命运的关键！
站出来了，一个魁伟的身影，
站在革命的潮头之颠，
一身紧系着亿万人民的心愿！
啊！敬爱的华国锋同志，
继承了毛主席的遗志呵，
接下毛主席交给他的舵轮，
是那样的英明，
是那样的果断！
顷刻间粉碎了"四人帮"，
平愤灭害呵除大奸！
啊！中国的历史——
因之避免了一场大倒退；
因之避免了一场大灾难。

啊！欢呼，一个劲地欢呼呵，
嗓子唱哑了，心中的歌呵更嘹亮！

欢呼我们党又有了自己的领袖！
中国革命的航船已转危为安！
锣鼓敲起来呵秧歌扭起来！
欢呼毛主席生前的英明决策，
得到多么迅速而圆满的实现！
啊！敬爱的领袖华主席——
在搏风击浪的峥嵘岁月呵，
您总是和亿万军民心心相连……
您是众望所归的英明舵手啊，
您是我们信心和力量的源泉！
啊，"你办事，我放心。"——
六个大字如同星座般金光闪闪，
毛主席写在那纸笺上的字迹呵，
也如同写在我们胜利的征帆！
于是，我们把对舵手的无限信赖，
化作汽缸里燃烧着的前进动力，
化作汽笛声中追击穷寇的呐喊！

啊！此刻——
东风催航，
阳光灿烂；
马达轰鸣，

涛飞浪卷，
我们的巨轮在加速前进呵！
继往开来呵向前……
让风暴再来较量几十个回合吧，
勇敢的水手呵怕什么风簸浪颠！
有华主席为我们掌舵领航呵，
什么力量也不能扭偏
——毛主席开辟的胜利航线。
前进呵，冲过浪谷，
前进呵，劈开波山！
向着无限的光明，
向着壮丽的明天，
全力以赴，磅礴向前！

我们的心（外一首）

冯 景 元

钢花一样怒放，
铁水一样奔腾，
炉火一样炽烈，
煤电一样热诚，
——我们的心，
向着党中央，
向着天安门；
向着北京，
向着华国锋！

打倒了王、张、江、姚，
扫除了吸血虫、害人精，
我们的心，
痛快的无法形容——
兴高采烈呵，

和九千万头儿鞭炮一起，
在空中开花；
急切地跳动，
和八万万套锣鼓一起，
热烈地欢庆。
思想呵解放了，
压在心头的铅块，
一下子拿走；
闷在肚子里，
憋成疙瘩气成团的话，
一下子诉清！

我们的心哪——
充满了阳光，
充满了欢乐，
充满了喜悦，
充满了歌声……
长江水是这样的甜，
黄河浪是这样的清，
祖国的天空是这样的美，
革命的红旗是这样的红，
肩挑千斤不觉沉，

秋雨淋身热烘烘，
连三岁的孩子也知道，
华主席为我党除了大害，
满天的月亮星星都贴出大红喜字，
为咱庆贺掌灯笼！

王、张、江、姚"四人帮"，
是恶霸，是党棍，
是祸头，是蛀虫，
他们迫害我们敬爱的周总理，
肆意篡改毛主席指示，
随便运动群众；
他们分裂中央分裂党，
比刘少奇歹毒比林彪狠；
他们吸我们工农的血液毁长城，
比资本家厉害比还乡团凶。
把他们除掉人心大快，
把他们除掉民愤才平，
把他们除掉——
毛主席放心，
周总理高兴；
把他们除掉呵——

我们党心、军心、民心，
一千个拥护，
一万个赞成！

跳起进城时的秧歌舞吧，
耍起民族古老的龙灯，
写诗唱舵手，
高歌颂日红，
把我们热爱毛主席的全部感情
都献给英明果断、转危为安的领袖
——华国锋！

党有了这样的接班人，
——我们的心怎不，
加马力，添力量，涌豪情；
人民有了这样的新的领袖，
——我们的心怎不，
浴朝阳，映彩霞，鼓东风！
被修正主义浪费的时间，
一定夺回来！
"四人帮"的滔天罪行，
一定算清！

一班干三班活，

一日出二日工，

一步跨二步阶，

一肩挑二座峰，

下了班，不吃饭，

学毛主席著作；

半夜里，挑灯战，

十批白骨精！

埋在心底的火山

——爆发了！爆发了！

我们的心，

焕发出大干社会主义

无穷无尽的热能！

我们的心，

梅花般俏，

翠竹般青，

山丹般赤，

石榴般红。

我们爱马克思主义，

我们爱文化大革命，

我们爱毛泽东思想，

我们爱《东方红》，

我们爱井冈山传统，

我们爱延安作风，

我们爱创业，

我们爱长征。

搬掉了石头，

踏碎了坚冰，

扔掉了包袱，

解开了捆绳，

我们怎不团结成一个人，

拧成一股绳，

永远沿着毛主席开创的事业，

跟着华主席，

阔步向前冲！

呵，雄鹰展翅龙虎腾，

骏马添鞍风满篷，

我们的心，

驰骋，飞呵——

向着北京，

向着天安门，

向着华国锋；

飞呵，驰骋——
向着明天，向着未来，
向着昌盛，向着繁荣！

人们早就这么想

三年前，两个陌生人，
相会在车厢，
一个拿着画报，拧眉问：
"怎么？九届二中全会后，
还给林秃子照这像？"
另一个，气往脑门子撞，
牙缝里崩出两个字，
"死党！"
——人们早就这么想。

两年前，一份会议记录簿里
画了问号一大张：
为什么，一个政治局委员，
以个人名义到处送材料？
为什么，有事不按组织传达，

却暗地私传密扬？
为什么对中央其他同志，
公开造谣诽谤？
为什么把吕后、武则天
捧到天上？……
不知是那一位领导，
旁边批下字两行：
有人想搞总理，
有人想当女皇。
　　——人们早就这么想。

前脚妖人刚走，
唾沫马上啐到墙上，
呸！做的男盗女娼，
讲的冠冕堂皇；
送什么发卡？
改什么名字？
统统是黄鼠狼的点子
——鬼名堂。
不管你阴风煽得多久？
喇叭吹得多响？
就是不买账！

看你能有几日狂？
　　——人们早就这么想！

总理逝世了，
举国痛哀伤，
新闻报导却说：
"人们关心清华如何如何，
北大怎样怎样……"
他妈的！怒拳砸到桌上，
收音机，关掉！
报纸，扔进垃圾箱！
告诉左邻右舍人，
记住这笔账！
——人们早就这么想。

八十岁的老奶奶，
叫小孙子把报拿来
找邓大姐消息。
打开一看，有臭女人像，
"哗"的撕了一半，
一把拽在地上！
五十多岁的师傅，

逮来四支赖蛤蟆，
穿上铁丝放砧前，吼着：
"让你狂叫乱嚷把美梦想！"
抡起大锤，
一下子砸成肉酱！
——人们早就这么想。

国家就乱在这几个人身上，
经济就毁在这几个人身上，
他们躲过今天，
决不会有明天，
骗了天地，
骗不了我们心中的红太阳，
——人们早就这么想。

上海有人给毛主席写信，
北京有人和他们较量，
广州街头贴他们的大字报，
天津工厂有人公开讲：
"秦桧就是这些人的下场！"
——万没料到，
悲天哀乐起

祸未除，霹雳降，
多少人伏在主席灵前，
哭干了泪，痛断了肠；
也有的战士不哭
——一个劲地擦枪！
挥拳说："看谁敢篡权！"
奋臂讲："等把祸国殃民的贼头取下来，
放到主席灵前
再痛哭一场！"
——人们早就这么想。

今天，人们所想的一切，
一下子都变成现实，
（好象神话一样！）
撕下他们"旗手""左派""功臣"的画皮，
还它阴谋家、野心家、
党内走资派的真象！
人们怎不高兴地起舞，
痛快地歌唱？
怎不赞颂华主席，
心向党中央？！
华主席最知人民的心，

想人民想，
达人民望，
不愧是毛主席选定的接班人，
我们又有了英明的领袖，
革命更加大有希望！
——真的，人们就是这么想！

彻底粉碎"四人帮"（儿歌）

河北区第一幼儿园　翟兆平

"四人帮"，大坏蛋，
阴谋诡计想篡权。
毛主席指示它篡改，
搞修正主义罪滔天。
破坏团结搞分裂，
罪大恶极黑心肝。
我们小朋友，
人小斗志坚，
学习马列和毛选，
开展革命大批判。
彻底粉碎"四人帮"，
万里江山红烂漫！

万包钢水铸檄文

胡书千

怒火胸中燃，
烈焰炉底喷，
声讨"四人帮"的滔天罪行，
舀万包红透的钢水铸檄文：

这帮穷凶极恶的狗豺狼，
这伙利令智昏的恶赌棍，
他们耍阴谋搞诡计篡党夺权，
他们坏事做绝，人心丧尽。……

剥掉"正确路线代表"的画皮，
挖出"文艺革命旗手"的黑心，
"四人帮"是地地道道的走资派，
"四人帮"是毒蛇变成的美人。

他们开的是什么"钢铁公司"，
纯粹是"三条石"老吸血鬼的化身。
纵然把他们一伙千刀万剐，
也难平钢铁工人心头的仇和恨！

抚摸臂上的鞭痕，
凝视腿上的血印，
"四人帮"妄想让地主资本家卷土重来，
咱要豁出老命跟他们拚！

正在走的走资派，
是无产阶级的最危险的敌人。
咱誓与王、张、江、姚斗争到底，
——看咱这丈八钢钎、一身劲！

大 干 颂

唐 绍 忠

亮嗓门，放喉咙，
铸工登诗台，来把大干颂。
笔锋直指"四人帮"，
一路喊杀一路冲，
《大干颂》就是批判稿，
扯着雷电带着风。

仇满怀，愤满胸，
提起"四人帮"，恨劲不打一处生；
好一帮祸国殃民的害人精。
他们为了篡党夺权，
要把社会主义搞乱，
要把社会主义吃空。
谁破坏经济建设则委以重任，
谁大干社会主义则打入冷宫；

合理的规章制度一概砍掉，
停产停工却被大开绿灯。
他们挥金如土、穷奢极欲，
心中哪有半点人民群众！
真是群吸工人血液的
　　跳蚤、黑蚊、毒虱、臭虫。

看着毛主席光辉画像——
想到他老人家对"四人帮"的批评，
怀念敬爱的周恩来总理，
宏伟目标在咱心中翻腾……
我们铸造工人意识到呵，
尽快实现"四个现代化"，
这是一个伟大的历史使命！

铸工铁心跟党走，
心明眼亮力无穷。
反潮流，铸工房里——
石硬铁硬人更硬；
闹大干，大庆班里——
炉红火红人更红。
铸工有股子钢铁劲，

歪门邪道硬是顶，
"四人帮"不让咱大干咱偏大干，
多少年来，大干的弓弦未曾松，
拳头总是紧绷绷！

不当铸工不知情，
当了铸工爱铸工，
焊花舞、铁花迸，
冲天炉前春常在，
花开不分春与冬；
抢任务、排险情，
铸工房里英雄多，
大干的人们最年青！
"四人帮"恨的我们爱，
"四人帮"亲的我们憎，
两个阶级两条道，
——水火不相容！

我们工人要大干，
《鞍钢宪法》指航程，
创业精神记心头，
大庆红旗永高擎。

上下一股劲，
拧成钢丝绳，
拉倒"困难山"，
填平"损失坑"。
甩开膀子搞大干，
华主席是咱好舵手，
咱要为华主席争光荣；
把优质高产的红喜报
千张万张结成队，
铺起红云送北京！

高歌《大干颂》，
胜利锣鼓震天敲，
大干春潮遍地涌，
把新的一年喜相迎。

诗情化作炉中火

天津电器厂　何树岩

东风喜把乌云扫，
万里长空为我铺诗稿；
我用炉火写诗篇，
盛赞祖国形势无限好。
挥臂打开烘炉门，
熊熊炉火往外冒，
映红了地、映红了天，
车间更显得火爆爆。
任你"四人帮"再霸道，
经不住无产阶级的烈火烧，
华主席英明做决策，
"四人帮"黄粱梦断黑烟消。
嘿！你说说，咱锻工怎能不欢笑！
满腔激情往外喷啊
就象那通红的炉火冲云霄！

看那通红透亮的大烘炉，

和咱肝胆喜相照；

瞧这钢铸铁打的红锻件，

恰似咱劲头齐往一处攥；

汗水落在锻件上，

嘶嘶喇喇直呼啸；

抡圆了铁锤铆足了劲，

铿铿锵锵狠劲凿。

这锤声，象惊雷，象战鼓，

更象咱粗门大嗓在宣告：

不怕扣上"唯生产力论"的大帽子，

不听"四人帮"鼓吹的那一套，

为伟大的祖国更强盛，

拚着命的去锻造。

满腔激情催旺火，

炉火中，

大庆的红旗迎风飘，……

嘿！你说说，

咱怎能不喊一千声妙，

怎能不道一万声好！

形势逼人人更喜，

千条江河都在猛吹冲锋号，

祖国就是大熔炉，

革命烈火万丈高。

诗情化作炉中火，

和时代一起卷狂飙，

华主席领咱向前闯，

征途万里不歇脚！

咱锻工就是大铁锤，

铁锤常把战鼓敲，

华主席指哪儿咱打哪儿，

一锤一张红喜报，

冲天炉火绘宏图，

铁锤夯实金光道，

让无产阶级的铁江山，

千年万代红光耀！

海河儿女的心声

天津人民出版社编辑、出版

（天津市赤峰道484号）

天津人民出版社印刷厂印刷　天津市新华书店发行

开本 787×1092 毫米　1/32　印张 2

一九七六年十二月第一版

一九七六年十二月第一次印刷

统一书号　10072·616

每　册：0.15元

革命歌曲

一九七八年 第一集

民音乐出版社

革 命 歌 曲

第 一 集

人民音乐出版社

一九七八年 · 北京

革 命 歌 曲

第 一 集

*

人民音乐出版社出版

（北京朝内大街166号）

新华书店北京发行所发行

北京新华印刷厂印刷

787×1092毫米　32开本　35面乐谱　1.5印张

1978年1月北京第1版　1978年1月北京第1次印刷

书号：8026·3361　定价：0.12元

目　录

毛主席永远在我身边

1=bE 2/4　　　　　独　唱　　　　　　张红曛词
　　　　　　　　　　　　　　　　　　臧东升曲

明亮地　中速

(1 111 3 2 1 | 6 6 6 6 1 65 6 | 1 5 1 5321 | 1　-) |

5　1 21 | 5.1 53 1 | 5 5 3 5 12 | 2 - | 3 2.1 |

1. 江 河　宽不过　无边的大　海，　　大 海也
2. 群 星　亮不过　火红的太　阳，　　雄 文

5.1 51 3 | 6 6 1 5321 | 5 - | 3.2 3 5 5 | 1 2 1 65 6 |

比不上　雄文 五　卷，　　它 装得下 五洲 风云
五　卷象 阳光一样灿　烂，　　它 照耀着 革命 前程

5 6 5 1 2 3 - | 2 2 3 2 1 6 6 1 65 6 1 5 1 5321 | 1 - |

五洲 风 云，　指引我奔向胜利的明 天胜利的明　天。
革命 前 程，　毛主席永远在我 身 边永在我身　边。

1　2 | 3.　2 | 1 3 5 12 | 2 - | 1 1 3 2 1 |

毛 主　席，　毛 主　席！　您永 远

渐慢

6 6 1 65 6 | 3.　5 | 6 2.1 | 1 - | 1 - | 1 0 0 |

在我 身边永　在 我 身　边。

129

韶山红日颂

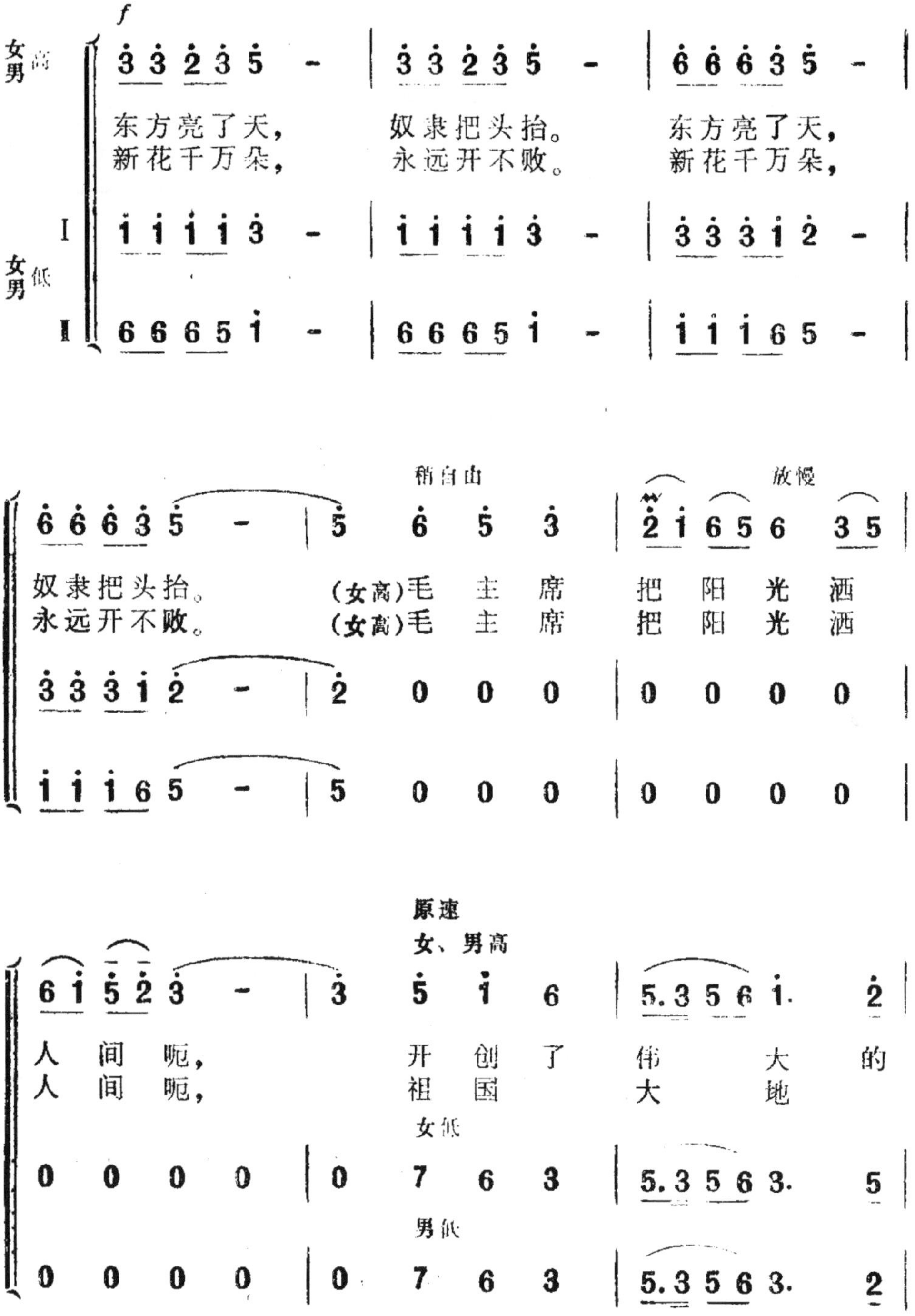
f
女男高
东方亮了天，奴隶把头抬。东方亮了天，
新花千万朵，永远开不败。新花千万朵，
I
女男低
I
稍自由
放慢
奴隶把头抬。(女高)毛主席把阳光洒
永远开不败。(女高)毛主席把阳光洒
原速
女、男高
人间呃，开创了伟大的
人间呃，祖国大地
女低
男低

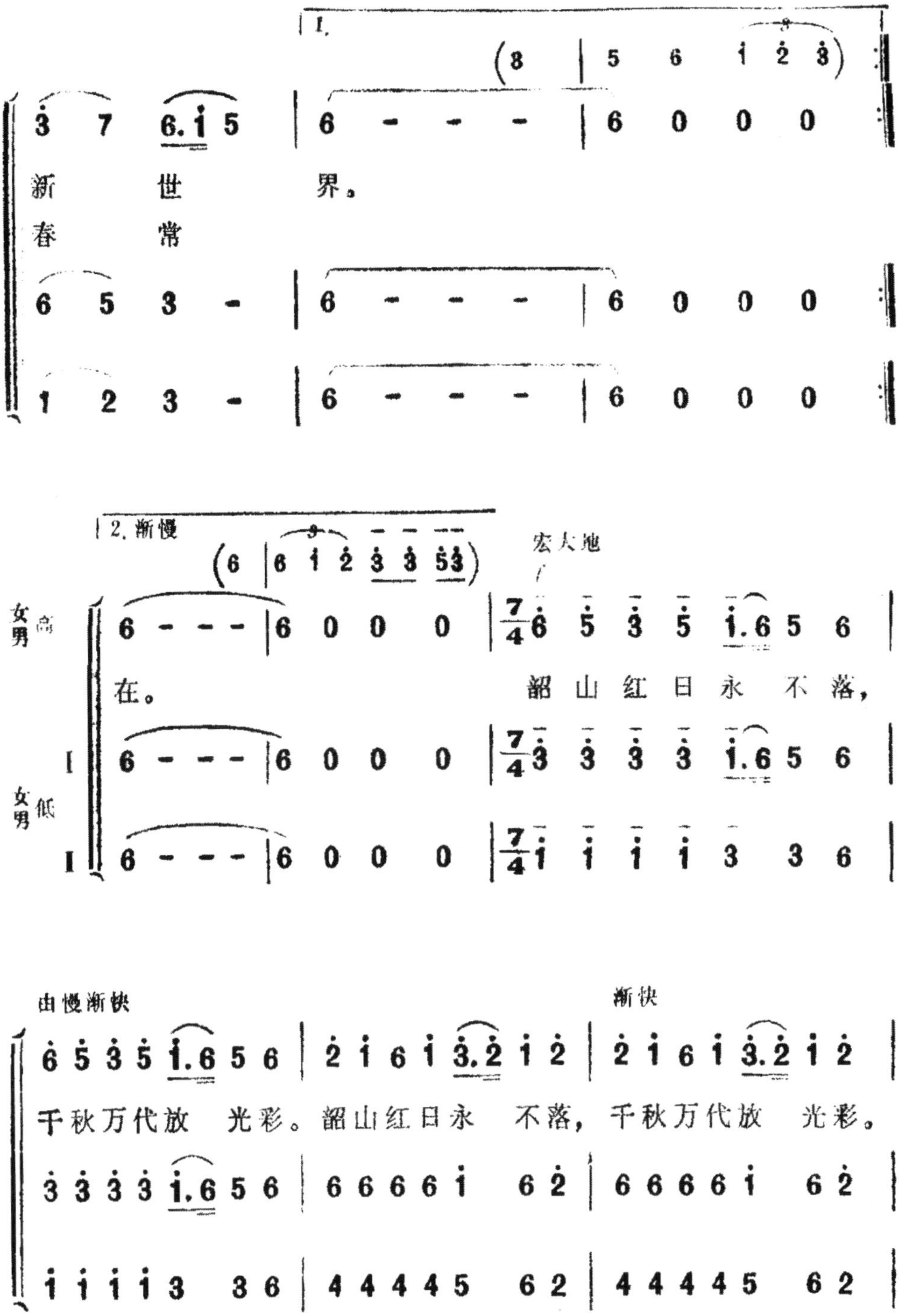
1.
新 世 界。
春 常
2. 渐慢
宏大地
女 男 高
在。
韶山红日永不落，
女 男 低
由慢渐快
渐快
千秋万代放光彩。韶山红日永不落，千秋万代放光彩。

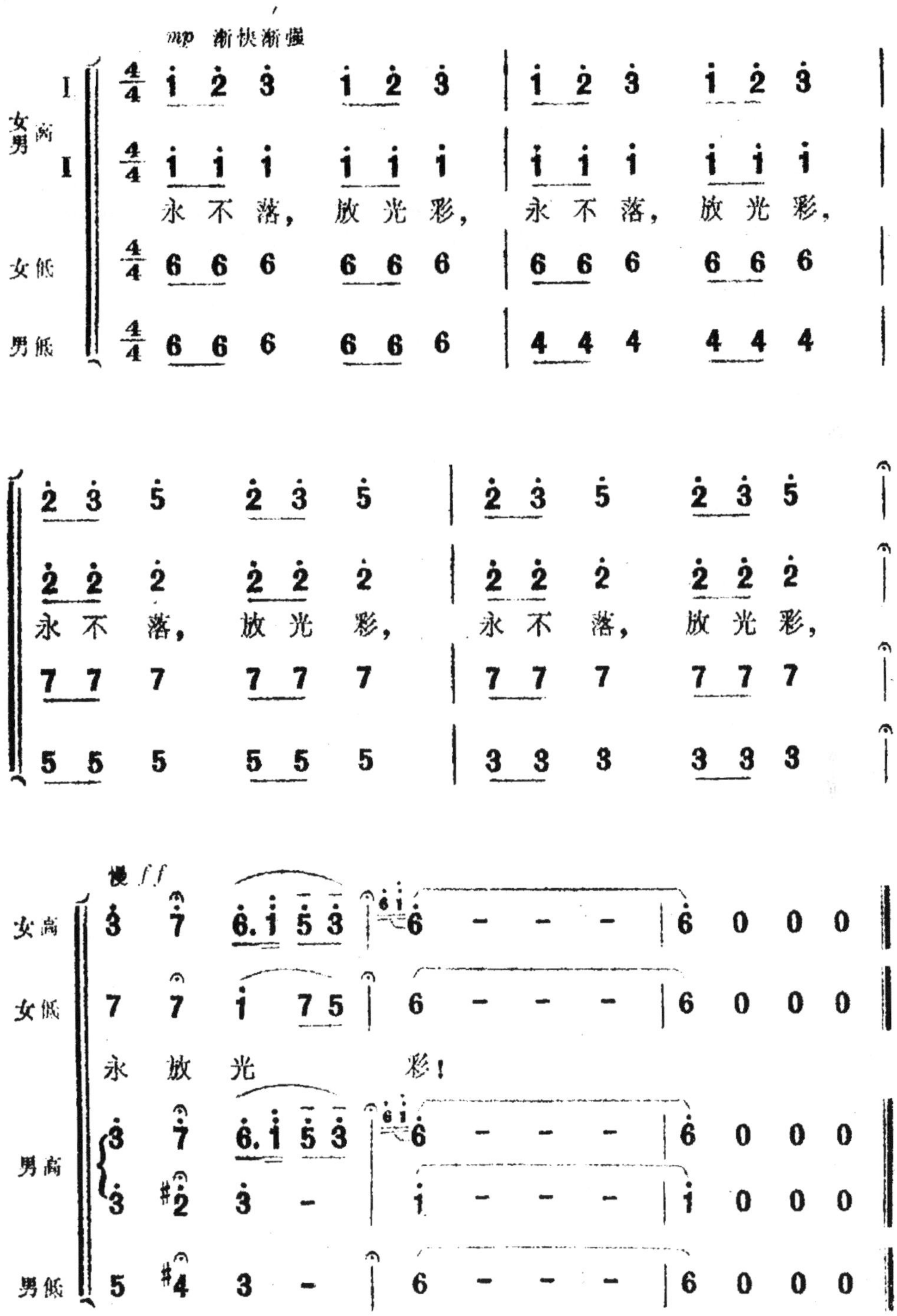
mp 漸快漸強
女高 I
男高 I
永不落，放光彩，永不落，放光彩，
女低
男低
永不落，放光彩，永不落，放光彩，
慢 ff
女高
女低
永放光彩！
男高
男低

《东方红》颂歌唱万代

男女声二重唱

1=♭B 4/4

苏圻雄词
欧波曲

热情、高亢

$(5 \ 5 \ \dot{1} \ \dot{1} \ \dot{3} \ \dot{2}\dot{1} \ 2.1 \ | \ 5 \ 1 \ 1 \ 5 \ 5 \ 35 \ 3.5 \ | \ 2 \ 5 \ 5232 \ 1 \ 0 \ 1 \ 0)$

5 - - 65 | $\dot{1}$ - - 6 | 3.2 3 6 $\dot{1}$ 23 3 2 |

1.(女)唔　　　啊喂　　　五指山(噢)百花 开啰，
2.(女)唔　　　啊喂　　　五指山(噢)风光 好啰，

$\dot{1}.3 \ \dot{2} \ \dot{1} \ \dot{1}656 \ 5$ | 6.6 6 6 5 $\dot{1}$ $\dot{1}$ 6 | 5 1 1 5 3. 5 |

鲜花朵朵谁来 栽？　五条河水金浪涌，　甘泉淙　淙
锦绣大地谁安 排？　五条河畔春常在，　秀丽春　色

3 0 5 5.232 | 1 - - - | $\dot{1}$ - - - |

谁　引　来？　　　(男)嗳
谁　铺　开？　　　(男)嗳

$\dot{2} \ \dot{2} \ \dot{2} \ \dot{2} \ \dot{2} \ \dot{1}$ | $\dot{2}$ 3 | 3 2. 2 - | $\dot{1}$ 2 3 $\dot{2}$ $\dot{1}$ 2 $\dot{1}$2 6 5 |

毛主席挥手换 乾　坤啰，　　五朵 红云落　山
毛主席亲手绘 宏　图啰，　　华主席领咱迎　春

5 - - - | 6.6 6 6 6 5 $\dot{1}$ 6 | 5 1 1 5 5 35 3 |

崖，　　教侬翻身作 主　把 家 当啰，
来，　　高举毛主席旗帜 创 新 业啰，

5 5 $\dot{1}$ $\dot{1}$ 3 $\dot{2}\dot{1}$ 2 | $\dot{1}$2 0 5 3.2$\dot{1}$2 | $\dot{1}$ - - - |

建设社会主 义 新 黎 寨。
向着共产主 义 大 步 迈。

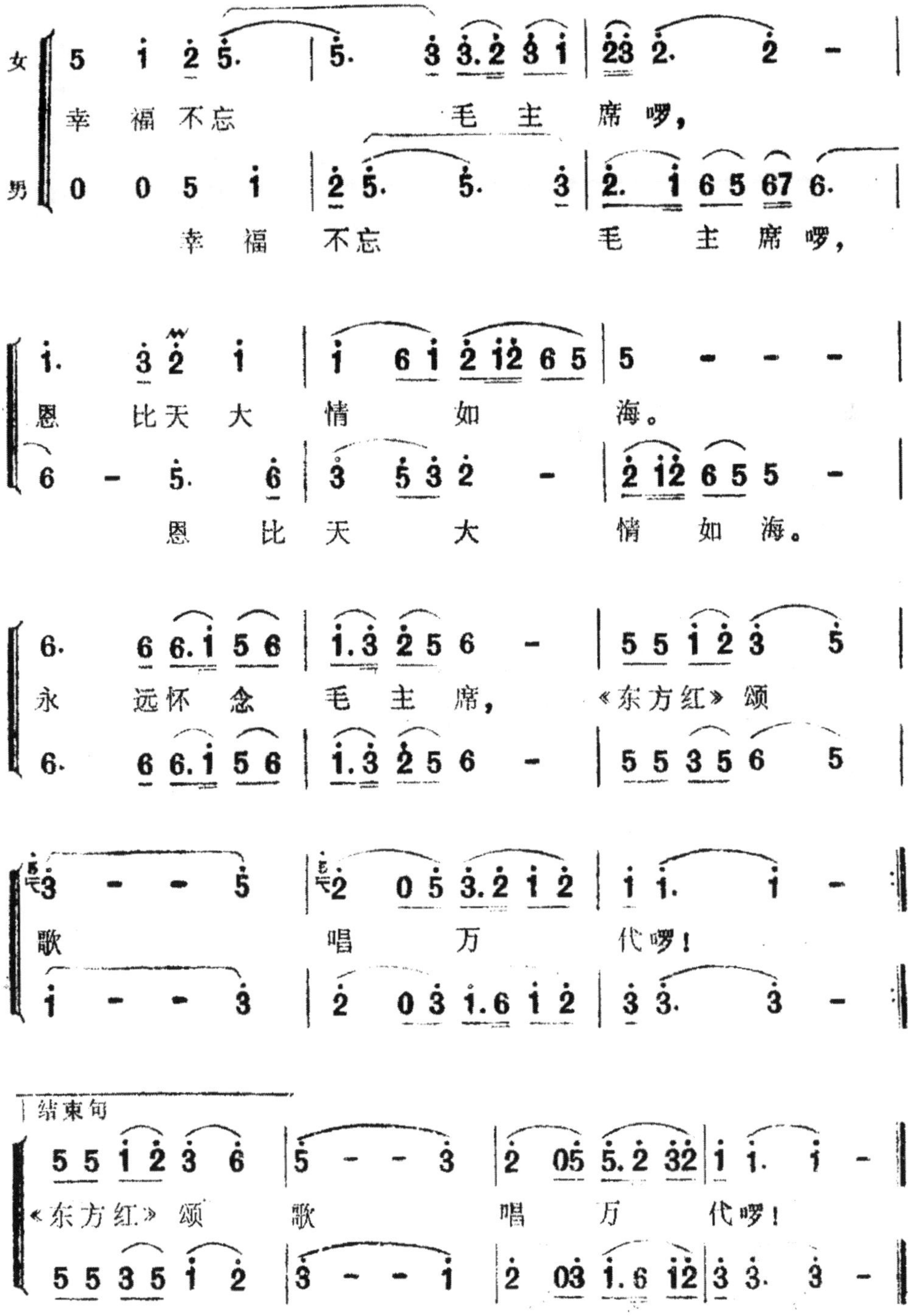
女
男
幸福不忘毛主席啰，
幸福不忘毛主席啰，
恩比天大情如海。
恩比天大情如海。
永远怀念毛主席，《东方红》颂
歌唱万代啰！
结束句
《东方红》颂歌唱万代啰！

华主席和毛主席一样亲

女高音独唱

孙步康词

晓影、佳向曲

1=F 4/4

亲切、热情

(6.·2 ·1 6 56 3　5 | 2 35 1 76 2.·　3 | 2 6 1 76 6　-)|

mf

6.· 6　6 ·2 ·1 ·1　65 | 3 6 1 2 35　·3　5

1.2.金灿灿的 太阳　暖 人 心 咧，

6.· ·2 ·1 6 5 6 3　5 | 2 6 1 2 3 2 1　2.·

华主席和毛 主 席 一 样 亲。

2 2 6 1 2 3 3 23 6 | ·2 6 ·2 ·1 7 6 656 3 | 3 6 1 2 3 16 5 3

华主席来到我们 家，问寒 问暖心贴 心，问寒 问暖

带领咱普及大寨 县，壮乡 凯歌响入 云，壮乡 凯歌

2 6 1 76 6　- | 6.·　·2 6 ·2 ·1 76 | 6　- - -

心 贴 心。　哎

响入 云。　哎

f

mf

6 6 ·1　6 6 5　3235　6 6 | (666·1　6 5　3235　6 6)

夸咱 机械化步伐快啊，

改天 换地干劲大哪，

$$\widehat{3\ 3\ 6}\ \ 5\ 3\ \widehat{2\ 1\ 3}\ \ 2\ 2\ \ \overset{\frown}{2}\ |\ (\widehat{3\ 3\ 3\ 6}\ \ 5\ 3\ \widehat{2\ 1\ 3}\ \ 2\ 2)\ |$$

夸咱　田园景色新哪，

宏图　大展气象新哪，

$$\boldsymbol{f}$$

$$\widehat{6\ 6\ 5}\ \ \widehat{6\ \dot{2}\ \dot{1}}\ \ \overset{\frown}{\dot{1}}\ \ \ \underline{6}\ |\ \ \overset{原速}{\dot{2}\ \dot{6}\ \dot{2}}\ \ 6\ 5\ \ \widehat{6\ 5\ 3\ 2}\ \ 3\ |$$

就象　毛主席(吧)　　当年　视察咱壮乡，

就象　毛主席(吧)　　领咱　走在金光道，

$$\widehat{3\ 6}\ \ \widehat{1\ 2\ 3\ \dot{1}}\ \ 6\ 5\ 3\ |\ \ 2\ 6\ \ \widehat{1\ 7\ 6}\ \ \overset{\cdot}{6}\ -\ |$$

邕江　漓水　一　片　春，

革命　征　途　花　似　锦，

$$\overset{|1.}{\boldsymbol{f}}$$

$$\underline{6.}\ 6\ \ \widehat{6\ \dot{2}}\ \ \dot{1}\ \ \ \widehat{7\ 6}\ |\ \ 6\ -\ -\ |\ \ (\widehat{6\ 2\ 3\ 5}$$

邕江漓水一　片　春。

$$\overset{|2.\ 渐慢}{\boldsymbol{f}}$$

$$\underline{6.}\ 6\ \ \widehat{6\ \dot{1}\ \dot{2}}\ \ \dot{3}\ 3.\ |\ \ 3\ -\ \overset{\vee}{}\ \widehat{\dot{2}\ 6}\ \ \widehat{1\ 7\ 6}\ |$$

革命　征　途(吧)　　　花　似

$$6\ -\ -\ -\ |\ \ 6\ -\ -\ 0\ \|$$

锦。

华主席含笑走过来

李时英词

聂春芳、张先锋曲

独唱

1=♭E 2/4

稍快

$$3 \quad \widehat{5 \; 2} \mid 3 \quad - \mid \widehat{5 \; 3} \quad 5 \mid 6 \quad \dot{1} \mid \widehat{6 \; 5} \quad 3 \mid$$

扫　阴　霾，　胜利　　歌　声　传　天安
展　宏　图，　山山　　水　水　儿　巧　安
一　路　洒，　贴心　　的　话　暖　胸

$$5 \quad - \mid 6. \quad \dot{1} \mid \overset{\vee}{5} \overset{\vee}{3} \overset{\vee}{5} \overset{\vee}{6} \mid \dot{1} \mid 0 \overset{\vee}{2} \mid \overset{\vee}{1} \overset{\vee}{2} \quad \dot{1} \mid$$

外。　　　呀　子　哎呀　呀子　哟　嗬　哟嗬嗬
排。　　　呀　子　哎呀　呀子　哟　嗬　哟嗬嗬
怀。　　　呀　子　哎呀　呀子　哟　嗬　哟嗬嗬

$$3.5 \quad 6 \; \dot{1} \mid \widehat{6 \; 5} \quad \widehat{5 \; 3} \mid \overset{\vee}{2} \; 0 \overset{\vee}{3} \overset{\vee}{2} \; \overset{\vee}{1} \mid 2 \quad - \mid 3 \; \widehat{3 \; 5} \; 2 \; 3 \mid$$

哎呀　呀子　哎　子儿　哟嗬哎子　哟　　天安
哎呀　呀子　哎　子儿　哟嗬哎子　哟　　处处
哎呀　呀子　哎　子儿　哟嗬哎子　哟　　人民

$$5 \quad \dot{1} \mid \widehat{6 \; 5} \quad \widehat{3 \; 5} \mid \overset{\sim}{2} \quad 1 \mid 6. \quad \widehat{6} \mid \dot{1} \quad 3 \mid$$

门　上　红　旗　展，　锦　绣　河
大　庆　大　寨　花，　万　紫　千
领　袖　爱　人　民，　人　民　领

$$\overset{\frown}{2} \quad - \; \overset{\frown}{2} \mid \dot{1} \mid 6 \; 0 \overset{\vee}{5} \; 6 \; \dot{1} \mid 3 \; 5 \; \overset{\sim}{2} \mid 1 \quad - \mid 1 \quad - \parallel$$

山　　红　　　春　　常　　在。
红　　袖　　　向　　阳　　开。
袖

$$\overset{\frown}{6 \; 0 \overset{\vee}{5}} \; 6 \; 3 \mid \overset{\vee}{2} \; \dot{1} \; 6 \mid (\dot{1}. \overset{\vee}{2} \; \dot{3}. 5 \mid \overset{\vee}{2} \; \dot{1} \; 6 \; 5 \mid 3 \; 5 \; 3 \; 5 \; 6 \; 2 \mid 1 \; 0) \mid \dot{1} \quad - \mid \dot{1} \quad - \mid \dot{1} \quad - \mid \dot{1} \quad 0 \parallel$$

人　民　爱。

华主席率领我们向前进

蓝天飞架友谊桥

李令修词
王宁一曲

1=♭B 3/4

女高音独唱

稍快

```
(6  -  -  | 4  -  6  | 5 4 5 6 1 7 6 | 5·  4 3 4 |

5  -  -  | 5  4  3  | 2·5 6 1 2 3 | 5·  1 2 |

1 5 6 5 3 1 | 1 5 6 5 3 1 ) | 5  1  2 | 3·  2 1 |
                              1,2.长       空

7·  6 2 1 | 5  -  -  | 3·5 6 1 2 5 | 3  -  1 |
铺     大  道，           彩           云

7·  6 5 | 2  -  -  | 5  1·3 5 6 | 5  -  3 |
把     手  招，        祖  国 的 银  燕

4·  3 2 3 | 6  -  -  | 3  6  1 | 2  -  6 |
翱     翔 万  里，      蓝     天  飞  架

7·  2 6 5 | 5  -  -  | 5  -  -  | 3  6  5 |
友     谊  桥，                   蓝     天
```

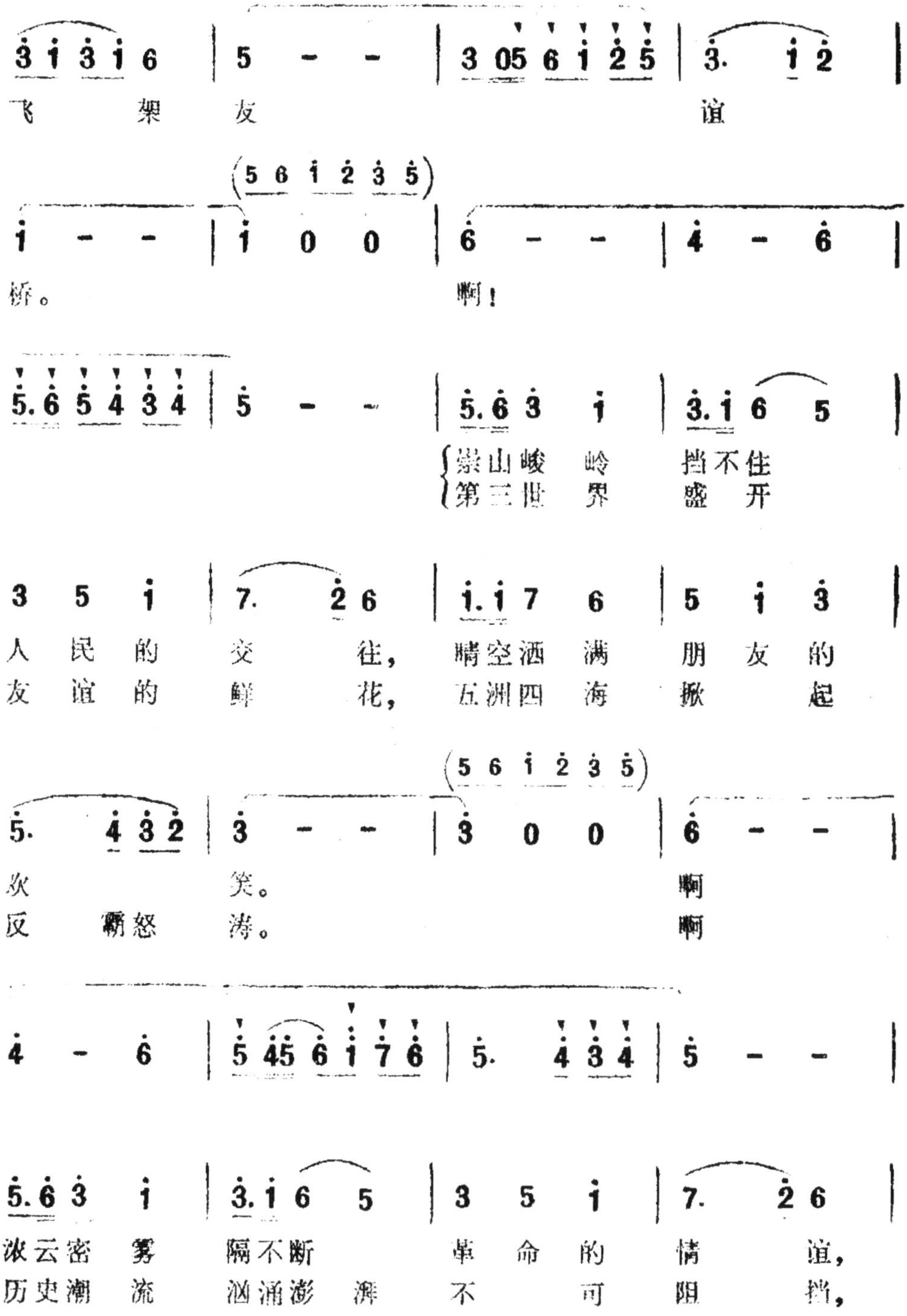

飞 架 友 谊
桥。 啊！
崇山峻 岭 挡不住
第三世 界 盛 开
人 民 的 交 往， 晴空洒 满 朋 友 的
友 谊 的 鲜 花， 五洲四 海 掀 起
欢 笑。 啊
反 霸怒 涛。 啊
浓云密 雾 隔不断 革 命 的 情 谊，
历史潮 流 汹涌澎 湃 不 可 阻 挡，

```
5  6  5  | 1.  6 1 3 | 2  0 5 1 3 | 6 - 5 4 |
```
友谊的　种　　子洒遍天涯
浩　荡东　　风传送胜利

```
3 0 5 6 1 2 3 | 5.   1 2 | 1 - - | 1 (2 3 4 5 |
```
海　　　　角。
捷

```
1 - - | 1 - 5.6 | 5.  4 3 1 | 5 - - |
```
报。　　　　银　色的航　线

```
3 1 3 5 5 6.3 | 5 - - | 6 2 1 | 7. 6 5 |
```
（啊）　　　　友　谊　的

```
3 - - | 1 6 1 3 3 5.2 | 3 - - | 6 5 3 |
```
桥，　　　啊　　　　全世界

```
5.6 3 1 | 3.1 6 (5 | 5 - 5 3 5 | 1 5 1 3 1 3 5 3 5) |
```
革命的　人民

放慢　　　　　　　原速
```
7 - 6 7 5 6 3 5 | 6 - 7 5 | 1 - - | 1 - - |
( b3.4 1 b6 | 1. b6 4 b3 |
```
心　　　一　　　条。

```
1 b3 b6 | 1 b3 4 | 5 0 5 | 1 )
1 - - | 1 - - | 1 0 0 | 0 0 0 ‖
```

我把大庆战歌唱

万卯义词
万卯辰曲

1=D 2/4

热情地

（3 6 1 6 | 3 6 1 6 | 6 3 5 3 | 6 3 5 3 | 5.6 i | i － |

7 6 | 7 6 6 | 5 6 | 5 3 3 | 6 12 3235 |

6 05 | 6 0）‖: 3 6 | 1 1 6 | 6 3 |

1. 叮 当 叮叮当 叮 当
2. 叮 当 叮叮当 叮 当

1 1 6 | 6 1 2 3 | 5 7 | 6 6. | 6 － |

叮叮 当， 我开汽锤响 叮 当哎，
叮叮 当， 锤声伴我把 歌 唱哎，

3 6 | 5 5 3 | 7 6 | 5 5 3 | 2 2 5 3 |

叮 当 叮叮当 叮 当 叮叮当， 我把大庆
叮 当 叮叮当 叮 当 叮叮当， 战歌越唱

2 3 1 | 2 2. | 2 － | 6 6 2 2 | 1 1 2 |

战 歌 唱哎。 生产一浪 高一浪，
越 响 亮哎。 自力更生 创奇迹，

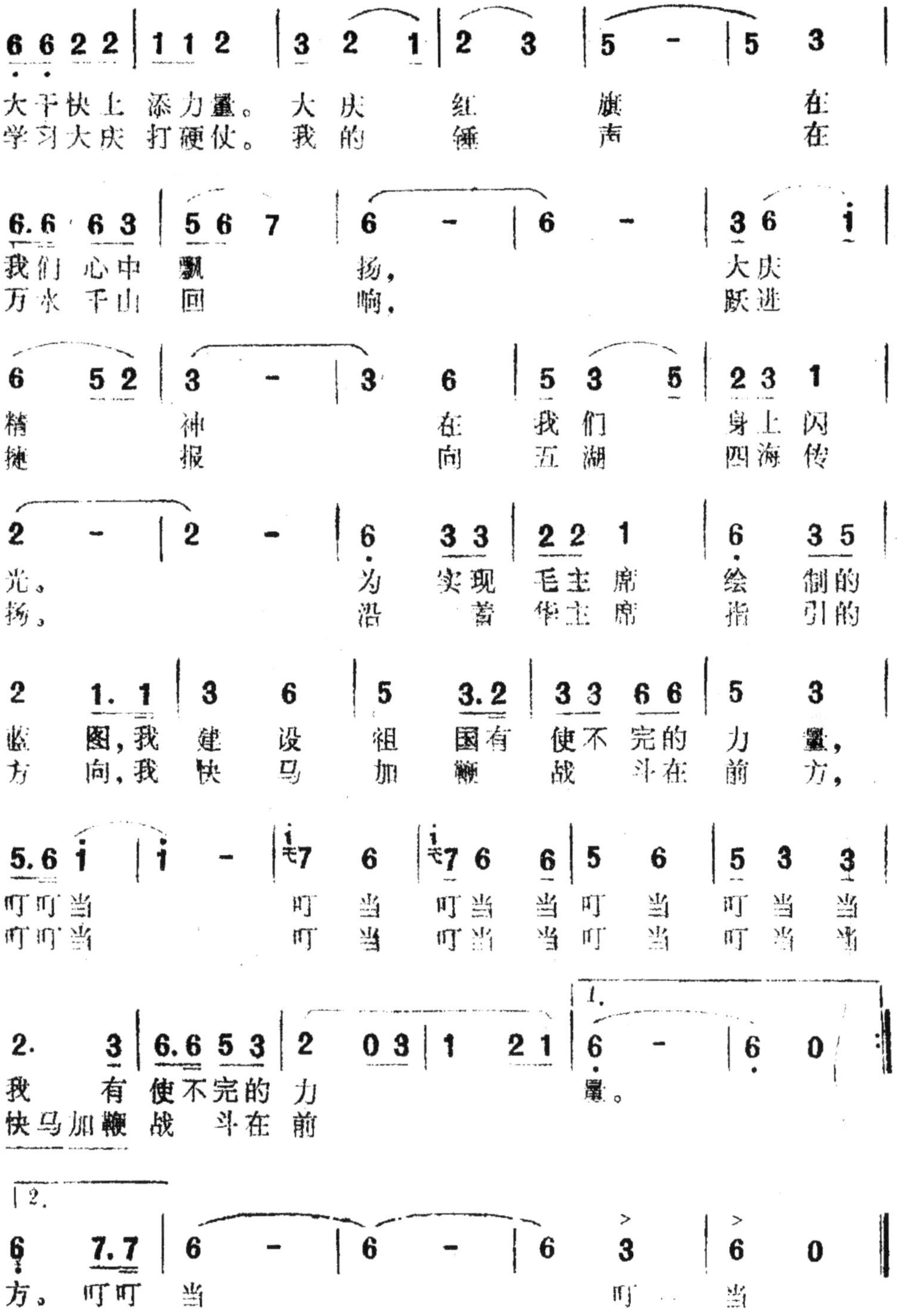
大干快上 添力量。大庆 红 旗 在
学习大庆 打硬仗。我的 锤 声 在
我们 心中 飘 扬， 大庆
万水 千山 回 响， 跃进
精 神 在 我们 身上 闪
捷 报 向 五湖 四海 传
光。 为 实现 毛主 席 绘 制的
扬， 沿 着 华主 席 指 引的
蓝 图，我 建 设 祖 国有 使不 完的 力 量，
方 向，我 快 马 加 鞭 战 斗在 前 方，
叮叮当 叮 当 叮当 当 叮 当 叮 当 当
叮叮当 叮 当 叮当 当 叮 当 叮 当 当
我 有 使不完的 力 量。
快马加鞭 战 斗在 前
方。 叮叮 当 叮 当

大 庆 人

张 藜词

秦咏诚曲

1=♭B 2/4　　　　独唱

挺拔有力 稍快地

(2345) 6 - | 6 5 | 4323 6 | 6 - |

5 5 | 5 | 3.1 2123 | 1 55 65 | 1 6 53) 5 | 6.5 |

1. 手 握
2. 胸 有

1 1. | 1 2 | 3 2.1 | 2 5. | 5 - |

刹 把　　　　钻 台 上 站，
朝 阳　　　　方 向 明，

6 - | 6 5 | 4323 6 | 6 - | 5 5 |

顶　　　风 冒 雪　　　不
劈　　　波 斩 浪　　　路

4.3 21 | 2 - | 2 - | 3.3 3 | 0 5 3 | 3/4 2 123 |

怕　 寒。 大庆人　心 中 有"两 论"，
不　 偏。 大庆旗　飘 在 咱 心 间，

2/4 2.2 2 | 0 3 2 | 3/4 7 6 2 | 5 | 2/4 3 - | 2 1 |

大庆人　面 前 没 困 难。 大　 庆
大庆人　越 斗 志 越 坚。 大　 庆

146

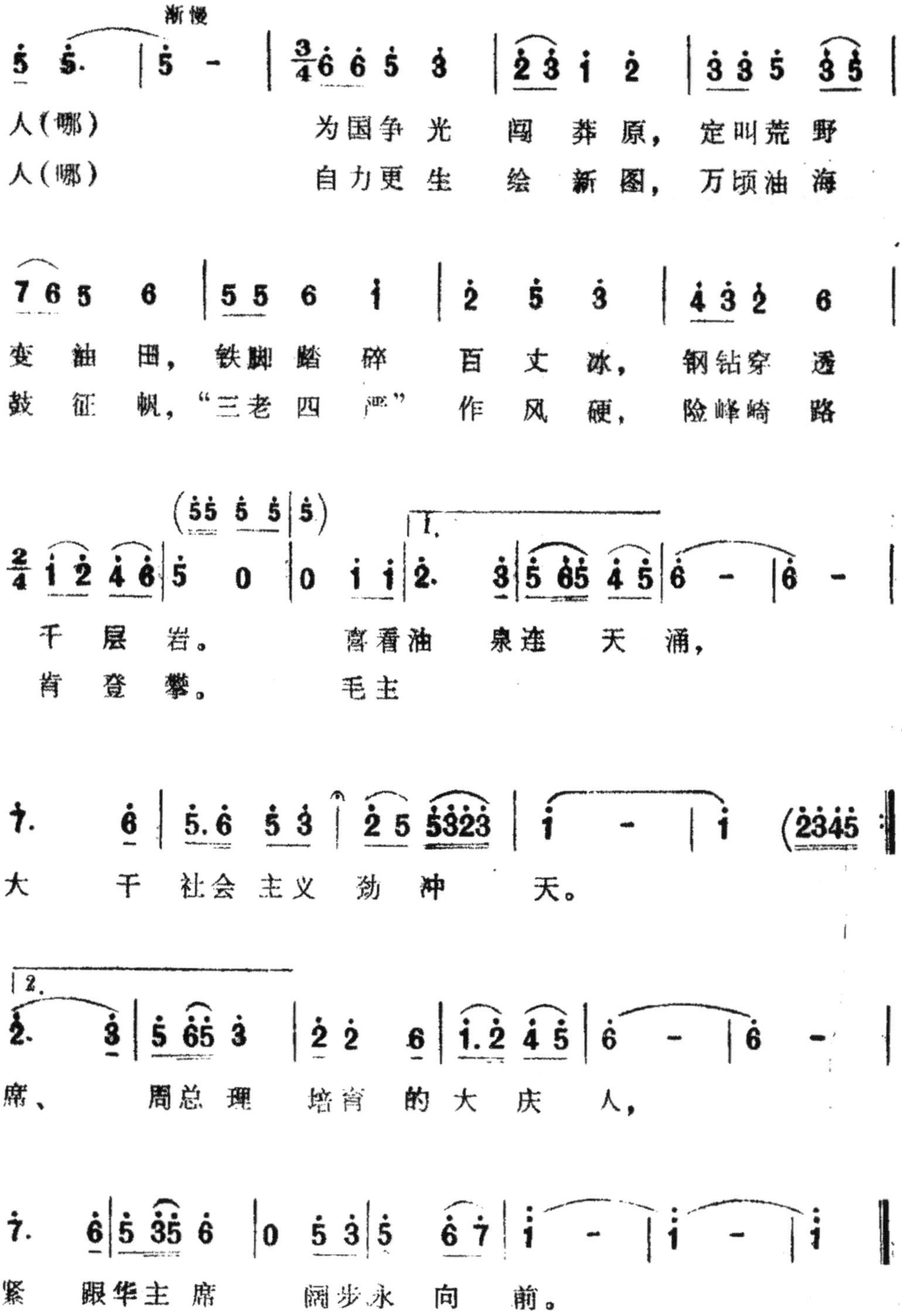
渐慢
人(哪) 为国争光 闯莽原，定叫荒野
人(哪) 自力更生 绘新图，万顷油海
变油田，铁脚踏碎百丈冰，钢钻穿透
鼓征帆，“三老四严”作风硬，险峰崎路
千层岩。喜看油泉连天涌，
肯登攀。毛主
大干社会主义劲冲天。
席、周总理培育的大庆人，
紧跟华主席阔步永向前。

拿出铁人那股劲

陈　才　铮词

杨　明、阿　昌曲

唱唱咱矿山的竞赛台

1=C 2/4

表演唱　　　　　　　　　孙祥栋词曲

喜悦、颂扬地

```
(3 33 23 | i 63 i6 | 5 5i 3532 | 1232 1 | 0 5 65 |
3532 3 2 | 1 0 1 0) | 5 56 335 | 61 23 | i.    2 |
```
1. 咱们　矿山的　竞赛　台　呀
2. 咱们　矿山的　竞赛　台　呀

```
i.    0 | i3 2i | 65 61 3 | 5.    6 | 5.    0 |
```
嗨，　　　人人夸来人人　爱。
嗨，　　　跃进号角震天　外。

```
33 2 | 1.    2 | 3 i7 | 61 65 6 | 65 6 3 |
```
煤海　　盛　　开大庆花呀，　朵朵红花
竞赛　　台　　上英雄多呀，　大干快上

```
27 65 | i.    2 | 3.5 61 | 6432 | 1 - | 1.    0 |
```
向阳开　向　阳　　开。
向前迈　向　前　　迈。

```
3 2 35 | 21 6 | i.i 65 | i3 2 | 65 61 |
```
老英雄、　新一代，　师徒　结成　对手赛，　组与组、
除"四害"，心花开，　猛添　虎劲　战煤海；　学大庆，

149

```
6  3  2  | 3. 3  2 1 | 6 1 6 3  5  | 0 1  6 1 | 2. 1  2 0 |
```
队 与 队，　你 追 我 赶 跑 得 快。　你 看 那 挑 战 书、
情 满 怀，　千 难 万 险 脚 下 踩。　你 看 那 赛 团 结、

```
3  5  3  | 1 1 1  6 5 | 3  5 6  | 0  6 5 6 |
```
决 心 书，　竞 赛 的 红 旗 迎 风 摆。　　　比 学
比 贡 献，　"铁 人"精 神 放 光 彩。　　　标 兵

```
1  6 5  6  3 1 | 2  —  | 3. 3  2 1 | 6 5  3 2 |
```
赶 帮 掀 热 潮，　　龙 腾 虎 跃 好 气
模 范 齐 会 师，　　光 荣 花 儿 胸 前

```
1.  2  6 5 1  3 2 | 1  —   ‖ 结束句
                            3. 2  3 5 | 3 2  1 |
```
派 好 气 派。　　　　　竞 赛 台 呀 竞 赛 台，
戴 胸 前 戴。

```
6. 3 2 7 | 6 1 5 | 1. 1 6 6 5 | 5 2 3 | 1. 1 6 6 5 | 5 2 3 |
```
坑 口 车 间 一 排 排，　它 象 革 命 的 加 油 站，它 象 进 军 的 检 阅 台。

```
0 6 5 6 | 1  6 5  6  3 1 | 2  —  | 3. 3  2 1 | 6 1 2 3  1 |
```
煤 矿 工 人 跨 战 马，　　甩 开 膀 子 干 起 来，

```
0  0  | 0  0  | 0 5  | 3.     5  3  0 | 3. 2  1 |
```
干 起 来！干 起 来！　哎 嗨 嗨　干 起 来！

飞奔吧，咱们的"骏马"

男声小合唱

郑广强、崔跃武词
郑 述 诚曲

1=bE 2/4

勇往直前地

（ 0 55 i 2 ‖ : 3 - | 3 55 i 2 | 3 - | 3 55 i 2 | 3.2 i2 i7 |

6 i76 5654 | 3543 2325 | 1065 6565 | 5065 6565 | 1065 6565 |

5065 6565 | i 0)5 | i. 5 6 3 | 5.5 1 | 0 3 3 |
　　　　　　　　　　　　1.2.凯 歌　声 声 传天下，　工 业

0 0 | 0 5 | 5 - | 3 1 | 2.2 1 | 0 3 3 |

2 1 3 | i - | 7 6.7 | 5 - | 5 i |
战 线 开　新　　花，　　内

2 1 3 | 6 - | 5 2.5 | 3 - | 3 i |

2. i 7 | 5 3 | 7.7 6 | 0 5 67 | i 6 |
燃　　机 车 风笛响，　咱 造的"骏 马"

7. 6 | 5 3 | 2.2 3 | 0 5 42 | 3 3 |

5.6 54 | 35 2 | 2 6 i | 5 2.3 | 1 - | 1 0 |
英姿勃勃 要出 发　要　出　发。　　机车
　　　　　　　　　　　　　　　　　　　　机车

2.2 21 | 71 2 | 2 4 2 | 7 5 | 1 - | 1 3 3 |

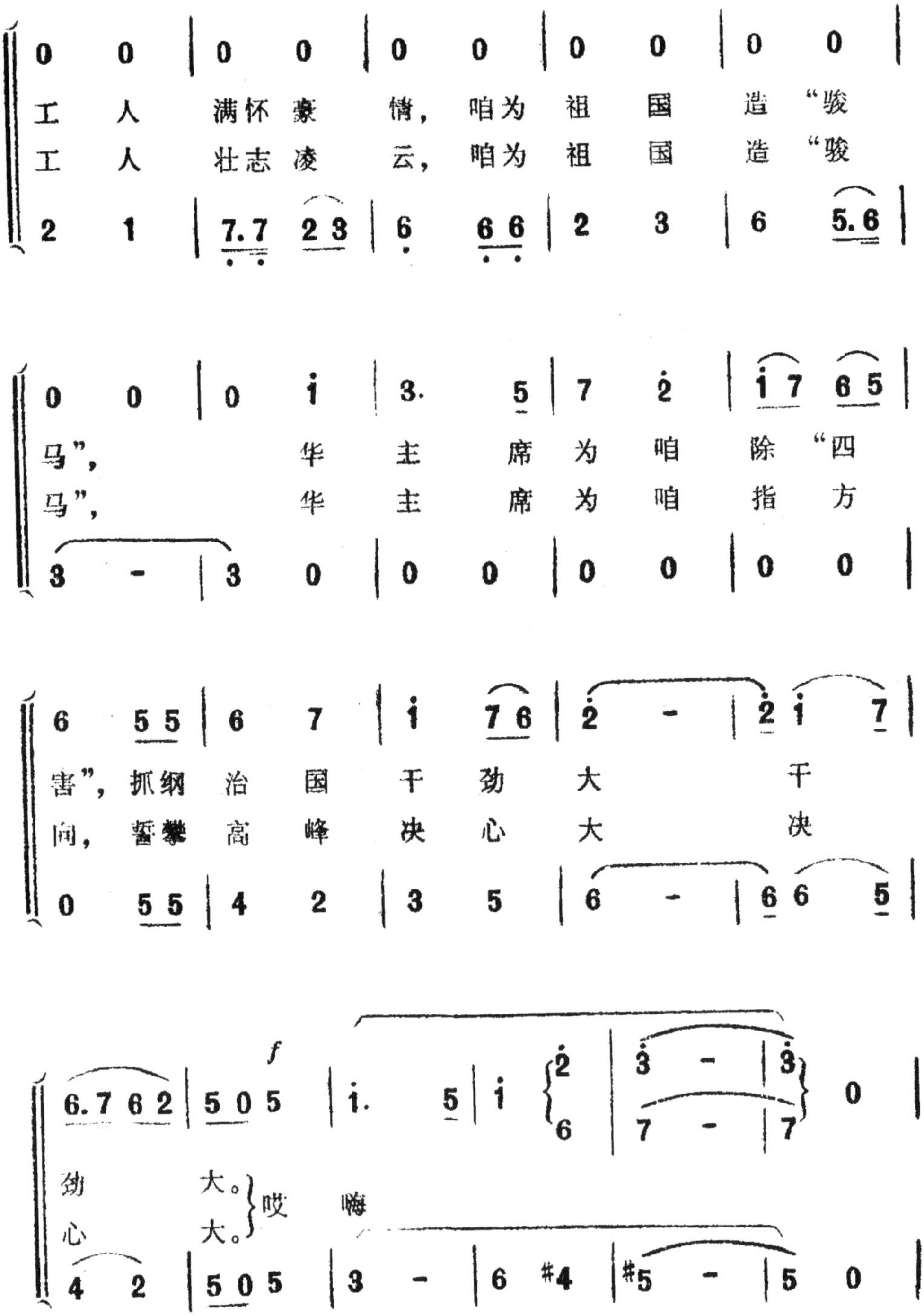

工人满怀豪情，咱为祖国造"骏
工人壮志凌云，咱为祖国造"骏
马"，华主席为咱除"四
马"，华主席为咱指方
害"，抓纲治国干劲大干
向，誓攀高峰决心大决
劲大。
心大。
哎嗨

mp
大马力机车呀，咱们的
好"骏马"，
你闪耀着"鞍钢宪法"的
你高唱着自力更生的
光辉，你头戴着鲜艳的大庆红花，
凯歌，把工人阶级的豪情抒发，
沿着毛主席的革命路线飞
沿着毛主席的革命路线飞

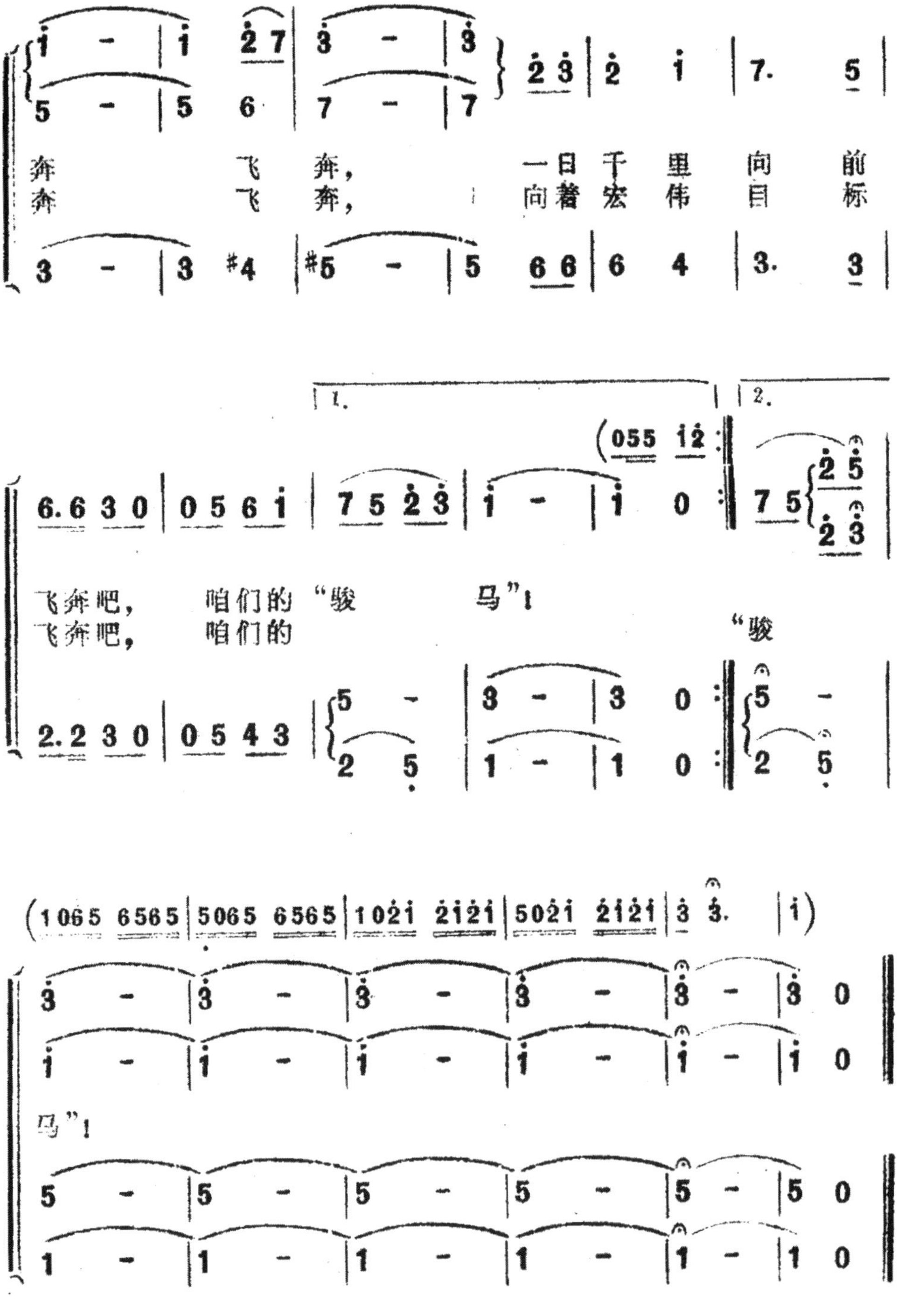
奔 飞 奔， 一日千里向前
奔 飞 奔， 向着宏伟目标
飞奔吧， 咱们的“骏 马”！
飞奔吧， 咱们的 “骏
马”！

伐木女工学大庆

女声独唱

方夏灿 词曲
方初著

1=G 2/4

节拍自由

3 5 5 | 6 5 3. | 5 6 6.5 | 5 i |
赫 格 衣 永 喳 赫 格 衣 永 喳 嘿

中速稍快

(0 ii 65 | 3 2 0 6 | 5.3 2 12 | 1 55 6565 | 1 55 6565)

0 5 65 | 1 2 3 | 6 56 5. | 5 — | 0 6 5 |
1. 巍 巍 长 白 山 哎, 朝 霞
2. 巍 巍 长 白 山 哎, 朝 霞

1 6 | 3 23 2. | 2 — | 0 1 2 3 | 5 3 i |
映 青 松 哎, 白 云 脚 下
映 青 松 哎, 油 锯 飞 快

6. 565 | 3 — | 0 6 5 3 | 2.3 5 6 | 2 1. | 1 — |
飞, 松 涛 伴 歌 声 哎。
转, 吊 车 忙 不 停 哎。

2 02 | 3 1 | 2.3 21 | 6 — | 1.1 23
飒 爽 英 姿 伐 木 女 工, 大 庆 红 旗
飒 爽 英 姿 伐 木 女 工, 劳 动 竞 赛

155

$$\widehat{5\ 3}\ \ 6\ |\ 5\ -\ |\ 5\ -\ |\ 6.\ \ 6\ |\ \widehat{5\ 35}\ 3\ |$$

飘　　心　中，　　　　　　满　怀　豪　情

热　气　腾　腾，　　　　　妇　女　顶　起

$$\widehat{2\ 1}\ \ 3\ |\ \widehat{2.1}\ 6\ |\ 0\ \widehat{5}\ \widehat{6\ 1}\ |\ 2.\ \ \widehat{12}\ 3\ \ 5\ |$$

斗　霜　雪，　　　战　斗　青　　春

半　边　天，　　　热　汗　化　　开

$$6\ \ \widehat{65}\ 3\ |\ 5\ \ 35\ |\ \dot1\ -\ |\ \dot1\dot2\ 37\ |\ 6\ -\ |$$

火　样　红。啊

百　丈　冰。啊

$$6\ \ 5\ 6\ |\ 7\ -\ |\ 7\ 2\ 6\ 76\ |\ 5\ -\ |\ 5\ -\ |$$

啊

啊

$$0\ \widehat{5}\ \widehat{6}\ 5\ |\ 1\ 2\ \ 3\ |\ \widehat{5}\ 3\ \ \dot1\ |\ 6.\ 5\ \ 6\ |$$

棵　棵　原　木　送　出　山，

伐　木　女　工　心　向　华　主　席，

$$\dot1.\ \dot1\ 6\ 5\ |\ 3\ 2\ 0\ 6\ |\ \overset{1.}{\ }\ 5.\ 3\ \ 2\ \widehat{12}\ |\ 1\ -\ |$$

大　干　社　会　主　义　　最　光　荣。

要　为　社　会　主　义

$$\overset{2.}{\ }\ 5.\ \ 3\ |\ 5\ \ 6\ 56\ |\ \dot1\ -\ |\ \dot1\ -\ |\ \dot1\ -\ |\ \dot1\ \ 0\ |$$

立　　新　　功。

毛主席的光辉永远照耀我

卢咏椿词

苏永逊曲

1=♭B 2/4

亲切地

```
3   5̂6̂ 5  - | 3   2̂5̂ i  - | 6̇ 2̇  2̇ 2̇ |
```
1. 纪 念 堂，   多 巍 峨，   金灿 灿的
2. 纪 念 堂，   多 巍 峨，   银亮 亮的

```
i̇2̇ 2̇ | 6  7 | 5  - | 3 5 5 | 6 5 |
```
太 阳 暖 心 窝，   红小兵 怀 念
春 雨 洒 心 窝，   红小兵 怀 念

```
7̇2̇ 7̇5̇ | 6  - | 5̇3̇ 3̇3̇ | 2̇3̇ 3̇3̇ | 2̇  5 |
```
毛 主 席，   纪念 堂前 栽下 鲜花 一 棵
毛 主 席，   纪念 堂前 栽下 青松 一 棵

```
i̇  - | i̇  3.5 | 50 3̇.i̇ | 50 35 | 6  i̇ |
```
棵，   阳光 照，花儿 开，迎着 太 阳
棵，   春雨 洒，树儿 壮，青枝 绿 叶

```
7̇6̇ 7̇2̇ | 6  - | 6  3.5 | 55 3̇.i̇ | 50 35 | 6.  i̇ |
```
红 似 火，   我是 一朵 小红 花，毛主 席 的
多 蓬 勃，   我是 一棵 小青 松，毛主 席 的

```
7̇6̇ 7̇i̇ | 2̇  - | 5.  4̇3̇ 2̇ | i̇  - | i̇  - |
```
光 辉 永 远 照耀 我。
雨 露 永 远 哺育 我。

海 罗 杉*

任志萍词

志 高曲

1=F 2/4

富有表情、叙述地

(5.6 53 | 2 32 1 | 6156 21 1̇6 | 5 0 5 0) | 5 5 3235 |

1. 青青海罗
2. 工农英雄
3. 来了挨户
4. 太阳金灿

2.3 2 | 6156 21 1̇6 | 5.6 5 | 2 12 3 5 | 2 32 1 |

杉, 长在井冈 山, 披阳 光来 戴月 色,
汉, 扛枪上了 山, 海罗 杉啊 抬头 看,
团, 杀人不眨 眼, 海罗 杉下 一把 火,
灿, 照亮井冈 山, 海罗 杉啊 庆解 放,

6 56 1235 | 2 - | 5 5 3235 | 6 - | 3 6 6532 | 1.6 1 |

守卫毛委 员。 灯儿亮闪 闪, 照耀海罗 杉,
星火要燎 原。 转眼天气 寒, 风吹雪花 旋,
黑烟遮住 天。 叶落树枯 干, 年轮记仇 怨,
迎来艳阳 天。 青青海罗 杉, 丰姿胜当 年,

结束句

2 12 3 5 | 1621 1̇6 | 6156 21 1̇6 | 5 - | 3 6 65 3 | 5 - |

毛委员灯下 写文 章, 东方 红了 天。
海罗 杉啊眼望 穿, 想念 毛委 员。
海罗 杉啊盼亲 人, 红军 快回 还。
枝叶 茂盛多高 大, 旧貌 变新 颜。 旧貌变 新 颜。

* 井冈山大井毛主席旧居前，有一棵枝叶茂盛的海罗杉树。当年毛主席离开井冈山后，此树曾被国民党反动派烧焦，全国解放后，海罗杉重新长出枝叶，屹立在井冈山上。

华主席来到我的家

1 = C 2/4　　　　　独　唱

钱海燕词
加　农曲

欢快、热烈

(2321 7176 | 5635 6.5 | 1235 2321 | 76 5 60) | 6 6 i 3 7

1. 喜鹊 叫喳
2. 心儿 砰砰

6. 5 | 3 6 5 32 | 3 — | 6 6 5 3 7 | 6 07 6 5 | 66 i 3 2

喳，　　放学回到 家，　　妈妈 迎上前　脸上 笑开
跳，　　忙把妈妈 拉：　"华主席走没 走？　红小兵想见

5 1 2 | 3.2 3 5 | 5 3 6 5 | 3 (i i 6532 | 3) 6 5 6 | 2. 7

花，　　"小红小红 我告诉你，　　华主席 来
他。"　　妈妈高兴 地对我 说：　"以后咱 天

6 i 2 | 3 56 7 5 | 6. (i | 3 56 7 6 | 5. 5 | 60 i0

到　　 我们 的家。"　　　　看 见他。" 我轻轻
天 能　　　　　　　　　看 见他。" 我轻轻

6 5 3 | 3 35 12 | 3. 5 | 60 i0 | 6 23 i.7 | 6 56 7 6

跑进屋。屋里飘彩霞，我抬头 看墙上，墙上放光

5 5.6 | i — | i. 2 | 3.2 32 | 26 i

华 放光华，　　　哈哈 哈哈　哈哈

稍自由　激情地

2.7 27 | 75 6 | 01 6 1 1 | 6.5 3 2 | 5 3 5 |

哈哈 哈哈 哈 哈　华主席的 彩 像

原速

6.5 6 3 | 2 0 3 7656 | 1 — | 1 — | 1 0 |

高 高 挂 哎高高 挂。

哈达献给华主席

王震亚、易浩瀚词

廖　地　灵曲

1 = E 2/4

深情　中速

(1.6 5 1 | 6 5 3 3 | 2.3 1651 | 6 6 0) | 6 6 2 2 2 |

盘上山顶的

3 5 3 | 6 — | 6. 7 | 5325 3 0 | (5325 3 3) |

汽 车 哟 你 停一 停,

3 6.7 | 6 6 6 6 | 2 — | 2. 3 | 1651 6 0 |

开 车的 金珠 玛米 哟 你 等一 等,

(1651 6 6) | 6 2.3 | 1 5 1 6 6 | 6 2.3 | 1 5 1 6 |

请 把这 洁白的哈达 献 给 华主 席,

2 2 5 56 | 4 1 4 2 2 | 2 5 45 | 6 6 5 |

献 上 藏族 红小 兵的 一 片 心 哟,

1.6 5 1 | 6 5 3 3 | 2.3 1651 | 6 1651 | 6 (6) |

献上 藏族 红小 兵的 一 片 心 一 片 心!

赠缅甸友人

为陈毅同志诗谱曲
——刘 兆 江

1=E 2/4

```
(6 1  2 3 | 1.    65 | 3 3  1 6 | 5.6  3 2 | 1 6   1612 |

 3 3  5 3 | 2 1 5 35 | 6    - ) | 1 23 65 | 1.     2 |
```

1. 我住 江之 头，
2. 彼此 为近 邻，
3. 彼此 是胞 波，

```
 3 53 2 3 | 5.    35 | 6 6  i i | 5 65 3 2 | 1 6  5 35 |
```

君住 江之 尾。　　彼此 情无 限，　　共饮 一江
友谊 长积 累。　　不老 如青 山，　　不断 似流
语言 多同 汇。　　团结 而互 助，　　和平 力量

```
 2    -  | 6 1  2 3 | 1.    65 | 3 3  i 6 | 5.6  3 2 |
```

水。　　　我吸 川上 流，　　君喝 川下 水。
水。　　　彼此 地相 连，　　依山 复篱 水。
伟，　　　临水 叹浩 淼，　　登山 歌石 磊。

```
 1 6  1612 | 3    5 3 |[1.2. 2 1 5 35 | 6  - :][3. 2 i 5672 | 6  - |
```

川流 永不 息，　　彼此 共甘 美。
反帝 得自 由，　　和平 同一 轨。
山山 皆北 向，　　　　　　　条条 南流 水。

眉 苗——花 都

1=♭E 2/2

缅甸歌曲　　　　　　　　　魏佳炳词曲

（6 7 6 5 | 3 5 3 2 | 1 12 1 6 | 0 1 1 0）|

6 6 7 6 55 | 3.5 6 1 5 - | 6 6 7 6 55 |
云 烟 缭 绕 的 眉 苗，　　鲜 花 铺 满 了

3.5 3 5 2 - | 3. 2 3 5 5 | 3 3 2 3 5 |
你 的 怀 抱，　　人 人 响 往 的 花 都 眉 苗，

6 6.1 6 5 | 3 2 3 5 3 - | 2 2.3 2 1 | 6.5 6 1 6 - |
穿 过 那 山 路 曲 径，　就 可 以 蒙 胧 看 到。

（2 2 3 2 1 | 6.5 6 1 6 - | 3 6 3 6 | 1 7 6 #5 6 -）|

6. 5 3 5 | 6. 5 3 5 | 6 6.1 5 6 |
洁 白 的 野 茉 莉 花 开 满 了 山

3 - - - | 6 5 3 2 | 3 1 6 5 6 |
坳，　　百 花 竞 放，　艳 丽 芬 芳，

1. 6 6 5 6 | 1. 6 6 5 6 | 1. 6 6 5 6 | 1 - - - |
松 林 也 在 热 情 欢 迎 贵 客 （呀）来 到。

歌 词

向科技现代化进军

李 严

八亿人民齐发奋，	占领科学的堡垒，
向科技现代化进军，	攀登科学的高峰，
华主席挥手宏图展，	攻克科学的尖端，
捷报频传春雷震。	誓做科学的主人。
我们的智慧如海，	敢革命，敢创新，
我们的壮志凌云，	争分夺秒赶先进，
我们的勇气百倍，	建设社会主义强大祖国，
我们的前程似锦。	昂首阔步向前奔!

啊，高 山

毛佩琦

在遥远的地方	那山顶的风光
有一座高山，	多美丽壮观。

通往高山的道路
　　很不平坦，
还有奔腾的大河
挡在山前。
红少年，不怕难，
下决心，登高山，
炼身体，炼意志，
一定要到山巅！
世上无难事，
只要敢登攀。

在科学的道路上，
　　有无数高山，

那光辉的顶峰，
　　多宏伟灿烂。
通往顶峰的道路，
　　很不平坦，
许多艰难险阻
　　挡在面前。

红少年，立志愿，
为祖国，登高山，
不怕苦，不避险，
一定要到山巅！
世上无难事，
只要敢登攀。

明　天

王 志 冲

一、明天，当我朗读车间竞赛的挑战书，
　　会想起您教我念 bo、po、mo、fo。
　　脑海中展现出宽敞的教室，
　　同学们随着您的声音整齐地拼读。

二、明天，当我填写粮棉丰产的喜报，

会想起您教我算加、减、乘、除。

脑海中展现出动人的情景，

老师您耐心讲解，不辞辛苦。

三、明天，当我争夺万米长跑的冠军，

会想起您教我练习起跑跨步。

脑海中展现出欢腾的操场，

同学们按照您的辅导练过硬功夫。

四、明天，当我戴上大红的光荣花，

会想起您教我学《为人民服务》。

脑海中展现出难忘的故事，

老师您讲着雷锋的苦难和幸福。

付歌：

啊，

亲爱的老师，辛勤的园丁，

我们的成长，离不开党的阳光雨露；

我们的进步，多亏了您的心血汗珠。

明天，明天的祖国更加美好，

让我们共同用鲜花装点灿烂的征途。

编者附记：

本集发表了几首少年儿童歌曲和歌词，希望能引起同志们的注意。愿大家拿起笔来，多为孩子们写作。

评论

让歌曲园地百花齐放

郭 乃 安

打倒"四人帮",文艺得解放。砸烂"四人帮"的枷锁,我国的社会主义文艺正迎来一个百花齐放的春天。

"四人帮"是扼杀社会主义文艺的刽子手。他们炮制的"文艺黑线专政"论,全盘否定了文化大革命前十七年间毛主席革命路线在文艺战线的主导地位和社会主义文艺所取得的巨大成就,把革命的文艺作品污蔑为"毒草"、"修正主义黑货"……,统统予以禁杀;把大批优秀的革命文艺工作者污蔑为"黑线人物"、"修正主义苗子"……,一概剥夺他们进行艺术创造的权利。他们还编造了"三突出"、"三陪衬"之类一套套荒谬的"帮理论",把它奉为神圣不可侵犯的金科玉律,作为束缚文艺工作者的"紧箍咒",妄图使文艺照着"四人帮"的需要走下去。总之,他们在文艺上搞的是"一花独放"的资产阶级文化专制主义。

回想"四害"横行之时,在歌曲创作中,"四人帮"那种装腔作势借以吓人的帮腔帮调是颇不少的,但是这种东西让人听了却只会引起厌恶之情。我们的社会主义歌曲艺术和"四人帮"的那些为其反革命帮派利益服务的帮腔帮调根本不同,它是为占人口绝大多数的工农兵服务的,是为无产阶级政治服务的。社会主义的生活现实无限地广阔和丰富,亿万工农兵群众的需要和爱好也是多种多样,如果在歌曲创作中不去积极地鼓励题材、体裁、形式和风格的多样化,它怎么能对我们广阔而丰富的社会主义生活作出真实而生动的反映?怎么能满足工农兵群众对歌曲的多种多样的需要？又怎么能有效地发挥它"**作为团结人民、教育人民、打击敌人、消灭敌人的有力的武器**"的战斗作用呢？所以，为了使歌曲能很好地为**工农兵服务，就需要大力地促进歌曲创作的"百花齐放**"。把无产阶级政治方向的一致性和歌曲创作的题材、体裁、形式和风格的多样性辩证地统一起来，我们的歌曲就能成为社会主义革命和建设的伟大斗争中鼓舞人们前进的巨大精神力量。

百花齐放、百家争鸣的方针，是促进艺术发展和科学进步的方针，是促进我国的社会主义文化繁荣的方针。"四人帮"为了反对这唯一正确的方针，在为他们炮制的"文艺黑线专政"论罗织罪名时，胡诌了一条"反'题材决定'论"，作为"黑八论"之一，大张挞伐。这样，他们实际上就宣扬了一种极为荒谬的"题材决定"论，把它强加给文艺工作者，堵死了文艺创作题材多样化发展的道路，同时也就堵死了作品的体裁、形式和风格多样化的道路，把文艺创作逼进"四人帮""一花独放"的死胡同。

在一定的意义上说，选择什么样的题材，对于作品的政治倾向和社会意义都不是没有关系的。资产阶级的反动作家总是热衷于把他们腐朽生活作为创作的题材，无产阶级作家则努力从我们社会主义革命和建设的斗争生活中去吸取丰富的题材。但是这不等于说题材具有了"决定"的意义。相同的题材创作出来的不同作品，其政治倾向和社会意义不同或甚至相反的情况是屡见不鲜的。这说明对作品的性质起决定作用的是作者的政治立场和世界观，而不是题材本身。"四人帮"之所以宣扬这种荒谬的"题材决定"论，其险恶用心就是以题材的重要性为名，把文艺创作纳入诸如"写与走资派斗争"之类阴谋文艺的轨道，做他们篡党夺权的舆论工具。所以，这个"题材决定"论不但在理论上是荒谬的，在政治上也是极其反动的。

我们反对"四人帮"的"题材决定"论，提倡歌曲创作的题材、体裁、形式和风格多样化，并不等于说不同性质的题材所具有的意义是没有差别的。列宁在论及《国际歌》的作者欧仁·鲍狄埃时称赞他**"用自己的战斗歌曲对法国生活中所发生的一切巨大事件作出反应"**。固然，这首先是表明这位被列宁称为**"最伟大的用歌作为工具的宣传家"**的鲜明政治态度，说明他总是把自己放在阶级斗争的大风大浪之中和群众一起战斗；但也说明这些战斗的歌曲总是会不同程度地从那些巨大事件中取得创作的题材，说明提倡写重大题材具有不寻常的意义。可是话又得说回来，要对生活中的巨大事件作出反应，并不意味着非采取重大题材不可。原因在于任何一个伟大的运动，革命愈是深入，它对于社会生活的影响和渗入的程度就愈是深广，大事和小事往往是辩证地联系在一起的。所以，在创作中尽管采取了非重大题材，如能挖掘得深，提炼得精，具有典型性，仍然能够和革命的洪流息息相通，发挥积极的作用。聂耳写的《卖报歌》也许算是非重大的题材吧，但它却典型地反映了半封建半殖民地的旧中国少年儿童的苦难生活和他们渴望解放的心情，鼓舞了少年儿童的斗争勇气，在民主革命中发挥了积极的作用；文化大革命前有一首《我是公社饲养员》的歌，似乎也算不得是什么重大题材，但是因为它表现了公社饲养员热爱集体、全心全意地为饲养工作尽力的负责精神，实际也就是作者对人民公社和社教运动这样的"巨大事件"作出的反应。由此可见，采取重大题材或非重大题材并不能成为决定作品好坏的标准。所以我们提倡写重大题材，但不排斥非重大题材，两者的适当配合可以收到相得益彰的效果。而要处理好这两者的关系则取决于作者的政治立场和世界观。如果我们把自己作为鲍狄埃那样的**"用歌作为工具的宣传家"**，创作题材的多样化自然就会有正确的政治方向。

歌曲创作的题材的多样化和体裁、形式及风格的多样化是彼此联系着的，解决了创作题材的多样化，体裁、形式和风格的多样化就容易解决了；反过来，也只有体裁、形式和风格多样化了，题材的多样化才能真正地实现。首先，歌曲不但和戏剧、电影、小说等不同，而且同交响乐、大合唱等音乐体裁也不同，很难用这些体裁写重大题材的方式来要求歌曲，以至抹煞了歌曲的特殊性。其次，在歌曲的范围内，体裁形式和风格也是多种多样的。庄严的颂歌，战斗的进行曲，优美的抒情歌曲，动人的叙事歌曲，辛辣的讽刺歌曲……，它们都有彼此不可代替的特性，在现实生活中发挥着不同的作用，取消了这种多样性也就必然破坏歌曲的巨大社会作用。譬如说写爱国主义的主题吧，你可以写成一首象《祖国颂》那样的颂歌，也可以写一首象《马儿啊，你慢些走》的抒情歌曲，后者也许可算作是写的非重大题材吧，但它不也是在唤起我们对祖国河山和社会主义新生活的热爱吗？两者的主题一样，而题材和体裁都不同，彼此不能代替。还有象讽刺歌曲这样的体裁，它所写的非但不一定是重大题材，而且几乎是必须写一些反面的题材，那么这种体裁难道就需要废弃吗？不能。为了揭露敌人的丑恶和批评旧社会遗留下来的某些落后的东西，运用讽刺歌曲的体裁自有其特具的作用，别的歌曲体裁难于代替。这些都说明，在歌曲创作中，题材的多样化和体裁、形式与风格的多样化是紧密地联系着的。题材的多样化要求体裁、形式和风格的多样化，体裁、形式和风格的多样化保证了题材的多样化，终极目的是让歌曲创作能很好地完成它为无产阶级政治服务，为工农兵服务的光荣使命。

让我们高举毛主席的伟大旗帜，紧跟华主席为首的党中央，为促进社会主义歌曲创作的百花齐放而斗争吧。我们的歌曲园地姹紫嫣红百花开遍的美景就将在眼前出现！

本社新书预告

毛主席，您是我们心中不落的红太阳（歌曲集）	重版
音乐舞蹈史诗《东方红》歌曲集	重版
韶山红日颂（歌曲集）	
井冈山颂歌（歌曲集）	
台湾啊！祖国的宝岛（歌曲集）	
歌剧《江姐》选曲	
聂耳洗星海歌曲选	重版
黄河大合唱	重版
麦新歌曲选	
广东音乐曲选	
春节序曲（管弦乐总谱）	重版
中国乐器介绍	
音乐知识	
歌词写作常识	
和声写作基本知识	
贝多芬第五交响乐（管弦乐总谱）	重版
贝多芬钢琴奏鸣曲五首	
肖邦钢琴曲选（上）	
车尔尼实用初级练习曲（作品599）	重版
车尔尼钢琴快速练习曲（作品299）	重版
车尔尼钢琴流畅练习曲（作品849）	重版
巴赫创意曲集	重版
开塞小提琴练习曲36首	重版
马扎斯小提琴练习曲75首	重版

革 命 歌 曲

第 五 集

人民音乐出版社

一九七八年·北京

革 命 歌 曲

第 五 集

*

人 民 音 乐 出 版 社 出 版

（北京朝内大街 166 号）

新华书店北京发行所发行

北京新华印刷厂印刷

787×1092 毫米 32 开本 44 面乐谱 1.5 印张

1978 年 9 月北京第 1 版 1978 年 9 月北京第 1 次印刷

书号：8026·3174 定价：0.12元

目　　录

颂歌献给华主席

吴信昭词

罗　斌曲

1 = F　2/4

亲切地

(5556 5356 | 1276 535 | 6561 6432 | 1. 23 | 5235 1276 | 5 -)‖

5.1 6543 | 5 2 3 | 523 1765 | 2 - | 5 2 4 6 | 543 2 1 |

1. 汾 河 水 弯 又 弯， 河 西 有 个
2. 湘 江 水 波 浪 翻， 湘 阴、湘 潭
3. 金 水 河 金 光 闪， 天 安 门 上

7.3 236 | 5 - | 2 2 1 765 | 4. 5 | 6.2 4 5 | 6 - |

交 城 县， 出 了 个 华 国 锋， 杀 敌 上 前 线。
一 水 连， 来 了 个 华 国 锋， 改 地 又 换 天。
红 旗 展， 有 了 华 主 席， 为 党 除 大 奸。

5.1 6 5 6 | 5435 2 3 | 5 2 4 6 | 5. 3 | 5 2 3 5 | 1276 | 5 - |

武工队里的好政 委 好 政 委， 吕梁山下美名 传，
湖南人民的好书 记 好 书 记， 三湘四水换新 颜，
八亿人民的好领 袖 好 领 袖， 五湖四海颂歌 传，

5 5356 | 1. 7 | 6165 6432 | 1. 6 |

啊
啊
啊

5 7 253 | 2.1 726 | 5 - ‖: 656 1762 | 5 - | 5 - ‖

结束句

吕梁山 下 美名 传。
三湘四 水 换新 颜。
五湖四 海 颂歌 传 颂 歌 传。

华主席带来明媚的春天

女声独唱

郭兆甄词
许敏男曲

1=D 3/4

热情、奔放

（歌谱）

1.长白山下　　森林无
2.雪山下　　　云雀飞

边，　　万泉
翔，　　东海

河上　　碧波涟
上　　渔歌婉

涟，　　祖国大地国
转，　　抓纲治国

百花吐艳，　华主席带
人民欢腾，　华主席带

来　　明媚的春
来　　明媚的春

1 - - | 1 - 0 | 2 3̂ 3 3 | 5. 6̂ 5 |

天。　　　　　　大　寨　的　原　野
天。　　　　　　校　园　中　桃　李

3. 1̂ 2̂ 3 3 | 3 - - | 5̂ 6 6 6 | 5. 1̂ 6 | 5. 1̂ 6 5 |

机　声　欢　鸣，　　大　庆　的　井　架　红　旗　漫
吐　露　芬　芳，　　边　境　上　军　民　壁　垒　森

5 - - | 1̇ 2̇ - | 2̇. 1̇ 6 | 5 0 6 6 5 |

卷，　　　科　技　　园　地　群　星　灿
严，　　　各　族　　人　民　团　结　战

³₅3 - - | 2 2 5 5 | 5. 1 2 1 | 1 - - |

烂，　　文　艺　舞　台　百　鸟　翩　跹。
斗，　　继　续　长　征　跃　马　扬　鞭。 }

1̇ - - | 1̇ 3̇ 2̇3̇1̇2 | 1̇ - - | 1̇ - - |

啊

f

5. 3̇ 3̇ 3̇ | 2̇ - 1̇ 2̇ | 3̇ - - | 3̇ - - |

祖　国　的　春　　天，

2. 3̇ 3̇ 3̇ | 2̇ - 1̇ 2̇ | ¹₅6 - - | 6 - - |

明　媚　的　明　　天，

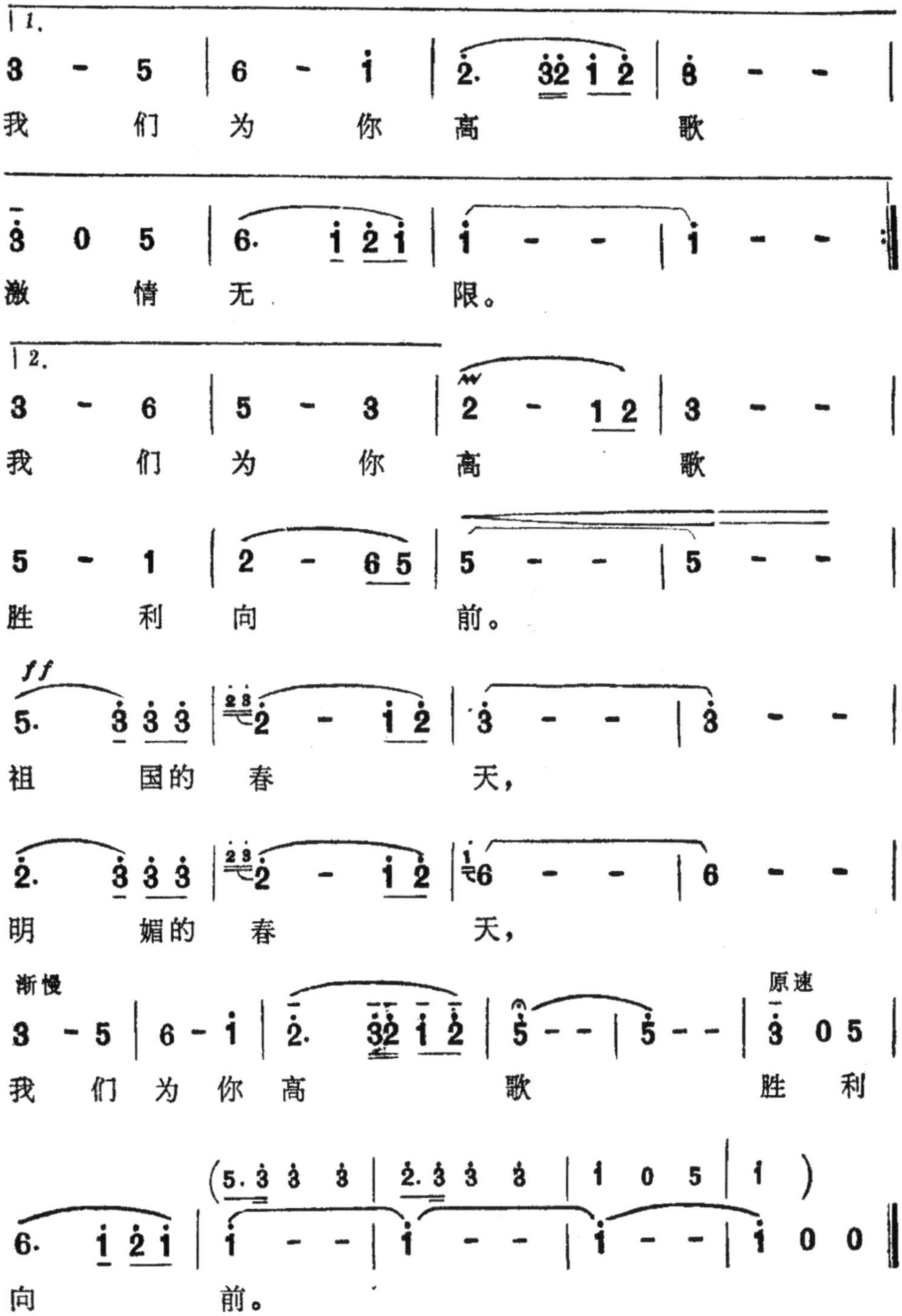
1.
我们为你高歌
激情无限。
2.
我们为你高歌
胜利向前。
ff
祖国的春天，
明媚的春天，
渐慢
原速
我们为你高歌胜利
向前。

姑娘唱首春天的歌

1=♭B 2/4

女声小合唱

张 玉 龙词
炳 昆、代 勋曲

欢快、热情

(5̇6̇53 5 0 | 5̇6̇53 5 0 | 5̇6̇53 1̇ 51̇ | 2. 5̇ | 2̇3̇21̇ 1̇ 0)

1̇ 51̇ 53 | 1̇551̇ 3̇.1̇ | 3̇ 1̇3̇ 1̇ 53 | 533 1 5 | 6 46 1̇ 1̇

1. 清江 苗岭 花满 坡， 姑娘 唱首 春天的歌， 大寨 花开
2. 清江 苗岭 花满 坡， 姑娘 唱首 春天的歌， 教育 红花
3. 清江 苗岭 花满 坡， 姑娘 唱首 春天的歌， 春满 祖国

5 35 3 1 | 3113 5.1̇ | 1̇ 51̇ 5 31 | 311 3 5 | 4 14 66

1̇2̇1̇6 53 | 5 53 53̇ | 2̇ 2̇ 1̇ | 3̇ - | 3̇ -³⁵̇

红烂 漫， 大庆 红花 映山 河。（哎   罗）
迎春 开， 科技 新花 结硕 果。（哎   罗）
飞捷 报， 抓纲 治国 奏凯 歌。（哎   罗）

5 53 13 | 3 31 36 | 55 1 | 5 - | 1̇ -³⁵̇

第三段突慢   原速

5̇ 3 5 3̇ 1̇ | 1̇551̇ 3̇.6 | 5̇ 35 1̇ 5 | 2. 5̇ | 2̇3̇2̇1̇ 1̇ 0

华主席巨手 播春 光， 万紫 千 红   花似 火。
华主席挥手 引春 风， 吹开 百 花   千万 朵。
华主席给咱 绘新 图， 灿烂 前 程   多壮 阔。

3̇ 1̇ 3̇ 1̇ 5 | 5313 5.6 | 3̇ 1̇3̇ 53 | 5. 2̇ | 7 65 1̇ 0

179

伟 大 的 祖 国

天津市歌曲创作组词曲

1=♭B 2/4

进行速度

(3.4 | 5 - | 5 0 3.4 | 5 - | 5 0 3.4 |

5.5 5 4 | 3 1 | 2. 5 | 2 5 | 1 5.5 |

坚定地

5) 5.4 | 3 5.5 | 3. 1 | 2 1 2 | 5 - |

1. 穿过　时　代的　急　风暴　　　雨，
2. 革命　洪　流　奔　腾不　　息，

5 0 6 7 | 1. 6 | 5 3 | 3. 1 | 7 6 |

祖　国　在　东　方　巍　然　屹
祖　国　已　跨　进　新　的　时

2 - | 2. 0 | 3.2 1 | 0 5 3 5 | 1 7.1 |

立。　　　　长　城　赞颂着英　雄的
期。　　　　战　鼓　催动着跃　进的

2 6 | 5 6 3 | 2 - | 2 3 2 1 | 7 6.6 |

民　族，黄　河　　高唱着辉　煌的
快　马，人　民　　创造着伟　大的

180

```
        ︵3  5  2.3 │ 4/4 1  -  - 3.3 │ 3  2  1  7 │
5.
胜                   利。        先辈 赴 汤 蹈
奇                   迹。        我们 继 续 革

 6  -  - 1 │ 4.  3  2  6 │ 5  4 3 2  3.3 │
火,      壮  志  改 天 换    地。 今日
命,      前  程  更 加 壮    丽。 跟着

6.  7 1.1 1 5 │ 1  2  3  3.4 │ 5.  4 3 3 1 1 │
毛    主席的伟大 旗    帜, 映 红    了社会主义
华    主席 团结 向 前    进, 昂首 阔    步奔 向

2.  5 2  5 │ [1.] 1  -  1 0 (3.4 :‖ [2.] 1  -  - 0 ‖
江  山万  里。                        义。
共  产主                        义。
```

飞跃吧,伟大的祖国

刘文玉词

成 敦曲

1=bE 2/4   独 唱

满怀豪情 稍快

```
(0 5  6 7 │ 1  - │ 1 3  4 6 │ 5  5 5 │ 3  2 1 │
1.1  5 1 │ 1.1  5 1) │ 1.1  1 3 │ 5 5  3 │ 1  2 1 │
                        飞跃 吧, 飞跃 吧, 伟 大的
```

祖国，毛主席的旗帜在

晴空飘扬，向着

宏伟目标奋勇进军，迎着朝

阳展翅飞翔。

八亿人民勤劳的双手，

把你打扮得壮丽辉煌，

抓纲治国送来温暖春

```
3  -  | i.  2 | i  6 | 5 56 51 | 2.  5 |
风，    华  主 席   指 引   胜   利
```

```
3  21 | i  -  | 15 67 | i  -  | i  -  |
航    向。       啊
```

```
2 2  3 | i  03 | 7  i 7i | 6  -  | 6  -  |
飞翔  吧， 飞              翔！
```

```
2 2  i | 7  02 | 6  7 67 | 5  -  | 5  -  |
飞翔  吧， 飞            翔！
```

```
i 2  i | 7.5 66 | 5  6  5 | 3.1 22 | 0  56 |
时间     就是 速度，团 结    就是 力量，    为了
```

```
1.  2 | 3  5 | 7.6 75 | 6  6 | 05 67 |
祖  国 繁 荣，   为了 祖国 富 强，   向着
```

```
1.1 76 | 2  55 | 4.  3 | 26 7 13 | 2 3 21 |
四个 现代 化， 展翅 飞           翔，展翅
```

```
5 06 7 3 | i  -  | i  -  | i  -  | i  0 |
飞    翔。
```

183

大治的岁月，火红的年代

阎水村词曲

1=D 2/4

豪情满怀地　进行速度

```
5    6.5 | 3   ♩ | 2   3.2 | 1   5. | 1 1 1 2 |
```

1. 大　　治的　岁　　月，　火　红的　年　代，　各路大军
2. 跃　　进的　歌　　声，　震　荡着　四　海，　各路大军

```
3.   1 | 6   2 | 5   - | 6.  5 4 5 6 | 5.   4 |
```

继　往开　　来，　　跟　着华主席　进　行
继　往开　　来，　　跟　着华主席　进　行

```
3 4 5 | 5. 5 | 4   3 | 5   2.2 3 | 1   0 |
```

新长征，　万　　众　一　心　步伐豪　迈。
新长征，　你　　追　我　赶　豪情满　怀。

```
5   3 5 | i.  i | 7 7   6 5 | 6   - | 4.   3 |
```

毛　主席　　的　伟大旗　帜　　指　引
三　大革　　命　一齐抓，　　勇　当

```
2   1 | 3   - | 3   - | 5   3 5 | i.  i |
```

方　向，　　　　　新　时期　的
排　头兵，　　　　比学赶　帮

```
7   6 5 | 6   - | 2.  3 2 1 | 5   - | 5   - |
```

总　任务　　牢　记心　怀，
争　上游，　开　展大竞　赛，

```
3.3 32 | 1 1 6 | 1  2 | 3 4 5 | 1.  5
向着  四个   现代 化    宏  伟   目 标，  昂   首
为把  我国   建设 成    社  会   主 义   强  国，  一   日

6 5 0 | [1.] 3.1 2 | 1  0 : | [2.] 5.3 2 | 1 - | 1  0
阔步     朝 前  迈！              奔向未   来！
千里
```

我爱金色的北京

高守信词
姜 澄曲

1=bE 2/4

亲切 稍慢

```
0 5 6 5 | 1.2 3 | 2 3 | 2 1 | 5 - | 5 1 | 3 5
1.天 上  有一颗   明亮 的   星，   地上
2.天 上  有一颗   明亮 的   星，   地上

6.1 7 6 | 5 2 | 4 3 - | 3 1 1 1 | 4.5 6 6
有一 座   美丽  的 城，   鲜红的 国  旗在
有一 座   美丽  的 城，   这里的 春  风

5 1  3 | 2 1 6 | 0 5 6 5 | 4 35 2.4 | 3.3 2 1
这里    升 起，   伟 大的 祖  国在 这里 诞
吹遍    了 大地，   这里的 明  灯 照亮 征
```

生；　　　　　　北　京，　　　　　啊北　　京，
程；　　　　　　北　京，　　　　　啊北　　京，

你是　毛主席　居住　过的　地　　方，
你是　华主席　工作　的　地　　方，

你是　　各族人民　团结的象　征，　　天　下的
你是　　我们心中的　一盏　明　灯，　　天　下的

城　市有　千　万　座，　　　我最　爱
城　市有　千　万　座，　　　我最　爱

我　最　爱　　　我　最　爱　金色　的　北
我　最　爱　　　我　最　爱

京！　　　　　　金色　的　北　　京！

总任务铺开幸福路

邬大为、魏宝贵词

符　永　竹曲

1=E 2/4

自豪地

飞奔吧，"周恩来号"机车

```
6323 6 )
6  -  0 5 5 3 | i.  7  6  5 | 6 5 6 3.  5 5 3 |
   飞奔吧，"周   恩 来 号" 机 车， 飞奔在

5  6 i  2  -  | 2  -  0 i 6 5 | 3.  1 2.3 2 1 |
毛  主  席        开辟的 革  命大

        ( 6  56 |
1  -  -  -  | i  -  -  6 5 6 | 3  -  3 1 2 3 |
道。

渐慢                              慢
6.  5 3.5 2 1 | 1  1 1 1  1 1 ) | 1  3 2.3 2 1 |
                                总    理

6  -  -  3 2 | 1 6  5 2.3 2 1 | 3.  5 2.3 2 1 |
啊，   列车 穿过  您战斗过的 烽  火

3  -  -  -  | 5 3  5 6.7 6 5 | i  7  6.7 6 5 |
路，      跨过  您视察过的 长  江

5  -  5 5 3 2 | 1 6  5 2.3 2 1 | 5.  i 6.5 3 5 |
桥。   越过那 撒遍 您心 血的 山  和

2  -  2 1 2 3 | 5 3  5 6.i 5 6 | i  -  -  7 |
水，   跑过您 双手 铺  起  的
```

189

金 光 道。 那飞 奔的车头

带领 着我 们 前 进， 那 响 亮的风笛

发出 了战 斗的 号 召。 啊

华主 席题 字 金 光 闪金光 闪，

周总 理 您光 辉的名 字 万代 照耀

万代 照 耀。

列 车

快快 地奔 跑， 快快 地奔 跑， 快快 地奔

跑，　　　　　　　　　　　风　笛

响彻　了云　霄，　响彻　了云　霄，

响彻　了云　　　霄。　　　　　　飞奔吧，

"周　　恩来　号"机　车，飞奔在　毛　主　席

　　　　　　开辟的　革　　命大　　道，　　　飞奔在

毛　主　席　　　　　开辟的　革　　命大

道。

"朱德号"机车胜利向前

何　宏词

王家驹曲

1=♭E　2/4

奔放地

（简谱略）

1. 穿过炮火硝烟，车轮
2. 蹬上英雄机车，心中

滚滚向前，汽笛声声
掀起波澜，汽笛声声

传送着捷报，"朱德号"机车威震敌
传送着喜讯，华主席题字金光闪

胆。当年的司机多么光
闪。我驾驶机车多么幸

荣，就好象朱总司令站在身
福，就好象朱委员长站在身

```
5  -   | 5 6  6 | 5.6 5 3 | 2  1 2 | 3 ∨ 5 |
边，        指 挥  千军万马 战     斗， 迎
边，        来 和  我们一起 劳     动， 鼓

6. 7 | i  -  | 5.  3 | 2 3 5 6 | 7  2 |
来 了 祖    国      社 会 主 义  春
励 我 为    祖    国 多 做  贡

5 5 | i - | i 5 i 2 3 - | 3 2.i 7 2 | 6 - 6 - |
天。啊         社会主义
献。啊

5  3 5 | i  7 6 | 5.5 6 | 2  -  | 0 1  2 |
列 车 在 前  进， 电掣风 驰，      满 载
列 车 在 前  进， 势不可 当，      为 实 现

3.3 5 6 | 7.7 2 i | 3  2 1 | 5 - | 5 ∨ 3.5 |
老一辈 革命家的 叮 嘱，     沿 着
四 个 现代化的 目 标，     多 拉

6.6 6 | i. 5 | 6 5 | 0 3 5 6 | 3 - |
毛主席 革 命 路 线，  胜 利 向
快 跑 高 歌 猛 进，  奔 向 共

|1.                          |2.
                ( 0 5 6 | i i i i i i i : 
2.  i | 7.7 6 5 | i - | i 0 : 7. 6 |
前，   胜利向 前。              主 义
产

5 3 2 | i - | i - | i - | i - | i 0 0 ‖
明   天。
```

啊！祖国的大庆

男高音独唱

志 同词
魏启天曲

1=♭B 2/4

激情、歌颂地 中速

(0 5 3 5 | 4/4 3 - 3 i | 7357 | 6 - 6 i 6 i | 4 - 4 3 2 6 1 2 |

6 - - - | 666 666 | #4 2 | 5671234#4 5671234#4 5) 5 i 2 3 4 |

1. 啊！ 祖
2. 啊！ 祖

5. 3 2 i 7621 | 5 - 5 6 i 6 | 6. 5 3 5 i763 |
国 的大 庆， 工业的 明
国 的大 庆， 工业的 明

2 - - - | 2 3 2 i 6 i 5 | 6 | 3 5 2.3 i7 6 5 6 i |
灯， 艰苦 创业 的 榜 样，独立
灯， 铁人 精神 由这发 源，一代

5 5 | 3 2 3 4 6 | 5 - 5 (3 4.6 | 5 - 5 3 4.6 |
自主 的典 型。
新人 从这里出 征。

渐慢 稍快
2/4 5. 3 | 2 i 7 i 2 | 3) 3 3 5 | i i 2 3 | 2 i |
闪耀着 毛泽东 思 想
(1 2 3)
与五湖 四海 紧紧

5 3 5 | 7 2 | 6 - | 6 i 6 i | 5 5 3 |
灿烂 的 光 辉， 凝聚着 敬爱 的
相 连， 把动力 血液

194

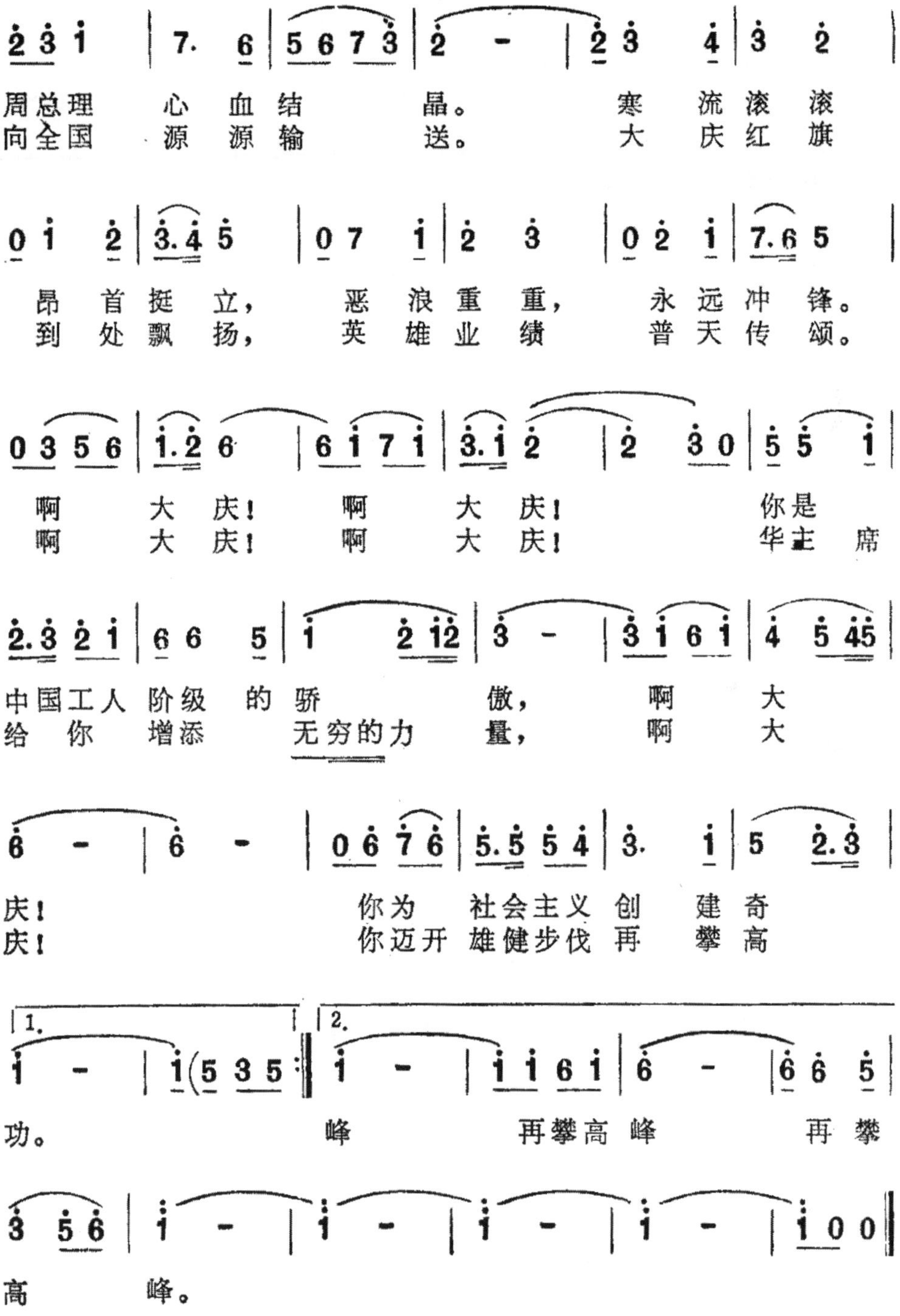
周总理 心血结 晶。 寒 流滚滚
向全国 源源输 送。 大 庆红旗
昂首挺立， 恶浪重重， 永远冲锋。
到处飘扬， 英雄业绩 普天传颂。
啊 大庆！ 啊 大庆！ 你是
啊 大庆！ 啊 大庆！ 华主席
中国工人阶级 的骄 傲， 啊 大
给你 增添 无穷的力 量， 啊 大
庆！ 你为 社会主义 创 建奇
庆！ 你迈开 雄健步伐 再 攀高
功。 峰 再攀高 峰 再攀
高 峰。

大庆路上飞油龙

男声小合唱

宋斌廷词
金凤浩曲

1=♭A 4/4

奔放 稍快

(5.5 5. 53 4 5 | 6.6 6. 65 6 7 | i - 2. i2 | 3.3 3 2 3 4)

(777 7777 70 3235)

ff

高I 5 - - 4 5 | 6 - - - | 6 - - 5 6 | 7 - - - | 70 0 0 0 |
啊   啊   啊

高II 3 - - 2 3 | 4 - - - | 3 - - 5 6 | #5 - - - | 50 0 0 0 |
啊   啊   啊

低 1 - - 2 7 | 1 - - - | #1 - - 2 4 | 3 - - - | 30 0 0 0 |
啊   啊   啊

6 - 6. 3 | i 76 6 - | 6 - - - |
车 轮 滚 滚,

3 - 3 - | 1 23 4 - | 46 1 2.1 23 |
车 轮 滚 滚,   车 轮 滚 滚,

50 60 50 60 | 06 3 3 - | 3 - - - |
喜 乘 油 田 跃 进 风,

50 40 30 10 | 06 7 1 - | 6.1 16 123 |
喜 乘 油 田 跃 进 风,   喜 乘 油 田 跃 进 风,

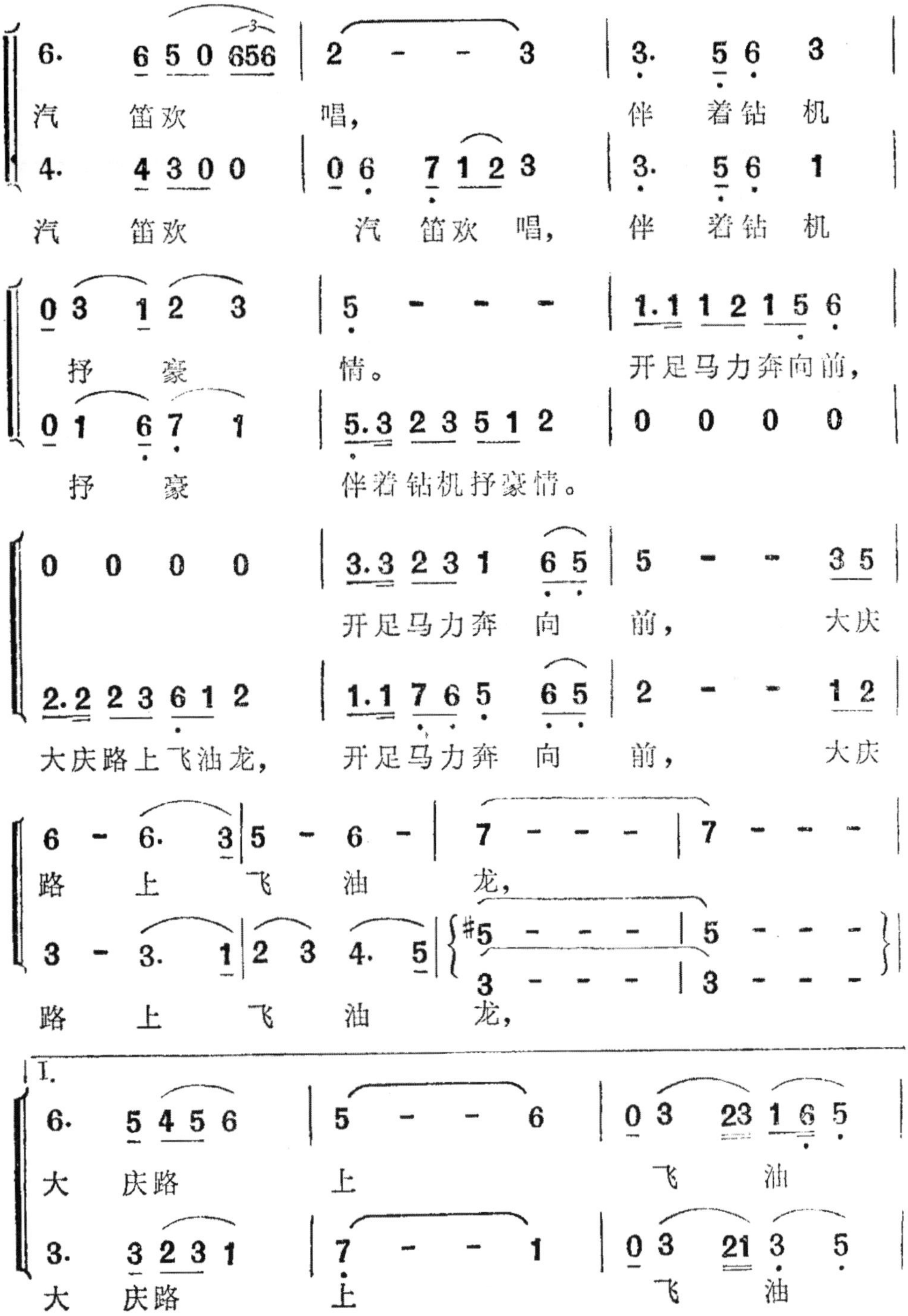
汽 笛欢 唱，伴 着钻 机
汽 笛欢 汽 笛欢 唱，伴 着钻 机
抒 豪 情。开足马力奔向前，
抒 豪 伴着钻机抒豪情。
开足马力奔 向 前，大庆
大庆路上飞油龙，开足马力奔 向 前，大庆
路 上 飞 油 龙，
路 上 飞 油 龙，
1.
大 庆路 上 飞 油
大 庆路 上 飞 油

结束句

6	-	-	-	6· 3	5 6 7	6	-	-	-

龙。　　　　飞　油　　龙。

6	-	-	-	6· 1	3 5 #5	3	-	-	-

龙。　　　　飞　油　　龙。

6	-	-		6	-	-		6	-	-		6			

| 3 | 6 | 1 | 2 | 4 | - | 3 | 2 | 6 | 1 | 7 | 3 | 6 | - | - | - |

啊

(6 6 5 6765 6535 | 3 3 2 3532 3217 | 6·6 6 6 6 63 | 6·6 6 6 6 63)

齐

3 3　32 3.5 3 2 | 1 2　23 6　6· | 6 3 2 3 6.3　2 3

1. 别看　　咱的油龙　长又　　长呀，　　　载不完大庆 油海
2. 如今　　我驾油龙　干劲　　增呀，　　　是因为除掉"四害"

2 1　21 6.5 3 | 6 6　35 6.1 2 3 | 6 5　65 3.5 2

千万　　顷；　　别看　　咱的油龙　跑得　　快呀，
心欢　　腾；　　如今　　我驾油龙　有奔　　头呀，

(61　21 23)

3 3　5 6.3　2 3 | 2.1　3 5　6 | -

比不　上大庆高产　指标 节节升。
是因　为华主席　指路 方向明。

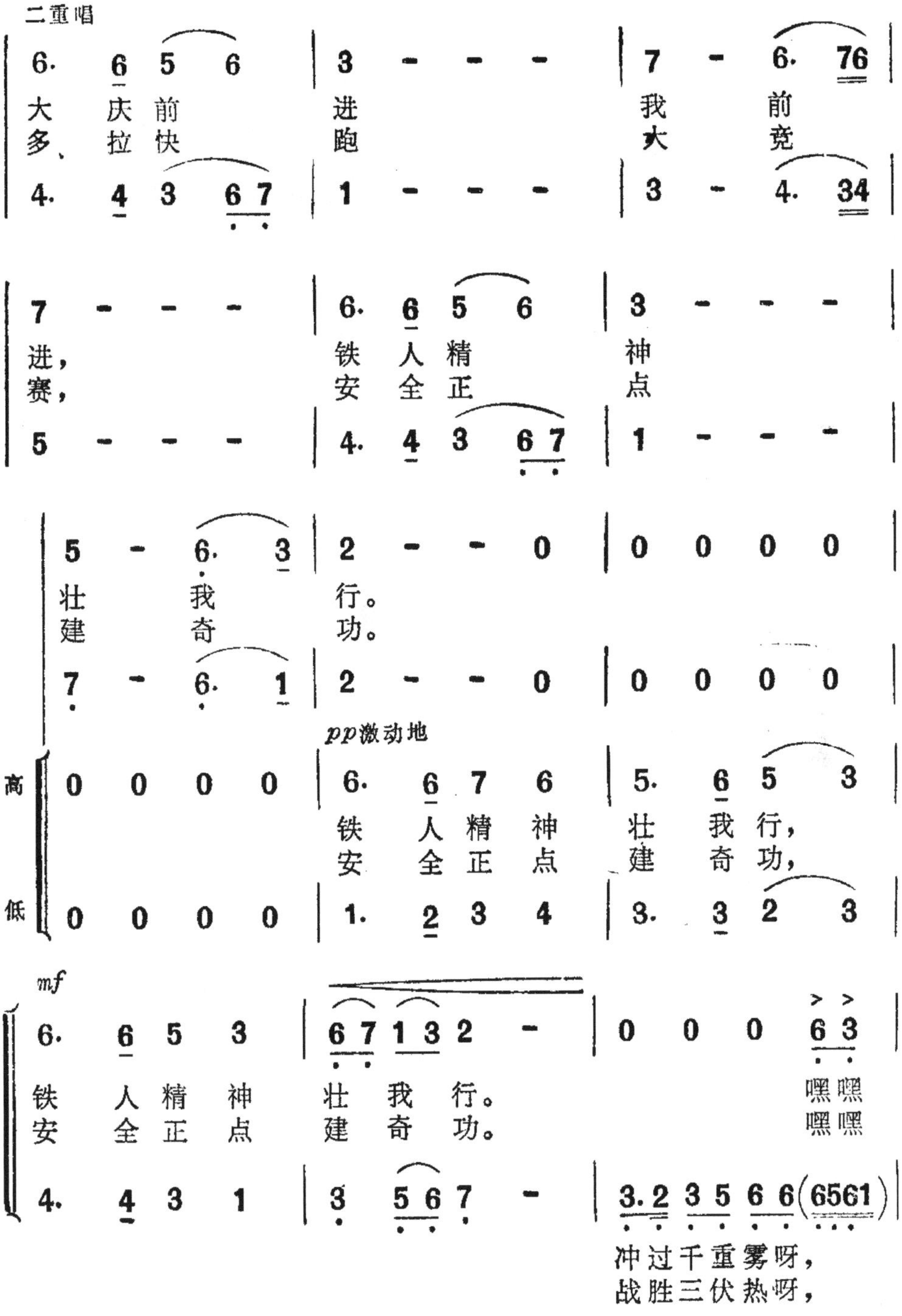
二重唱
大庆前进我前进，铁人精神壮我行。
多拉快跑大竞赛，安全正点建奇功。
pp激动地
高
低
铁人精神壮我行，
安全正点建奇功，
mf
铁人精神壮我行。嘿嘿
安全正点建奇功。嘿嘿
冲过千重雾呀，
战胜三伏热呀，

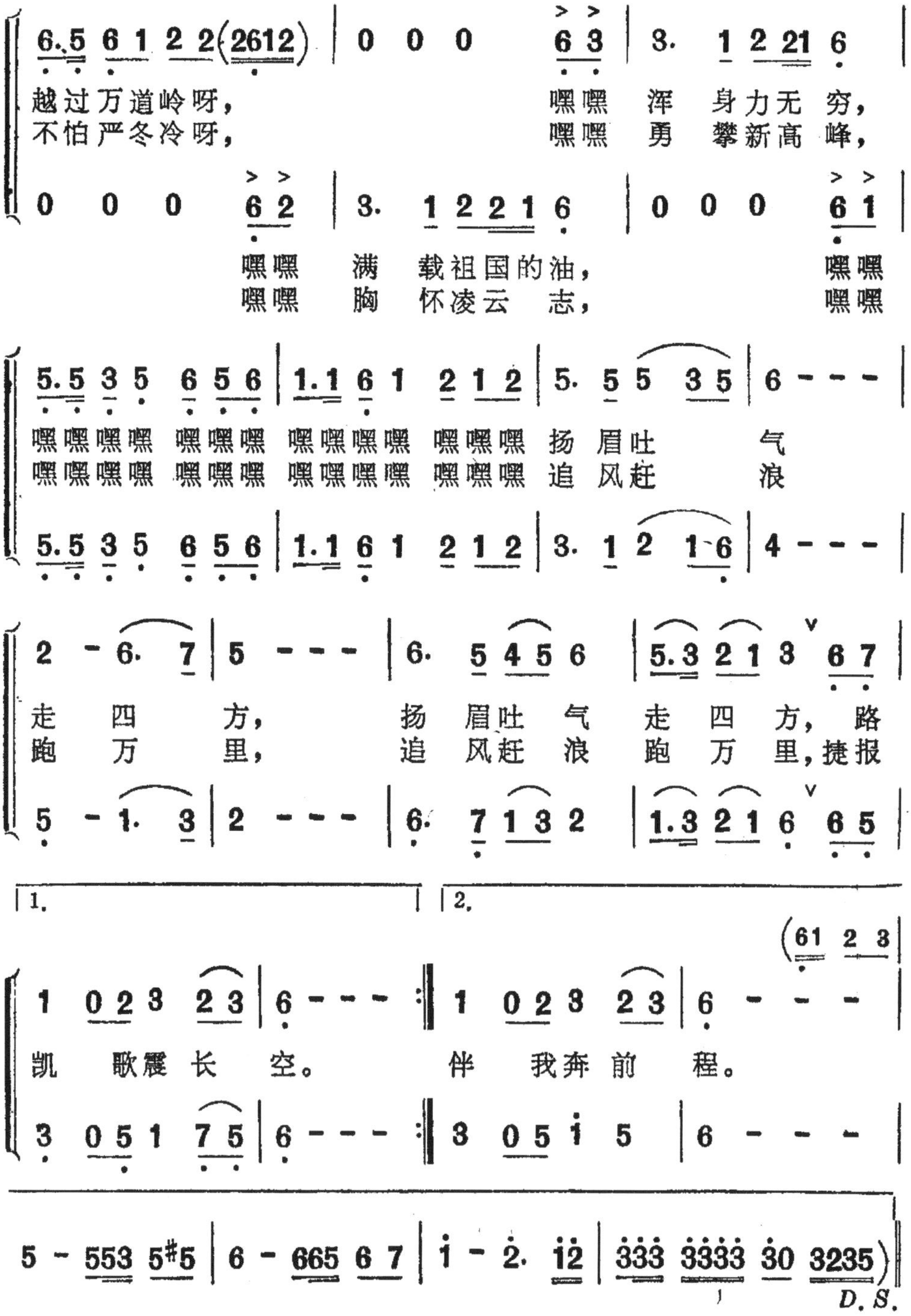
越过万道岭呀， 嘿嘿 浑身力无穷，
不怕严冬冷呀， 嘿嘿 勇攀新高峰，
嘿嘿 满载祖国的油， 嘿嘿
嘿嘿 胸怀凌云志， 嘿嘿
嘿嘿嘿嘿 嘿嘿嘿 嘿嘿嘿嘿 嘿嘿嘿 扬眉吐气
嘿嘿嘿嘿 嘿嘿嘿 嘿嘿嘿嘿 嘿嘿嘿 追风赶浪
走四方， 扬眉吐气走四方，路
跑万里， 追风赶浪跑万里，捷报
1.
2.
凯歌震长空。 伴我奔前程。
D. S.

大庆大寨两枝花

曹　勇、于福源词
樊　祖鸸曲

$(\dot{2}.\dot{3} \quad \dot{2} \dot{1})$ *mf*

$\dot{2} \dot{2}\dot{3} \quad 55 \mid \dot{1} \quad \dot{1} \dot{6} \mid \dot{2}. \quad \dot{3} \mid \dot{2}. \quad 0 \mid 6.\dot{1} \quad 65 \mid$

全国　人民　都　爱　　它，　　　　全国　人民
全国　人民　学　习　它，　　　　全国　人民
处处　开遍　胜　利　花，　　　　处处　开遍

1. 2.

$\#4 56 \quad \mid 5 \quad 0\dot{1} \mid 65 \quad \flat 43 \mid 2 \quad - \mid 2 \quad 0 \quad :\mid$

$(6 \dot{1} \mid 25 6 \dot{1})$

都　爱　它　（嘿）都　爱　它。
学　习　它　（嘿）学　习　它。　　　　*D.C.*
胜　利

3.　　　　快速

f 渐慢

$5 05 \mid 65 43 \mid \overset{5}{2} \quad - \mid 2 \quad - \mid 2 \quad - \mid 2 \quad - \mid \dot{2} 00 \mid$

$(\dot{2}\dot{2}\dot{2} \quad 25 \mid \dot{2} \dot{3} \quad \dot{2} \dot{1} \mid 65 \quad 6 \dot{1} \mid \dot{2} 0 \quad 6.6 \mid \dot{2})$

花　（嘿）胜　利　花。

军心向党向人民

张士燮词

常鹤令曲

$1 = \flat B \quad \frac{2}{4}$

雄壮、有力地

$\dot{1} \quad 2.3 \mid \dot{1}. \quad 6 \mid 5 0 30 \mid \dot{2} 2 00 \mid$

1. 战　鼓　响，　军　旗　奋，
2. "四害"　除，　军　威　振，

p

$33 \quad 5 \mid \dot{2} 0 10 \mid 65 3 \mid 5 \quad - \mid 66 \quad 5 \mid$

军心　　向　党　向　人　民。　　党把
军心　　向　党　向　人　民。　　人民把

钢 枪 交 给 咱，　　我 们 向 党
（2 3 3）
重 担 交 给 咱，　　我 们 和 人 民

献 青 春。　　　　练 出 一 身
心 连 心。　　　　优 良 传 统

硬 本 领，　　过 硬 的 作 风
大 发 扬，　　继 往 开 来

过 硬 的 兵；　　面 对 虎 狼
继 续 长 征，　　抓 纲 治 军

准 备 打 仗，　　毛 主 席 的 旗
大 干 快 上，　　英 明 统 帅 华 主

帜，　　指 引 我 们 向 前 进。
席，　　领 导 我 们 向 前 进。

献给人民的科学家

石　祥词
巍　群曲

1=F 2/4

热情地　稍快

$(\overline{3\ 6\ 6}\quad \overline{765766}\ |\ \overline{7\ 7\ 6}\ \overline{56453}\ |\ \overline{3\ 6\ 6}\quad \overline{765766}\ |\ \overline{7\ 7\ 6}\quad \overline{56453}\ |$

$\overline{22432}\ \overline{11763}\ |\ \overline{204}\ \overline{33217}\ |\ \overline{6.432}\ \overline{17123}\ |\ \overline{6\ 6\ 7}\quad \overline{636}\ |\ \overline{6.667}\ \overline{636})$

$\overline{3\ 6\ 6}\quad \overline{7.657}\ |\ \overline{6.}\quad\quad 7\ |\ \overline{1.7}\quad \overline{6.757}\ |\ 6\quad\quad -\ |$

1. 唱　上　一　　　　支　　　赞　美　的　歌，
2. 选　上　一　　　　束　　　鲜　艳　的　花，

$\overline{3\ 6\ 6}\quad \overline{5\ 4\ 4}\ |\ \overline{3213}\quad 2\ |\ \overline{3.5}\ \overline{3\ 2\ 2}\quad \overline{1271}\ |\ 6\quad -\ |$

献　给　人民的　科学　家，　　献给人民的科学　　家。
献　给　人民的　科学　家，　　献给人民的科学　　家。

$\overline{3\ 6\ 7}\quad \overline{1\ 2}\ |\ \overline{3\ 3\ 2}\quad \overline{17\ 6}\ |\ \overline{3\ 6\ 7}\ \overline{1\ 2}\ |\ \overline{4\ 4\ 3}\quad \overline{2.346}\ |$

为攀登　高峰　你不畏　艰险，　为抓纲治国　你日夜冲
为人类　造福　你胸怀　天下，　为祖国争光你　累白了鬓

3. $\quad \overline{5\ 3}\ |\ \overline{6.3}\quad \overline{6.7}\ |\ \overline{1\ 7i}\ 6\ |\ \overline{5.6}\quad \overline{4545}\ |\ 3\quad -\ |$

杀。　啊！
发。　啊！

204

6.6 5 4 3 | 2.3 1 3 2 | 6.6 5.6 5 4 | 3 2 1 3 2 |

你用辛勤的 汗 水， 浇灌科 学 技术之花；
你用智慧的 力 量， 催动祖国 跃进战马；

6 1 2 3 6 6 | 5 4 3 2 3 6 | 1 5 4 3 1 1 | 2.5 3 2 1 7 1 3 |

你把全部的 心 血， 贡献给祖国的 四 个现代
你用毕生的 精 力， 描绘出最新 最 美的图

1.
2. 3 | 5 5 3 2 3 5 | 2 5 6 7 2 1 7 | 6 — |

化， 贡献给 祖国的 四 个 现 代 化。
画，

2. 渐慢
5 5 3 2 3 5 | 2 5 6 7.2 1 7 1 | 6 — | 6 — | 6 — | 6 0 |

描绘出最新 最美的图 画。

一个科学家的回答

邬大为词
关绪昌曲

1=F 4/4   独 唱

激动、深情地 中速

(0 5 6 1 3 — | 3 1 6 1 2 — | 2 3 2 1 6 5 1 6 |

0 2 1 6 5 6 5 3 | 0 5 6 5 5. 3 | 2 1 2 1 — |

1) 5 6 5 5 5.5 5 3 | 2 1 2 1 - | 1 3 2 1 6 1 2 |
我坐在实验室的 灯 下， 眼里滚 动着

3 6 6 5 3 5 - | 5 3 2 1 6 6 6 | 5 5 3 2 1 3 - |
幸福的泪 花， 耳听着向科 学 进军的号 令，

3 5 6 1 2. 6 | 3 5 5 2 1 1 - | 1 1 3 5 1. 3 |
激动的心 象 火山爆 发。 党 啊！ 我

6 6 3 5 6 6 - | 6 1 6 1 2 3 2 | 0 6 5 3 2 1 5 |
亲爱的母 亲， 把我 拯 救、 扶我 长 大。

0 3 5 1 7. 6 | 5 5 3 5 6 2 - | 2 1 6 1 4 5 6 |
党 啊！ 我 亲爱的母 亲， 为我 指 路、

渐慢
0 7 6 7 5 - | 5 5 6 7 1. 7 1 | 2 1 5 3 6 - |
领我冲杀。 在这 难 忘 的 时 刻，

由慢渐快
6/8 5 6 5 3 2.1 3 | 1 6 1 2 3 2 | 5 6 5 3 6.6 6 |
我又看见 毛主席 含笑来 视察， 我又看见 周总理

206

渐慢
3 2 1 6̂5 5 ｜ 1̇ 2̇ 1̇ 6 6.5 3 ｜ 1̇ 6 1̇ 1̇ 2̇ ｜

亲切来 问 话， 我又紧紧握 住 华主席的 手，

原速 渐慢
1̇ 2̇ 1̇ 6 6.5 3 ｜ 5 5 6 1̇ 3 21 ｜ 2̇ ∨ 5 5 6 1 2 1 2 ｜

心 中的话 儿 不知怎样 表 达,不知怎样表

慢
4/4 1 (3 5 6) ｜ 1̇. 1̇ 2̇ 1̇ ｜ 5 3 56 7 6 - ｜

达。 种 子落地 会发 芽，

原速
1̇. 6 6 5 3 ｜ 1̇ 6 35 6 5 - ｜ 5 3 2 1 6.6 6 ｜

心 血育苗 会开 花， 毛主席放心吧，

0 1̇ 6 1̇ 6.5 5 ｜ 0 5 6 1̇ 2̇ 1̇2̇ 3 ｜ 0 5 3 5 6 5 5 6 1̇ ｜

周总理放心吧， 用热血为祖 国 浇 铸跃进的翅

2̇ - - - ｜ 0 1̇ 6 5 3.5 2 ｜ 0 5 5 6 1 5. 3 2 1 3 0 5 5 6 1 ｜

膀， 这就是我 一个科学家 的回 答，一个科学

3̇. 3̇ 2̇ 1̇ 2̇ ｜ 1̇ - - - ｜ 1̇ - - - ｜ 1̇ 0 0 0 ‖

家 的回 答。

怀念亲爱的台湾同胞

1 = ♭E 2/4　　　　　　　独　唱　　　　　　　　　郭兆甄词
　　　　　　　　　　　　　　　　　　　　　　　　　杜建纲曲

深情地　慢速
mf

(0 3　5 6 | 4/4 i.　　6 5 3 5 6 i | 2　-　2̇ i̇　2̇ i̇ |

5. i 6 5　3　0 5 6 5 | 2 34 3 2 1 3 5 6) ‖ i̇ 2̇ i̇　5. i 6 5　5 6 i |

　　　　　　　　　　　　　　　　　　1.2.东　海　水

3 6 6 3 2　1　-　| 1 3 5 6 6　i 2 3　2̇ i | 5.3　6. i 5 6　5　- |

浪滔滔，　　　　隔不断我思　念的台　湾　岛，

3.3　2.3 2 1 2　6.　1 | 5.3　6̇ i 5　6　- | 6　6 i　5 6 i　6 3 2 |

{遥望大　海　歌一曲，　　日夜怀
 英雄儿　女　手挽手，　　团结战

　　　　　　　　　　　　　　　　　　　　　　　　　(5　6 5 |

2　-　2　2 3　2̇ i | 3 5 6 6　0 5 6 5 | 2 34 3 2 1　- |

念　　日夜怀念　亲爱的同　　胞。
斗　　团结战斗心　一　　条。

1 i 6 5 3 6̇ i　5 | 2/4 2 34 3 2 | 1 5 6 5　i 5 6 5 | 1 5 6 5　i 5 6 5)

中速

0 5　6 5 | 3 23　1 | 3.5　6̇ i　5 | 6　- | 6 2̇　i 6 |

无边　田园　遭蹂　躏，　　日月
长江　波涌　日月　潭，　　玉山、

208

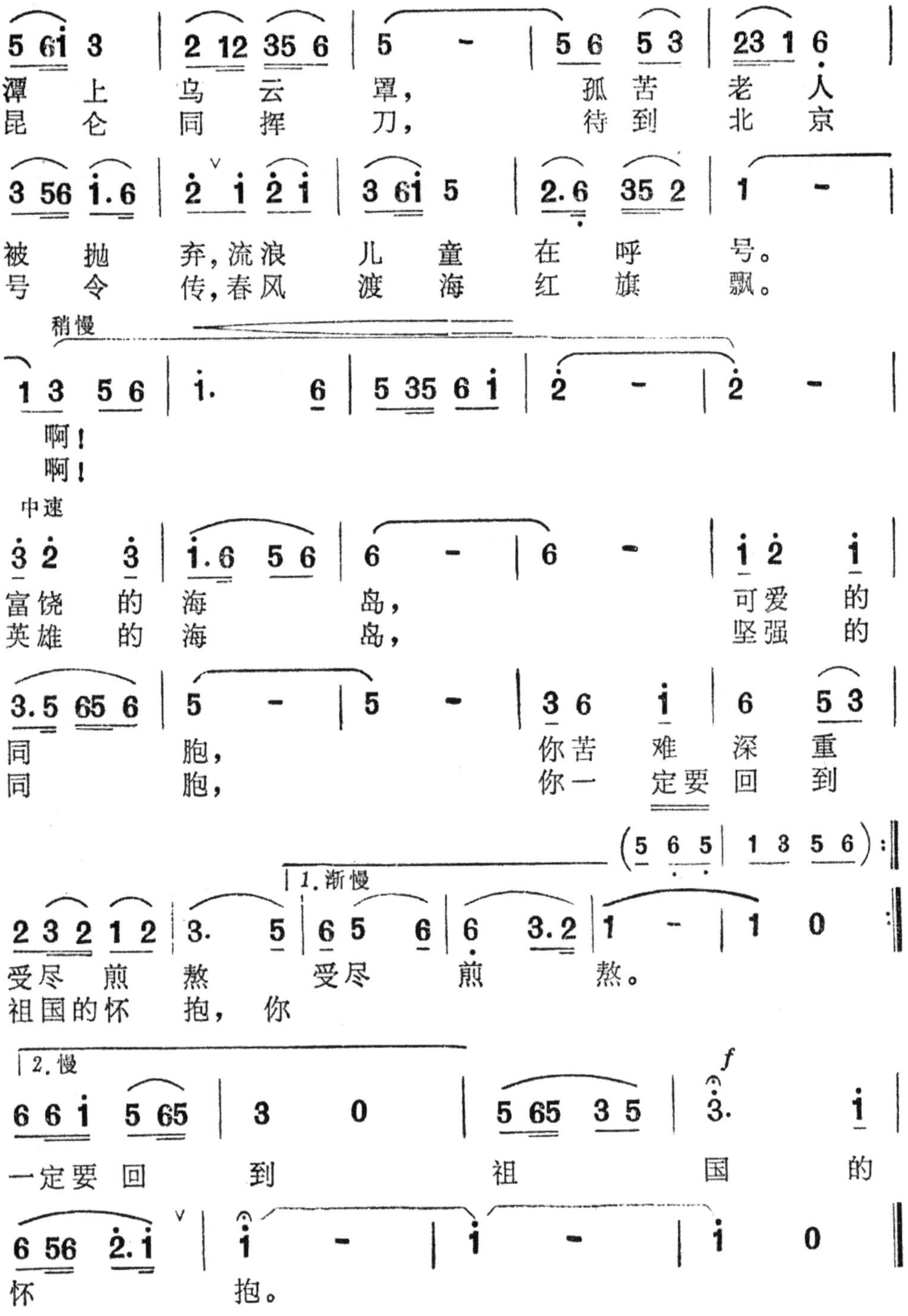
潭上乌云罩，孤苦老人
昆仑同挥刀，待到北京
被抛弃，流浪儿童在呼号。
号令传，春风渡海红旗飘。
稍慢
啊！
啊！
中速
富饶的海岛，可爱的
英雄的海岛，坚强的
同胞，你苦难深重
同胞，你一定要回到
1.渐慢
受尽煎熬受尽煎熬。
祖国的怀抱，你
2.慢
一定要回到祖国的
怀抱。

祖国啊，海外儿女的母亲

陈晓光词
田联韬曲

1=F 2/4

热情 中速
f

3/4 (0 1 7 6 5 3 ‖: 2/4 6 - | 3/4 6 2 1 7 6 3 | 2/4 5 - |

mf   p
5 6 5 3 | 2 6 1 3 2 | 2. 3 | 7 7 6 5 | 1 - |

深情地
1) 5 6 | 5. 1 | 2 5 3 2 3 2 | 1 - | 1 3 5 1 |
　　　　 1.2.虽然 儿 女 远渡 重 洋， 母 亲的

7. 5 | 6 6 3 4 | 5 - 5 | 5 6 | 5. 1 |
慈 爱 朝夕 在 身 旁， 虽然 侨 胞

　　　　　　　　　　　　　　　p
2 3 1 7 | 6 - | 6 5 6 1 | 5 4 5 2. 3 | 5 6 3 5 2 3 |
飘零 在天 涯， 祖国 的 关 怀 时刻 暖心

稍快
1 - | 3 - | 3 2 3 1 | 3/4 7 6 7 5 - | 5 6 1 2 |
房。 啊 祖 国， 祖 国！ 我们

3 6 5 3 3 | 2 6 1 3 2 | 2 - | 2 3 5 | 3. 6 |
海外儿女的 { 故 乡， 黄河 两 岸
　　　　　　 { 希 望， 百鸟 齐 鸣

$\frac{3}{4}$ 5 3 2 3 1 5 | $\frac{2}{4}$ 3 — 3 2 3 | 2. 1 |

有我 骨肉 兄 弟， 南海之 滨

传来 跃进 捷 报， 东风 浩 荡

f

7 1 767 6. 5 | 6. 1 2465 5 — 5. i |

是我 生 长 的 地 方。 啊

送来 胜 利 的 欢 唱。 啊

i 2 i | 767 5 5 — 3 5 6 2 | i 7 6 7 5 |

祖 国， 祖 国！ 我们 日夜 把您 向

祖 国， 祖 国！ 我们 衷心 祝您繁荣富

6 — 6 — 6 i 76 5 6 6 132 | 2. 3 |

往， 就象那 远方的孩 子

强， 就象那 万里 长 城

f

7 7 67 5 | 3. 1 232. 1 | 1 — 1. $\frac{3}{4}$ 1 (i 7 6 5 3 |

永远 怀念 亲爹 娘。

巍然 屹立 在 东

2.

1 — $\frac{3}{4}$ 1 i 7 6 5 3 $\frac{2}{4}$ 6 — $\frac{3}{4}$ 6 2 i 7 6 3 $\frac{2}{4}$ 5 — |

方。 啊 啊

mf *p* *ppp*

5 6 5 3 2 6 132 2 — 2 2 i b6 i 2 i — i — |

啊 啊

211

什么样的青春最闪光

女声三重唱

文玉、述宝、郭煌词
徐 占 海曲

1 = F 2/4

```
(5.5 | 5   i | i  76 | 5   i | 3  55 |
 55   4 | 3   2312 | 1  -  | i  - )|
       5.5 13 | 5.   4 | 3  2312 | 1  - |
```
1. 2.(低)什么 样的 青 春 最 闪 光？

```
5.5 13 | 5.  4 | 3  2312 | 1  - |
```
什么 样的 远 景 最 辉 煌？

高I
```
1  4.5 | 66  i | 5.654 | 345 | 22 23 |
```
高I
```
1  4.5 | 66  i | 5.654 | 345 | 22 23 |
```
战 斗的 青春 最 闪 光， 四个 现代
火 红的 青春 最 闪 光， 四个 现代

低
```
1  1.3 | 44  6 | 5  32 | 1  3 | 66 71 |
```

```
4.4 46 | 5  454 | 3  - | i  -  i | 6 |
```
啊
啊

```
4.4 46 | 5  454 | 3  - | 11 46 | ii | 6 |
```
化的 远景 最 辉 煌。 华主席 为咱
化的 远景 最 辉 煌。 总任务 为咱

```
2.2 24 | 3  42 | 1  - | 11 14 | 66 | 4 |
```

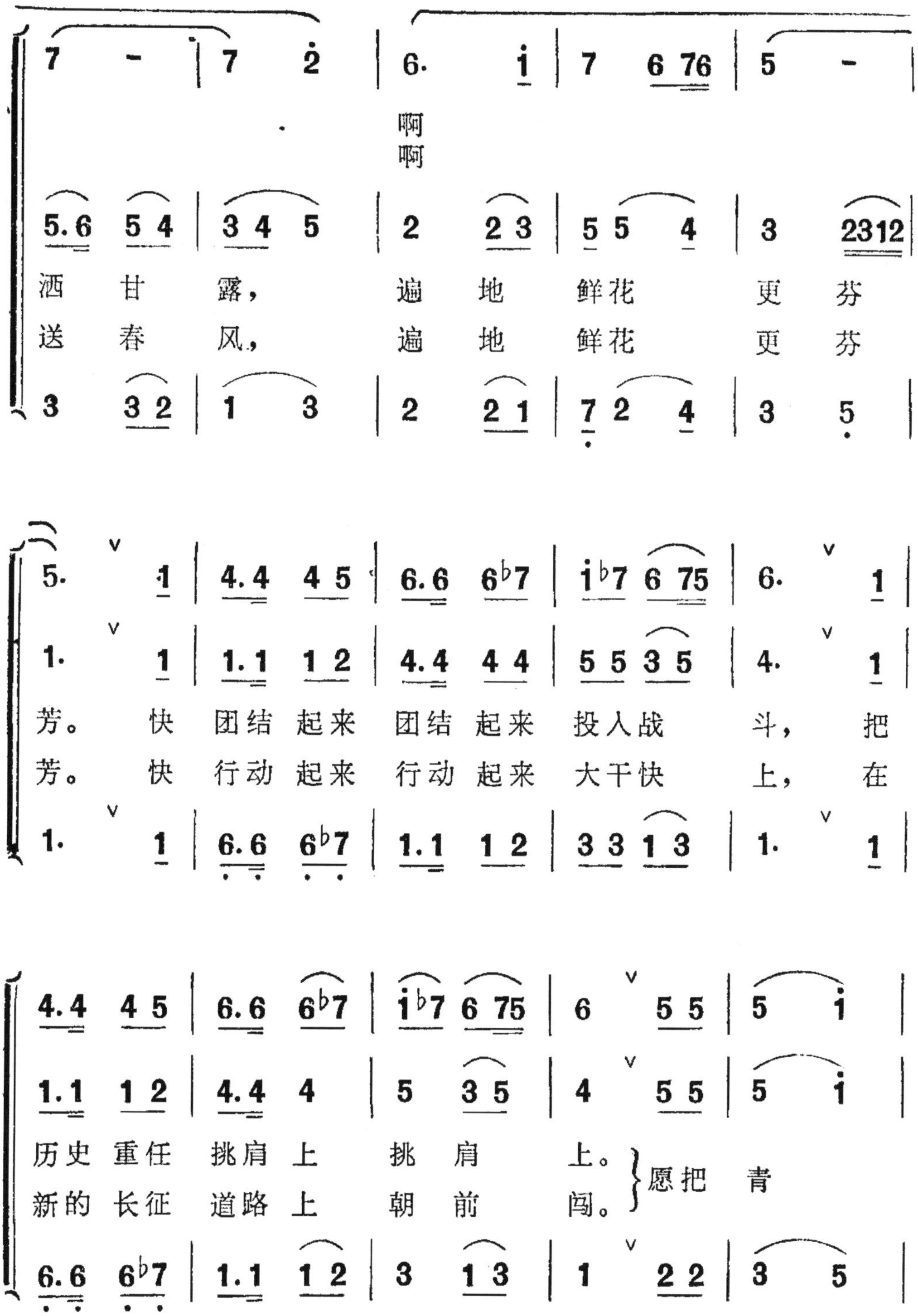
啊
啊
洒 甘 露，遍 地 鲜花 更 芬
送 春 风，遍 地 鲜花 更 芬
芳。快 团结 起来 团结 起来 投入战 斗，把
芳。快 行动 起来 行动 起来 大干快 上，在
历史 重任 挑肩 上 挑 肩 上。
新的 长征 道路 上 朝 前 闯。
愿把 青

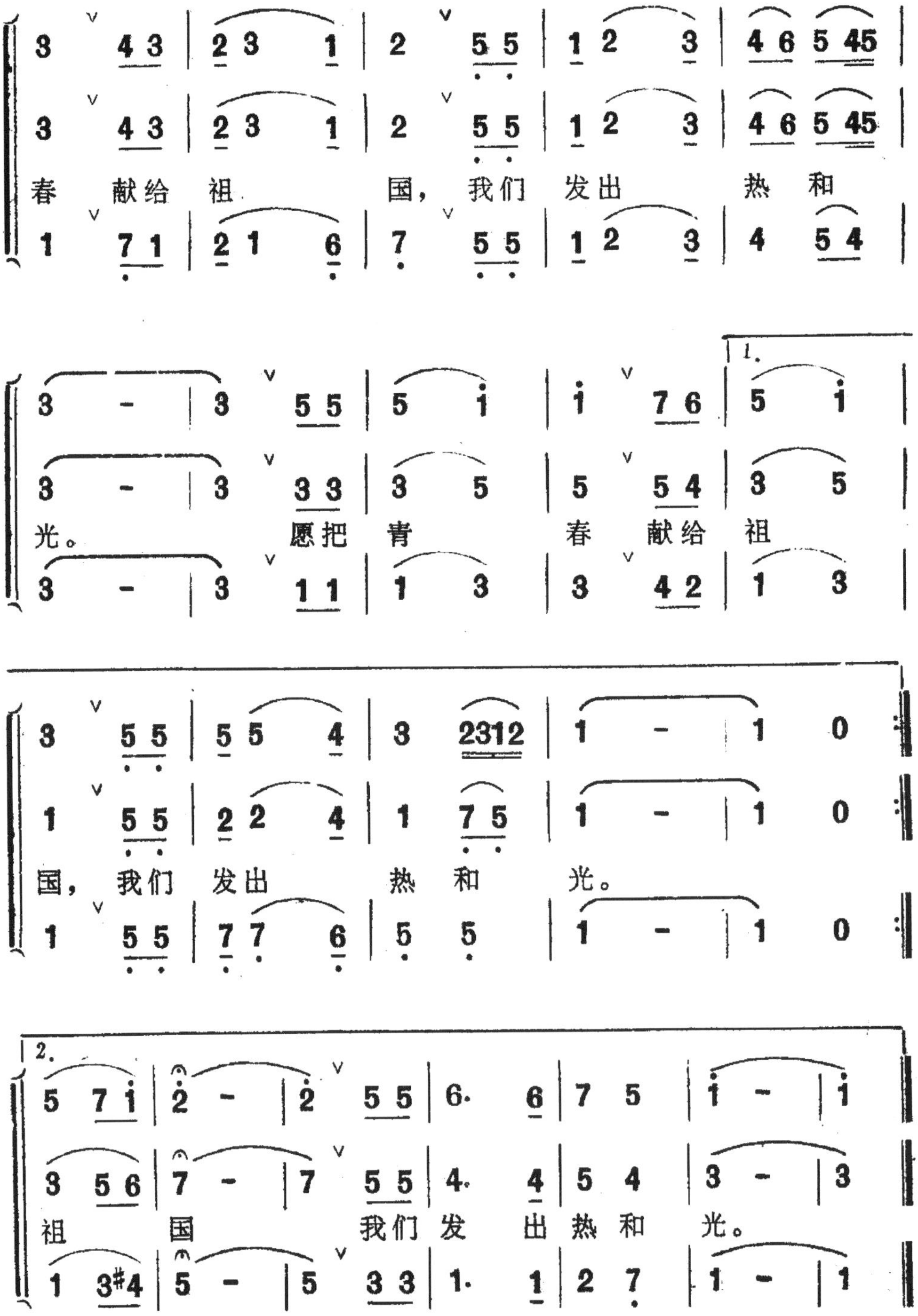
春 献给 祖 国，我们 发出 热 和
光。 愿把 青 春 献给 祖
国，我们 发出 热 和 光。
祖 国 我们 发 出热 和 光。

大 学 生 之 歌

凡　青、永　继词
杨　志　忠曲

1=C 3/8

朝气蓬勃地　稍快

```
f
(1 2 |: 3. | 2 1 | 5 3 7 | 6  6 1 | 2.  |

1  3 | 2 6 7 | 5  6 7 | 1 6 5 | 6 5 3 2 3 |

1.  | 1. ) | 3  4 5 | 6  5 4 3 |
```
1. 迎　　春　花　　开 满 了
2. 彩　　　霞　　织 起 了

```
2. 1 2 | 1.  | 6  7 i | 2 i 3 5 |
```
枝　　　头，　　春 风 已　把 晨 雾
锦　　　绣，　　歌 声 使我　们 精 神

```
7. 2 6 | 5.  | 1  2 | 3 3 4 | 5 6 5 |
```
吹　　　走。　啊　年 轻 的　同　学
抖　　　擞。　啊　年 轻 的　同　学

```
2.  | 5 5 6 7 | i 7 6 | 5 6 5 | 3.  |
```
们，　　现在 正是 学习 的　好　时 候。
们，　　现在 正是 奋发 的　好　时 候。

伟大的进军多豪迈，华主席
新的长征已开始，光辉的

在向我们招手。啊
未来向我们招手。啊

啊 科学
啊 皇冠

城堡，我们去攻关，智慧宝库，我们去
明珠，我们去采撷，知识海洋，我们去

探求。为实现祖国四个现代
遨游。为提高全民族科学文化水

化，我们继往开来
平，把历史重任

大步走。
担在肩头。

我美好的歌声展翅飞翔

盟　　琼词
女声独唱　　　　许敏男、毕庶勤曲

1 = ♭E　3/4

明朗　欢快　中速稍快

1. 祖 国 的 大 地 洒 满
2. 歌 声 飞 向 天 空 和

3. 阳 光， 我 们 在 春 天
海 洋， 飞 向 祖

里 纵 情 歌 唱。
国 最 需 要 的 地 方。

歌 唱青 春 火 红的年 华，
手 携着 手， 心 连 着 心，

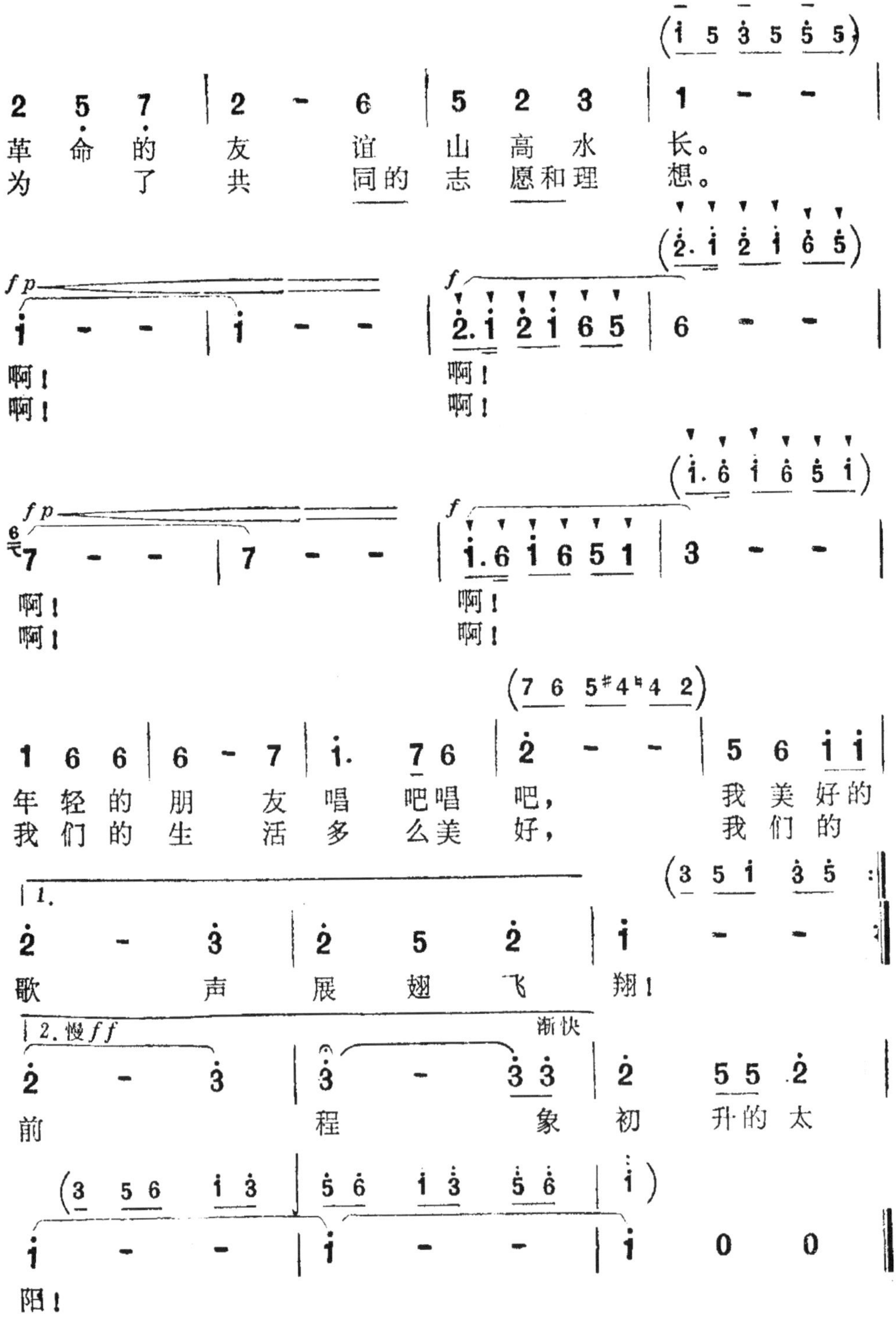
革命的友谊山高水长。
为了共同的志愿和理想。
fp
f
啊！啊！
啊！啊！
fp
f
啊！啊！
啊！啊！
年轻的朋友唱吧唱吧，我美好的
我们的生活多么美好，我们的
1.
歌声展翅飞翔！
2. 慢 ff
渐快
前程象初升的太阳！

电影歌曲

第一辑

文革时期出版

天津市电影发行放映公司编印

当群众掌握了电影时，并且当它掌握在真正的社会主义文化工作者手中时，它就是教育群众的最强有力的工具之一。

——列　宁

文艺为工农兵服务，为无产阶级政治服务，为社会主义服务。

——毛泽东

我们的文学艺术都是为人民大众的，首先是为工农兵的，为工农兵而创作，为工农兵所利用的。

——毛泽东

此书未公开发行印数较少应珍藏之。

目　录

红色娘子军连连歌

革命现代舞剧《红色娘子军》彩色影片插曲

1=G 2/4　　　　（第二场　女声合唱）

进行速度　威武地

转1＝A（前3＝后2）

6 ｜ 6 0 (2·2‖: 5 — ｜ 5 3 2 1 ｜ 2 — ｜ 2 2·2 ｜

深。

6 — ｜ 6 0

深。

5·5 5 5 ｜ 3 2 1 2 5 ｜ 3 2 1 2 5 ｜ 3 2 1 2 3 ｜ 3·6 2 ｜

2 2 7 6 5 ｜ 6 2 5 6 ｜ 1 1 6 5 4 ｜ 5 2·2‖: 5 5 ）

转1＝G（前5＝后6）

‖: 6 6 2 ｜ 3 2 1 7 6 ｜ 2 2 3 1 6 ｜ 3 · 2 ｜ 6 1 1 7 6 5 ｜

向前　进，向　前　进！战士的责任　重，　　妇女的怨　仇

向前　进，向　前　进！战士的责任　重，　　妇女的怨　仇

6 0 ｜ 2 5 ｜ 6 6 5 ｜ 4·3 2 1 2 ｜ 3 — ｜ 3 0 6 0 ｜

深。　　打　碎　铁锁　链，翻身闹革　命！　我　们

深。　　共　产　主义　真，党是领路　人。　奴　隶

1 3 2 ｜ 5·♯4 3 5 ｜ 2 0‖: （女高）‖ 0 0 ｜ 3 3 6 ｜

娘子　军，扛枪为人　民。　　　　　　　　　向前　进，

要翻　身，奴隶要翻　身！　　（女低）‖: 6 6 2 ｜ 3 2 1 7 6 ｜

　　　　　　　　　　　　　　　　向前　进，向　前　进！

```
6 5 4 5 6 | 5 5 5 6 4 5 | 6   6 6 6 | 5 6 7 2 | 6 - | 6   0 ‖
向  前  进！战士的责任  重，妇女的  怨  仇  深。

2 2 3 1 6 | 3 · 2 { 4   4 4 | 3   3 5 | 6 - | 6   0
              6   1 1 | 7 6 | 5 | 6 - | 6   0
战士的责任  重，    妇  女的  怨  仇  深。
```

军民团结一家亲

革命现代舞剧《红色娘子军》彩色影片插曲

1=A 2/4   （第四场《斗笠舞》伴唱歌曲

中速 亲切热情地

```
( 2  -  | 5  -  | 3 2 3 1 5 | 2·5  3 1 | ³2  ·  3 |
                                              （女高）
6·1  6 2 | 5  ·  2 | 5  -  ) | 2 1  2 3 | 6  5  - |
                                   万泉 河  水

2 1  2 | 5  -  | 1 3  2 3 | 1    5 | 5  3 2 1 |
清  又 清，    我编 斗 笠    送 红

2  -  | 1 1  2 3 | 6  ·  1 | 2 1 2 3 5 | 6  - |
军。  军爱 民  来  民 拥 军，

6 5  4·1 | 4 6 | 5 | 2·3  2 1 | 5  -  | (6 5  4·1 |
军民 团 结  一家  亲，一  家  亲。
```

$\underline{4\ 6}$ 5 | $\underline{3.\underline{5}\ \underline{1\ 2\ 3}}$ | 2 — | $6\cdot\dot{1}$ $\underline{6\ 1}$ | $\underline{4\ 5\ 6}$ 5 |

（女高、男高）

$\underline{2\ 1\ \underline{3\ 2}\ \underline{5}}$ | 5 — ）| $\underline{2\ 1}$ $\widehat{\underline{2\ 3}}$ | $\overset{6}{\underset{5}{\cdot}}$ — | $\widehat{\underline{2\ 1}}$ 2 |

万泉 河 水 清 又

5 — | $\underline{1\ 3}$ $\widehat{\underline{2\ 3}}$ | $\widehat{1}$ $\overset{5}{\cdot}$ 5 | $\underline{3\ 2\ 1}$ 2 — |

清， 我编 斗 笠 送 红 军。

$\underline{1\ 1}$ $\widehat{\underline{2\ 3}}$ | $\widehat{6}$ · $\widehat{1}$ | $\underline{2\ 1\ 2\ 3\ 5}$ | 6 — | $\underline{6\ 5}$ $\underline{4\cdot\dot{1}}$ |

军爱 民 来 民 拥 军， 军民 团结

热烈地
（合）转 1 = D（前 4 = 后 1）

$\underline{\overline{4\ 6}}$ $\overline{5}$ | $\overset{>}{5}$ $\overset{>}{2}$ | $\overset{>}{\dot{1}}$ — | $\dot{1}\cdot$ 5 | $\dot{1}$ $\widehat{\underline{2\ 5}}$ |

打敌 人， 打 敌 人。 红 区 风 光

$\widetilde{3}$ — | 3 — | $\dot{2}\cdot$ $\underline{3}$ $\widehat{\underline{3\ 2}}$ | $\dot{1}$ $\overset{3}{\underset{2}{=}}$ — | $\dot{2}$ — |

好， 军 民 一 家 亲，

$\underline{\dot{2}\ \dot{1}\ \widehat{2\ 3}}$ | $\overset{6}{\underset{5}{=}}$ 5 — | $\widehat{\underline{2\ \dot{1}}}$ 2 | 5 — | $\underline{\dot{1}\ 3\ \widehat{2\ 3}}$ | $\widehat{\dot{1}}$ 5 |

万泉 河 水 清 又 清， 我编 斗 笠

渐慢

$\underline{5\ 3\ \widehat{2\ \dot{1}}}$ | $\dot{2}$ — | $\underline{5\cdot\underline{5}\ \dot{1}\ \dot{2}}$ | $\widehat{\underline{3\ 5}}$ 2 | $\widehat{\dot{1}}$ — | $\dot{1}$ — ‖

送红 军， 军民团结 向 前 进。

序　歌

革命現代舞劇《白毛女》彩色影片插曲

1=C 4/4 3/4　　　　　（合唱）　　　　〔序幕〕

慢

（女聲獨唱）

```
5  i  2  7 6 | 5  —  —  0 | 1  —  2  5 |
看 人  間，           往  事
```

```
5  #4 5  —  | ♮4  —  3  3 | 2 3  1 2  3  — |
幾 千 載，    穷   苦 的 人    啊
```

rit……

```
2·3  5 i  6 5 | 5 2  3 2  1  — | ( i·5  i0  i0 |
受  剝 削，遭 迫 害。
```

（男聲齊唱）

```
i·2  7 6  5 | 5 2 7 6 5 6 4 3 ) | 5  i  2  7 6 |
                              看 人  間，
```

```
5  —  0 5  6 5 | 4  3  2·1  2 3 | 5 #4 5  0 6  5 6 |
    那 一 塊 土 地 不 是 我们 开？    那 一 片
```

```
i  i  6·i  6 5 | 4 3 2  0 3  2 3 | 1 2  3  5·5  3·5 |
山 林 不 是 我们 栽？   那 一 間 房 屋 不 是 我们
```

哪一亩庄稼　　不是我们血汗灌

盖？

渍？　　　　可恨　地主　狗汉奸，

土地他霸　占，庄稼是私　财，又逼租子，又放

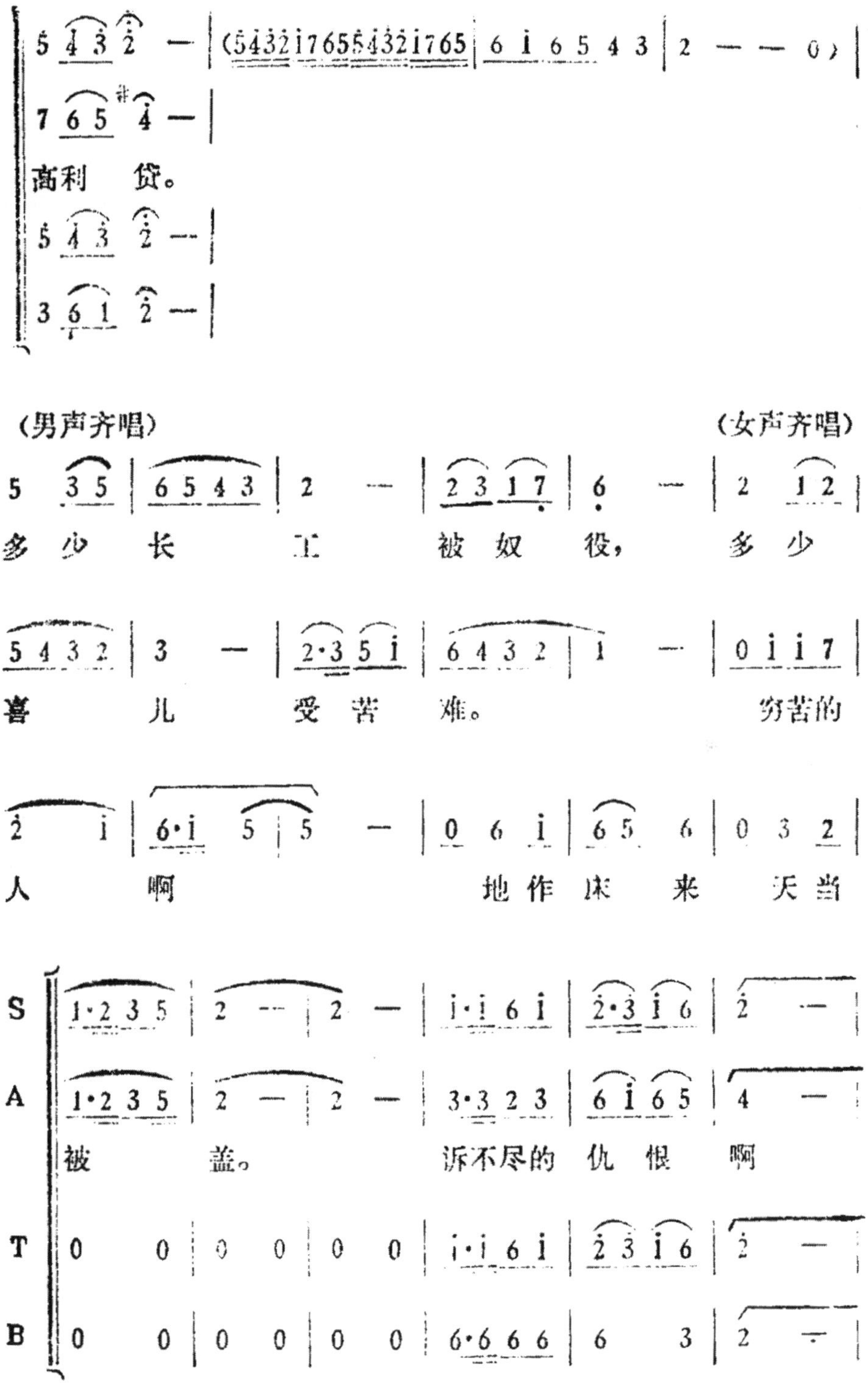
高利 贷。
(男声齐唱)
(女声齐唱)
多 少 长 工 被 奴 役, 多 少
喜 儿 受 苦 难。 穷苦的
人 啊 地 作 床 来 天 当
S
A
被 盖。 诉不尽的 仇 恨 啊
T
B

汇成 波浪 滔天 的 江和

海，　　　　压不住的 怒 火 啊

定要 烧毁 黑暗的 旧世 界！

北 风 吹

革命现代舞剧《白毛女》彩色影片插曲

1 = G ¾ ⅔　　　　　（女声独唱）　　　　〔第一场〕

愉快地

```
6 5 5 2 | 3 2 3 — | 5 4 3 2 | 2 6 1 — | 3 3 5 5 2 1 |
北 风（那个）吹，　　雪 花（那个）飘，　　雪花（那个）

1 5 6 | 6 2 0 2 | 7 6 5 — | 6 5 5 2 | 3 2 3 — |
飘 飘　　年 来　　到。　　风 卷（那个）雪 花

5 4 3 2 | 2 6 1 — | 2 1 2 | 3·5 3 2 | 6 6 1 |
在 门（那个）外，　　风 打 着 门　来　门 自

7 6 5 | 1·3 2 3 | 3 5 3 5 6 | 1·1 1 1 | 6 1 6 1 |
开。　　我 盼 爹 爹 快 回 家，欢欢 喜喜 过 个 年，

0 2 1 2 | 3·5 3 2 | 6 6 1 | 7 6 5 | 5 — ‖
欢 欢 喜 喜 过 个　年。
```

233

漫 天 风 雪

革命现代舞剧《白毛女》彩色影片插曲

1 = C 2/4　　　　　　　　（男声独唱）　　　　　〔第一场〕

仇恨地

满天 风 雪　　一片 白，

躲债 七 天　　回家 来，

地主 逼 债 似虎 狼，

仇 恨 怒 火 燃

烧我　　胸　　　怀。

扎 红 头 绳

革命现代舞剧《白毛女》彩色影片插曲

1=G $\frac{3}{4}$　　　　　（女声独唱、男声独唱）　　　　〔第一场〕

欢快地

（女声独唱）

2 5 5 6 6 i 6 5 4 3 2 | 2 5 6 6 i 6 5 4 3 2 | 2 5 5 6 5 4 3 2 5 |

人家的闺女有花戴，　我爹钱少 不能买，　扯上了二尺红头绳，

2 3 5 2 1 2 3 6 5 | $\frac{2}{4}$ 1·6　 5 6 4 | $\frac{3}{4}$ 4·2 1 2 6 5 － |

给我扎起来，　　　哎　　　扎呀扎 起来。

　　　　　　　　　　　　　　　　　（男声独唱）

(i 2 6 5 i 2 6 5 | 5 5 5 －) | 5 2 6 5 4 3 2 |

　　　　　　　　　　　　　　　　人 家的 闺 女

5 2 6 5 4 3 2 | 2 5 6 2 6 5 4 | 2 3 5 2 1 7 6 5 |

有 花 戴，　你 爹我 钱 少 不 能 买，

5 2 6 5 4 3 2 | 5 2 6 5 4 3 2 | 2 5 6 2 6 5 4 |

扯 上了二 尺红头 绳，　我 给我喜 儿

2 3 5 2 1 7 6 5 | 5 i 6 5 5 2 2 1 | 5 － － － |

扎 起 来，　哎嗨 哎嗨扎 起 来！

235

大红枣儿送亲人

革命现代舞剧《白毛女》彩色影片插曲

(女声合唱)　　　　[第五场]

1=G ¾

慢　亲切地

军民团结一家人

革命现代舞剧《白毛女》彩色影片插曲

1 = F ²⁄₄ ³⁄₄　　　　　　（齐　唱）　　　　　〔第五场〕

稍快　有力

```
(i 2 3 2 i 2 6 i | 5 6 5 3 2 3 2 1 ‖: 6 6 5 3 5 | 6  —  |
                                      军队和老百　姓，
                                      军队和老百　姓，

6 6 5 3 5 | 6  — | 2    6 | 6 6 5 3 5 | 6  — | 6 6 6 |
咱们是一家 人，   唉　 咳  咱们是一家 人。  打敌人
咱们是一家 人，   唉　 咳  咱们是一家 人。  闹革命

2  6 5 | 6 6 5 3 5 | 6  — | 6 6 5 3 5 | 6·i 5 3 | 2 3 5 3 2 1 |
除 汉奸 咱们一条  心，   咱们一条  心 哪， 才能打得
求 解放 咱们团结  紧，   咱们团结  紧 哪， 才能得翻

2 6· | 6 6 5 3 5 | 6·i 5 3 | 2 3 5 3 2 1 | 2 6· :‖
赢 哪。  咱们 一条  心 哪， 才能 打 得 赢哪。
身 哪。  咱们 团结  紧 哪， 才能 得 翻 身哪。
```

237

太 阳 出 来 了

革命现代舞剧《白毛女》彩色影片插曲

1 = C 4/4 2/4　　　　　　（合　唱）　　　　〔第七场〕

热情 歌颂地

239

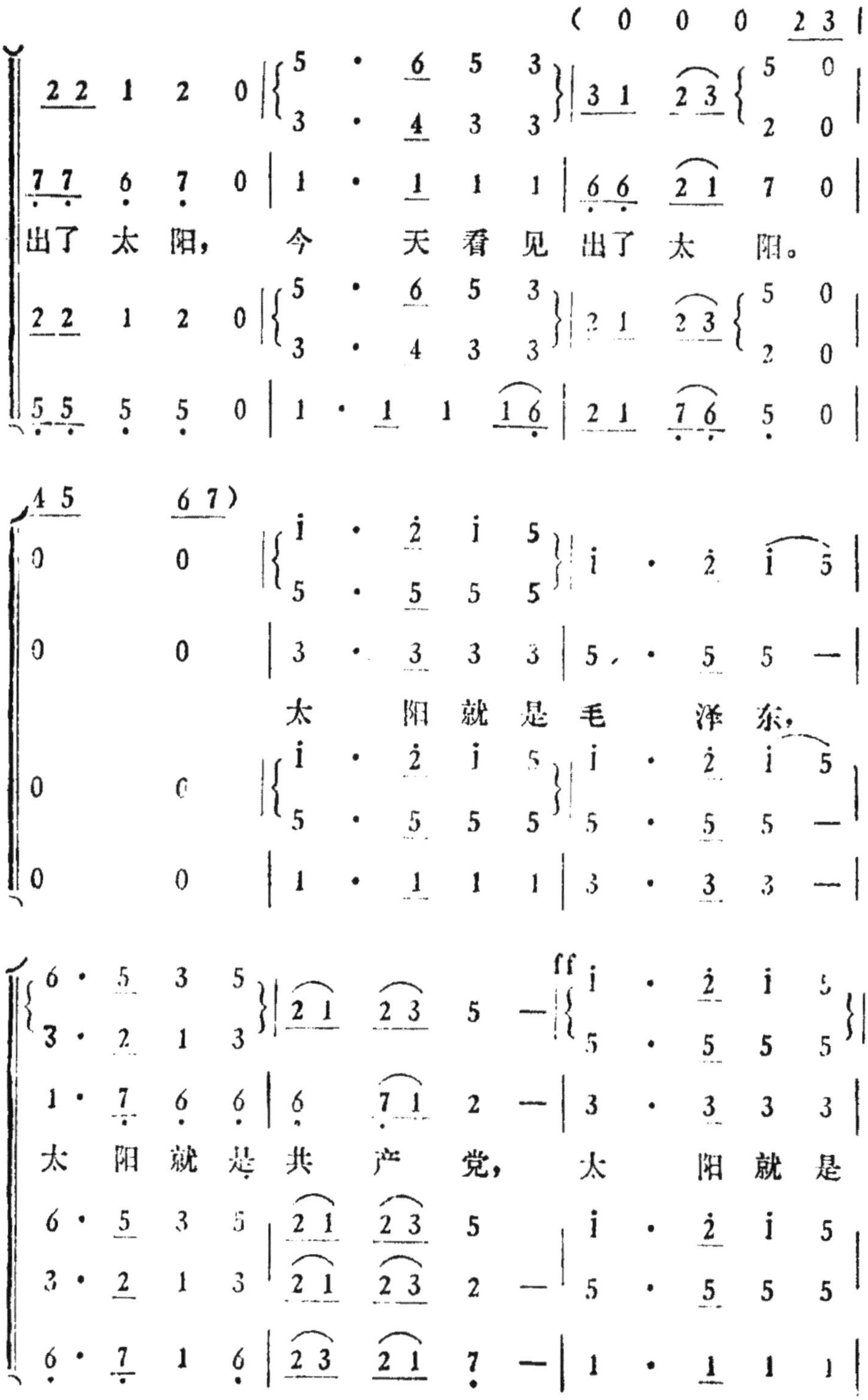
出了太阳，今天看见出了太阳。
太阳就是毛泽东，
太阳就是共产党，太阳就是

毛 泽 东， 太 阳 就 是 共 产 党！

百万工农齐奋起

革命现代舞剧《白毛女》彩色影片插曲

1＝G ²⁄₄ （合唱） 〔第八场〕

豪迈地（齐唱）

瞻 东 方， 百万工农 齐奋起， 风 烟 滚 滚

来。 闹 革 命， 武装 夺政权， 推翻 旧世界。

S
A
多 少 喜 儿 翻 了 身， 锦绣 河山

T

B

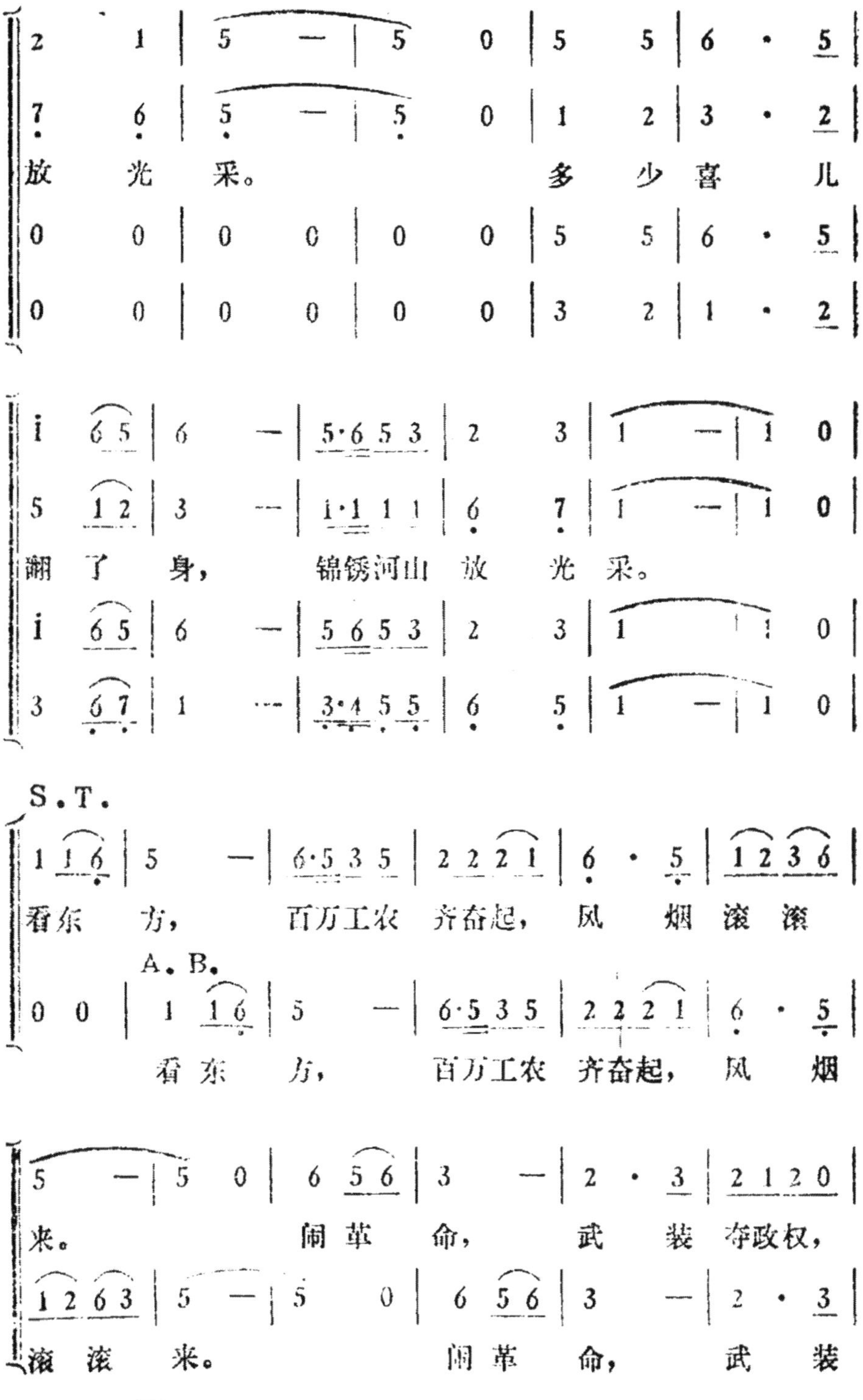
放 光 采。 多 少 喜 儿
翻 了 身， 锦锈河山 放 光 采。
S.T.
看东 方， 百万工农 齐奋起， 风 烟 滚 滚
A.B.
看 东 方， 百万工农 齐奋起， 风 烟
来。 闹 革 命， 武 装 夺政权，
滚 滚 来。 闹 革 命， 武 装

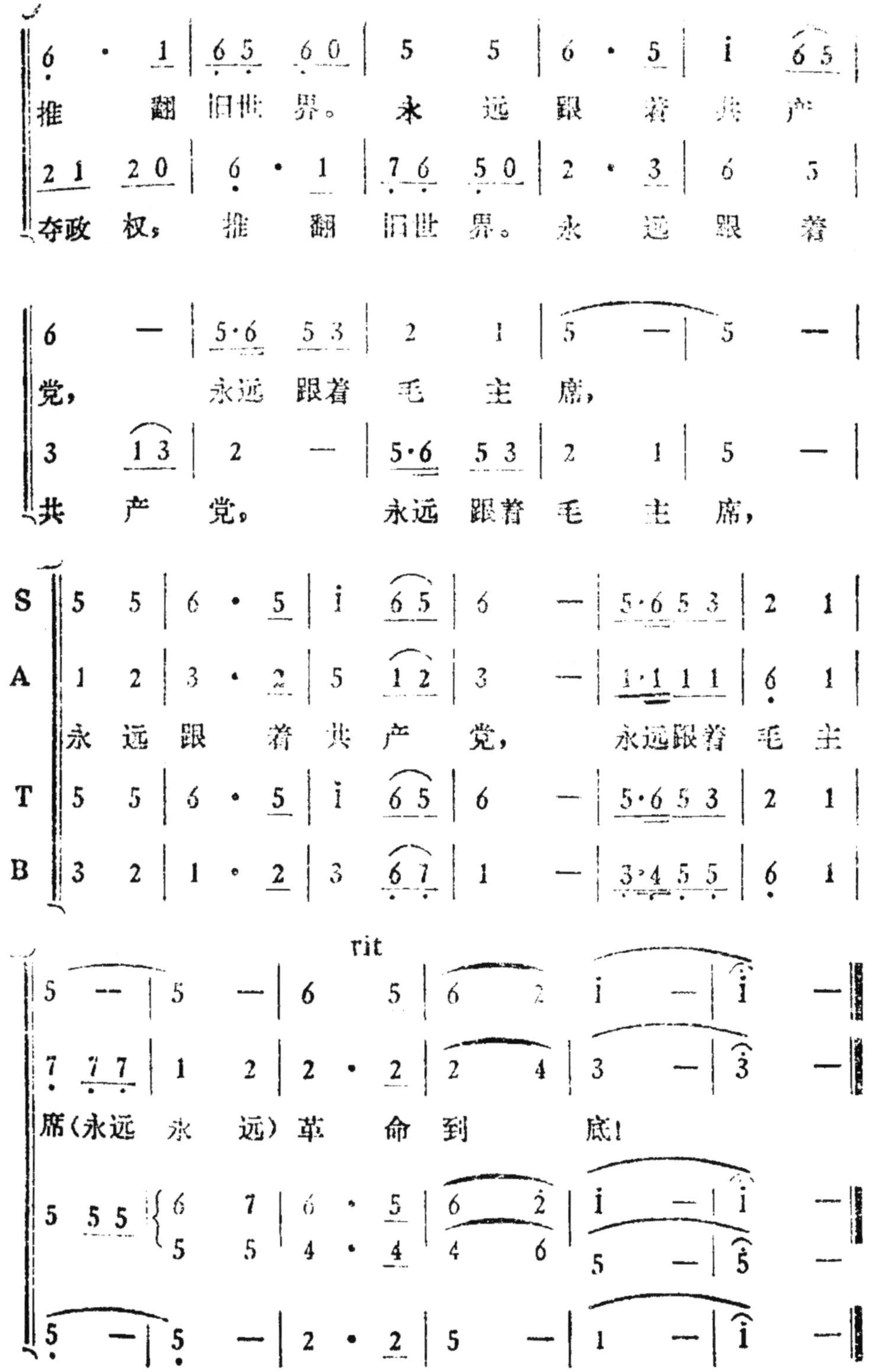
推翻旧世界。永远跟着共产
夺政权，推翻旧世界。永远跟着
党，永远跟着毛主席，
共产党。永远跟着毛主席，
S
A
T
B
永远跟着共产党，永远跟着毛主
rit
席（永远永远）革命到底！

钢 铁 洪 流 永 向 前

故事片《火红的年代》主题歌

史 俊 词
吕其明 曲

1=♭B 2/4

坚定有力 稍快

```
3·2 1 | 6 5 - | 5 - | 6·5 | 4 3 5 |
```
1. 红 旗 卷 烈 焰，　　　　钢 花 齐 吐
2. 红 旗 卷 烈 焰，　　　　钢 花 齐 吐

```
2 - | 2 - | 4 4 6 5 | 3 2·2 1 2 | 3 6 6 |
```
艳。　　　钢 铁 工 人 钢 筋 铁 骨，挥汗
艳。　　　钢 铁 工 人 红 心 向 党，反帝

```
6 - | 5 - | 3 0 2 0 | 1 0 3 - | 2 |
```
夺 钢 冲 在 前。 踏 平
反 修 斗 志 坚。 劈 开

```
1·5 6 | 6 0 5 | 5 3 - | 1·6 2 | 2 |
```
滔滔 热 浪， 熔 化 万座 铁 山，
层层 烟 云， 炼 出 红霞 漫 天，

```
5·5 1 | 1 0 | 1·2 3 | 3 2·2 | 1 | 6 2 3 #4 |
```
自力 更 生， 奋发 图 强，壮丽 山 河 更灿
三大 革 命， 重任 在 肩，胜利 凯 歌 震云

```
5 - | 5 | 1 6 - - | 6 3 4 | 5·5 5 | 4 3 |
```
烂。 嗨 嗨！ 沿着 毛主 席 革 命
天。 嗨 嗨！ 沿着 毛主 席 革 命

路　　线，钢铁洪　流永向　前。

路　　线，钢铁洪　流

永　　向　前。

沿着社会主义大道奔前方

故事片《青松岭》插曲

（对　唱）

张仲明　作词
施万春　作曲

1=♭B　2/4　3/4

乐观、自豪地

过门

2/4

（女独）长鞭　哎　那个一
（男独）长鞭　哎　那个一

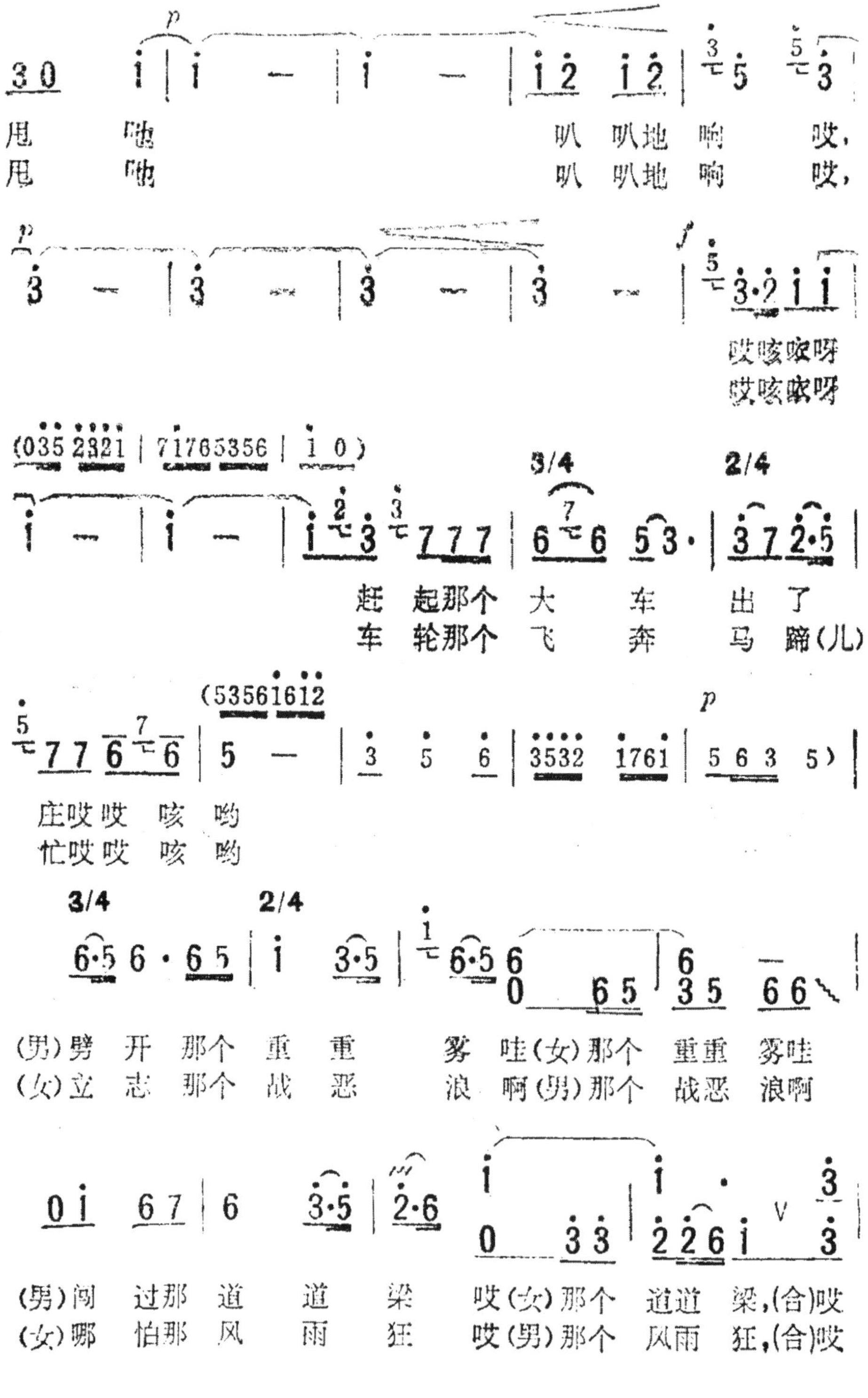
甩 啪 叭叭地响 哎，
甩 啪 叭叭地响 哎，
哎咳哝呀
哎咳哝呀
3/4
2/4
赶起那个大车出了
车轮那个飞奔马蹄(儿)
庄哎哎咳哟
忙哎哎咳哟
3/4
2/4
(男)劈开那个重重雾哇(女)那个重重雾哇
(女)立志那个战恶浪啊(男)那个战恶浪啊
(男)闯过那道道梁哎(女)那个道道梁，(合)哎
(女)哪怕那风雨狂哎(男)那个风雨狂，(合)哎

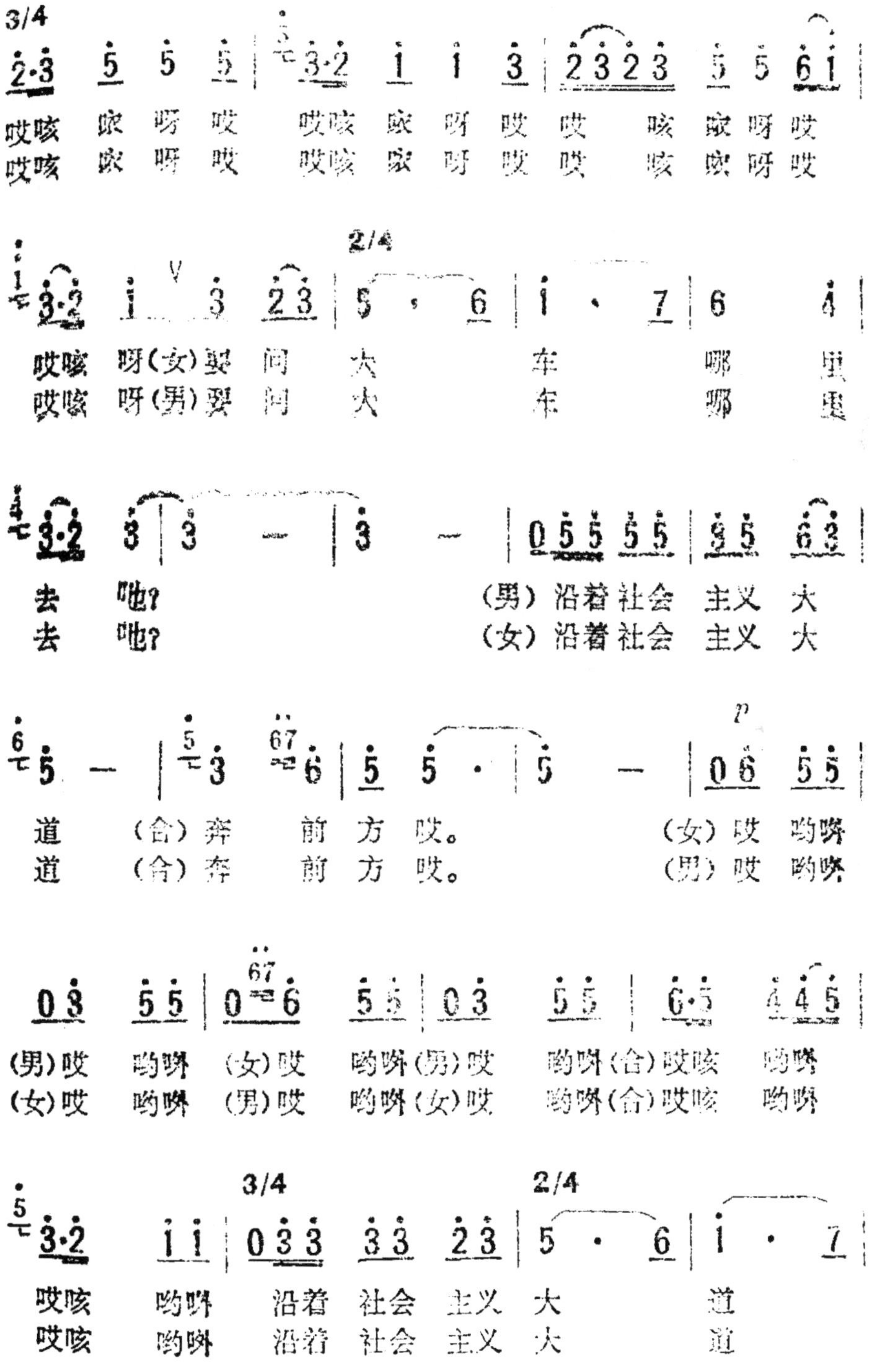
3/4
2/4
哎咳 㖿 呀 哎 哎咳 㖿 呀 哎 哎 咳 㖿呀哎
哎咳 㖿 呀 哎 哎咳 㖿 呀 哎 哎 咳 㖿呀哎
哎咳 呀(女)要 问 大 车 哪 里
哎咳 呀(男)要 问 大 车 哪 里
去 哋? (男)沿着社会 主义 大
去 哋? (女)沿着社会 主义 大
道 (合)奔 前 方 哎。 (女)哎 哟咿
道 (合)奔 前 方 哎。 (男)哎 哟咿
(男)哎 哟咿 (女)哎 哟咿(男)哎 哟咿(合)哎咳 哟咿
(女)哎 哟咿 (男)哎 哟咿(女)哎 哟咿(合)哎咳 哟咿
哎咳 哟咿 沿着 社会 主义 大 道
哎咳 哟咿 沿着 社会 主义 大 道

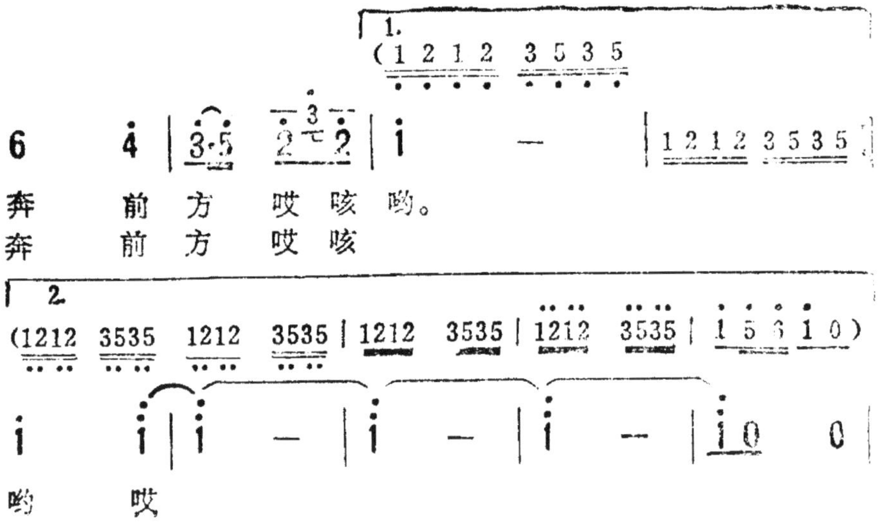

长春归来

故事片《艳阳天》插曲之一

1=G $\frac{2}{4}$

（女声独唱）

王倬词
张棣昌曲

中速、昂扬而奔放地

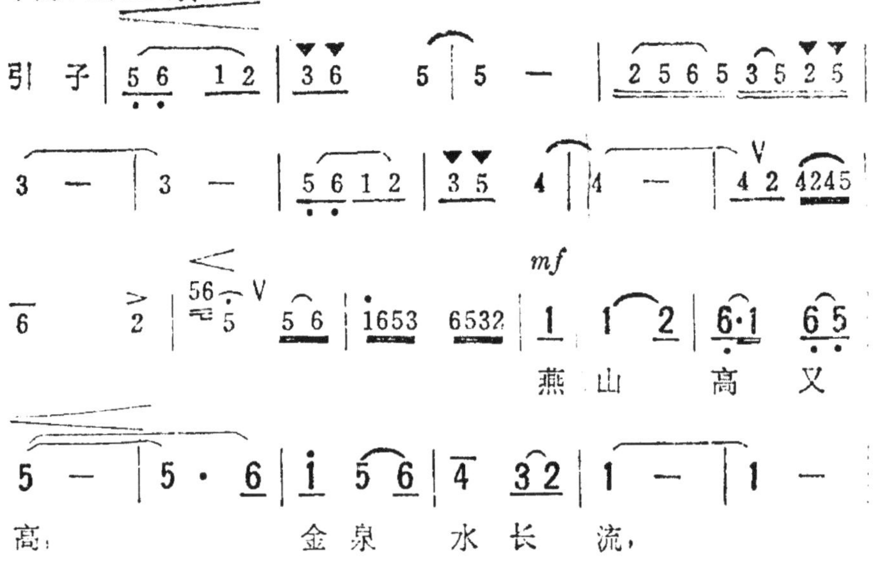

群雁 高飞 头雁 领， 书记带咱

向 前 走。

贫下中农的 主 心 骨， 敢斗 风 浪的

好 带 头， 和咱 心 贴 心， 汗水往

一 块 流， 汗水往 一 块

流。 啊……………………………

迎来 丰 收 心 欢 畅， 争得 山

河 似 锦 绣。

我们都是小社员

故事片《艳阳天》插曲之二

王　倬　作词
张棣昌　作曲

1=D　2/4

稍快　明快而活泼地

红领巾飘胸前，我们都是小社员，你背篓，我拿镰，拣麦穗，到田间。一颗麦穗一滴汗，全都拣来送场院。嘿！全都拣来送场院。一二三四，爱集体爱劳动全心全意为人民。

万众一心奔向前

彩色故事片《艳阳天》主题歌

王倬词
全如汾曲

251

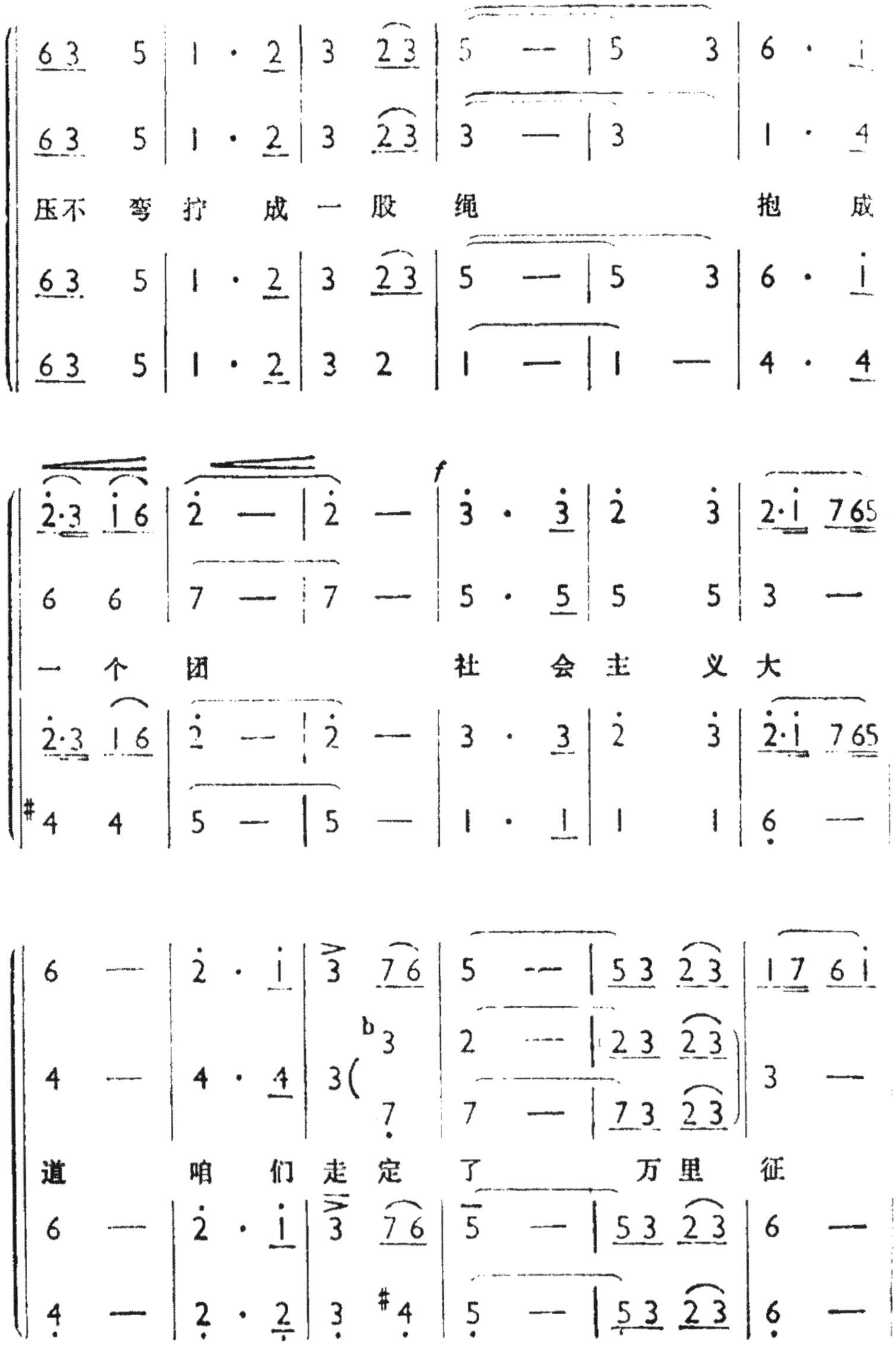
压不弯拧成一股绳
抱成
一个团
社会主义大
道
咱们走定了
万里征

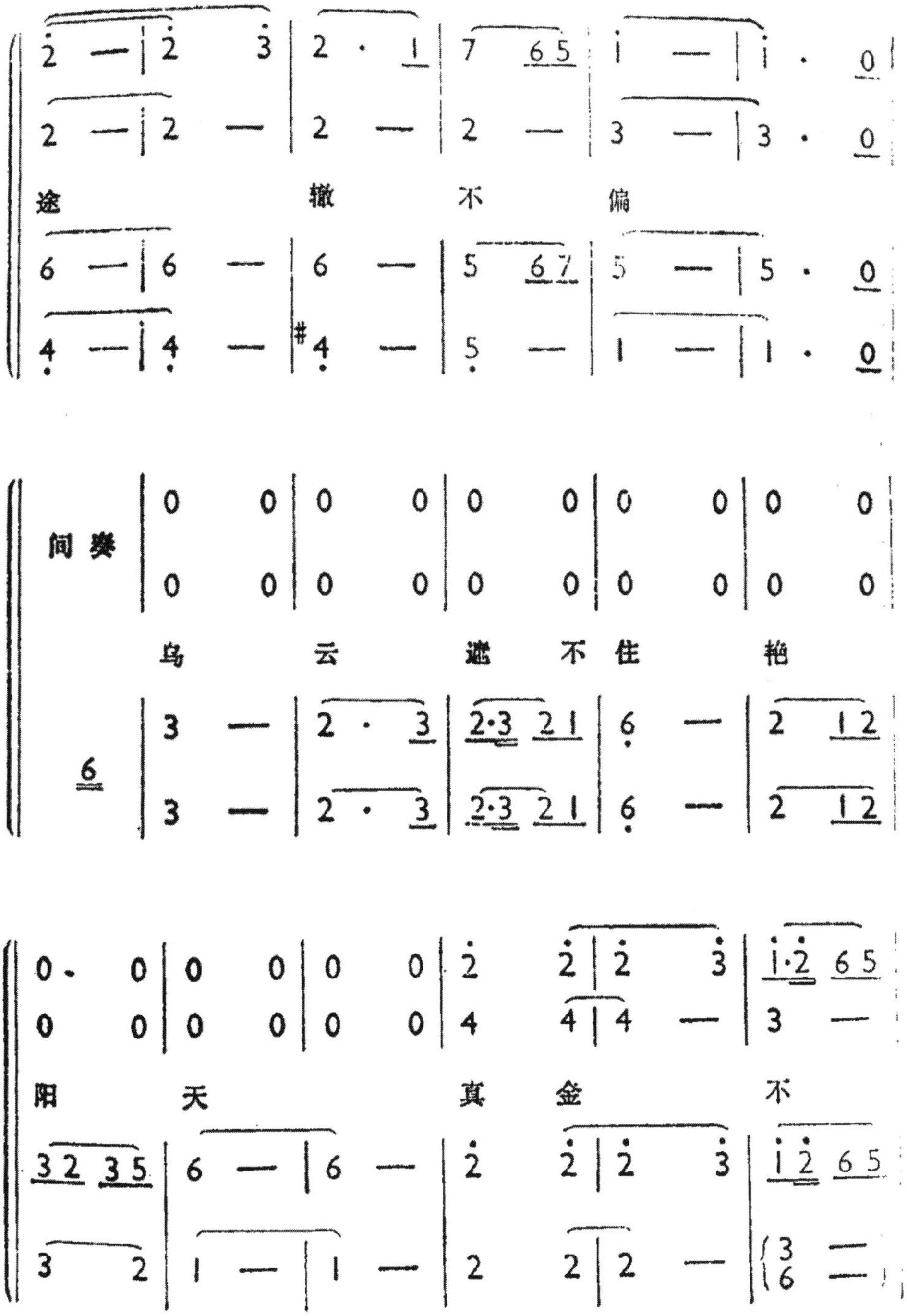
途 撤 不 偏
间奏
乌 云 遮 不 住 艳
阳 天 真 金 不

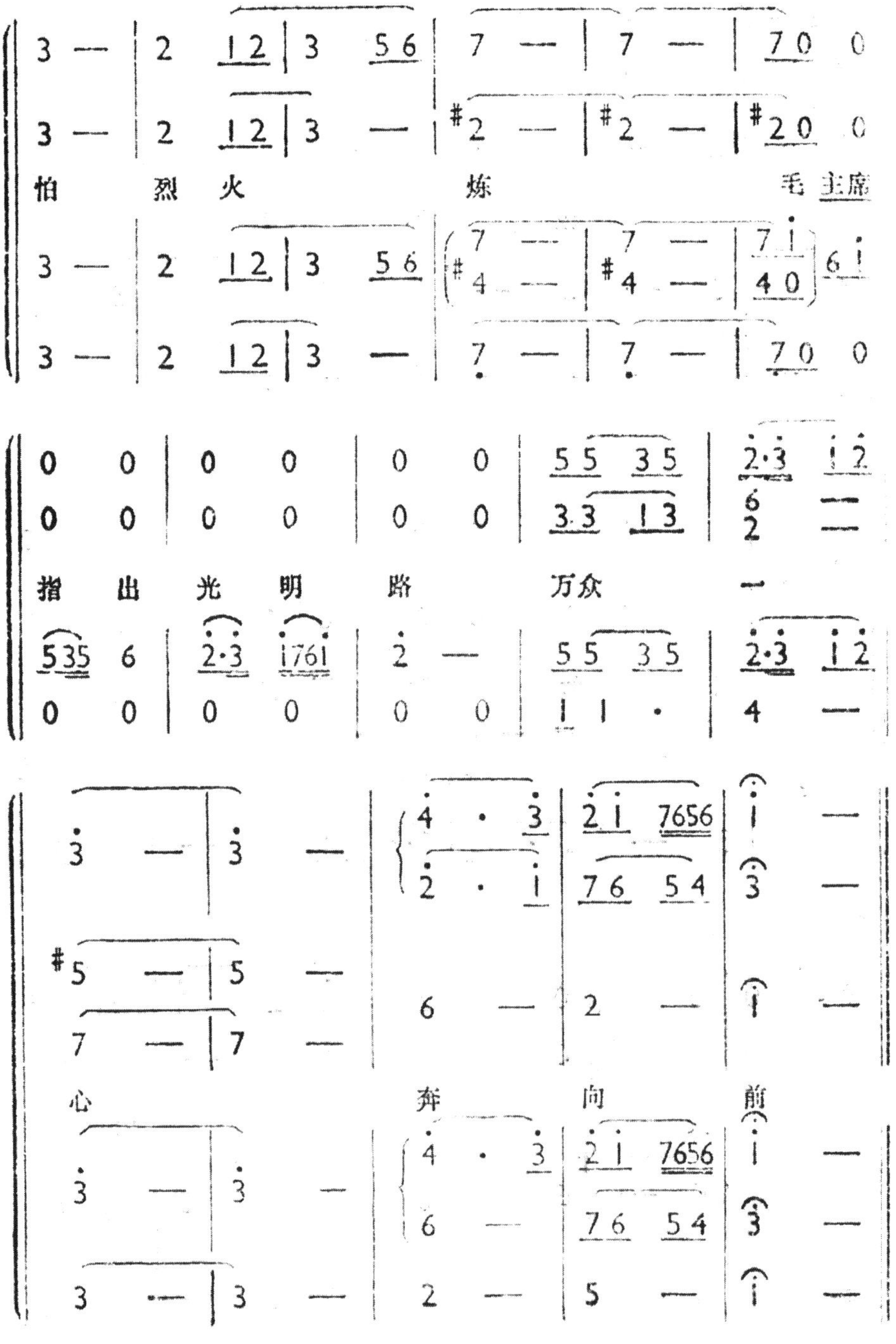
怕 烈 火 炼 毛主席
指 出 光 明 路 万众 一
心 奔 向 前

夺得一个个丰收年

故事片《战洪图》插曲

乔 羽 词
雷振邦 曲

秋 景 天。（男、女齐唱）树上的果呀 香又 甜，
地里的瓜呀 大又 圆。一颗 红心 两只 手， 辛 勤
夺 得 丰 收 年。（女齐唱）越说 越高 兴 呀，
越看 越喜 欢，（男女齐唱）咱 一年 四季，耕耩 锄耙，辛勤 劳动，
起 早 睡 晚， 就 是要 为咱 社会 主 义
夺 得 一 个个 丰 收 年。 就 是要
为咱 社会 主 义 夺 得
一 个个 丰 收 年。

侦察兵之歌

故事片《侦察兵》插曲

（男声领唱及合唱）

陈克正词
时乐蒙、陆祖龙曲

1 = ♭B 2/4
进行速度

（领）翻高 山 跨 险 峰，
（领）越平 原 穿 密 林，

我 们 是 人 民 的 侦 察 兵，
我 们 是 人 民 的 侦 察 兵，

钢刀插入 敌心脏，深入虎穴 摸敌情，（合）哎
机智勇敢 显威风，打得敌人 胆战惊，（合）哎

咳 咳 咳 一颗 红 心 浑 身
咳 咳 咳 胸怀 朝 阳 为 革

胆，胜利路上 打先 锋，胜 利 路 上 杀 敌
命，英勇杀敌 立战 功，英 勇 杀 敌

257

```
5 - | 5 2 3 | 1 - | 1 | 0 ‖
      打  先   锋。
      立  战   功。

3 - | 2 5 | 1 - | 1 | 0 ‖
```

蒙山巍巍沂水长

故事片《侦察兵》插曲

（女声独唱）

陈　克　正
时乐蒙、陆祖龙

1 = G 4/4

中速

```
5 2 3 1 7 6 5 · 3 | 6 5 6 3 2 3 - | 2·3 5 3 2 7 6 5
蒙山 巍 巍  沂 水 长， 山 村 处 处
毛泽东思 想  指 方 向， 人 民 战 争

6 3 2 1  2 - | 3 3 2 3 5 6·1 | 7 6 5 3  5 -
· 战 场，  军民 团 结 心 连 心， 那怕 敌人 逞 凶 狂，
威 力 强，  那怕 敌人 逞 凶 狂，

2·3 5 6 1 3 2 | 1 6 | 2·1 2 3 5·3 | 6 5 3 5 2 1·(2
并肩战斗 打胜 仗， 哎嗨 哎嗨 哟  打 胜 仗
坚决把它 消灭 光， 哎嗨 哎嗨 哟

6·5 3 5 2 1 0 6 12 ‖ 6·5 3 5 2 1·2 | 3 5 6 5 6 1 -
把它 消灭 光， 把它 消灭 光。
```

红 星 歌

故事片《闪闪的红星》主题歌

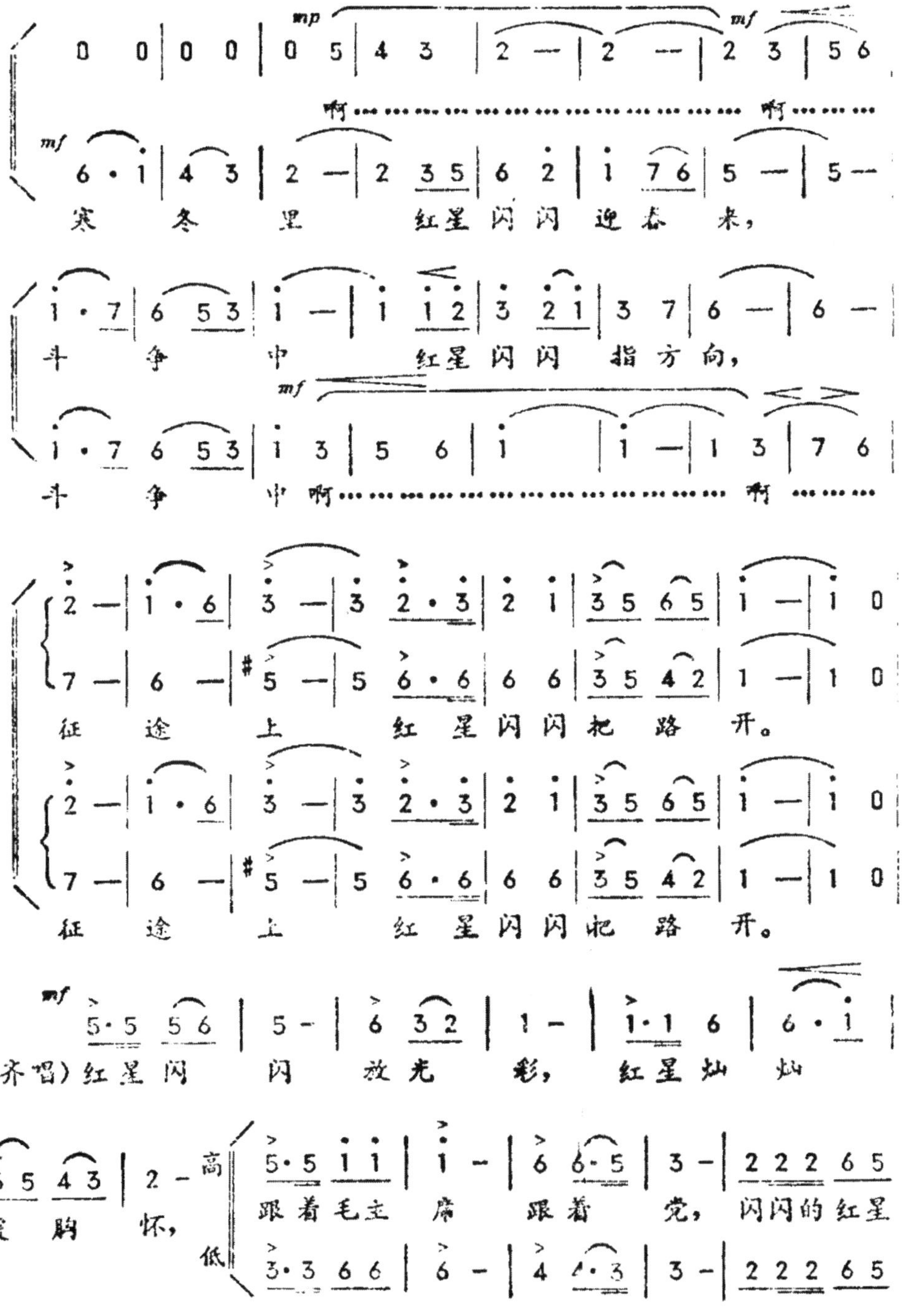
啊……啊……
寒冬里 红星闪闪迎春来，
斗争中 红星闪闪指方向，
斗争中啊……啊……
征途上 红星闪闪把路开。
征途上 红星闪闪把路开。
（齐唱）红星闪闪放光彩，红星灿灿
暖胸怀，
高
跟着毛主席 跟着党，闪闪的红星
低

传 万 代， 跟着毛主席 跟着 党，

闪闪的 红星 传 万 代。

红星照我去战斗

故事片《闪闪的红星》插曲

（男声独唱）

集 体 词
傅 庚 辰 曲

1=F 2/4

中速

小 小 竹 排 江 中 游，
小 小 竹 排 江 中 游，

巍 巍 青 山 两 岸 走， 雄 鹰 展 翅 飞，
涛 涛 江 水 向 东 流， 红 星 闪 闪 亮，

$\overset{\frown}{6 6} \underline{1} \quad \overset{\frown}{6} \underline{5} \overset{\frown}{3} \underline{2} \mid 3 \quad - \mid \dot{1} \cdot \underline{2} \quad \underline{1} \dot{6} \mid \underline{5 5} \underline{1} \quad \overset{\frown}{6} \underline{5} \underline{3} \mid$

那怕　　风　雨　骤，　　　革　命　重担　挑肩　上，

照我　　去　战　斗，　　　革　命　代代　如潮　涌，

$\underline{2 \cdot 3} \quad \underline{2 1} \mid \overset{\frown}{6 1} \overset{\frown}{5 6} \underline{1} \mid \overset{\frown}{3 5} \overset{\frown}{6} \dot{1} \underline{7} \mid \dot{6} \cdot \underline{5} \mid \overset{\frown}{6 2} \overset{\frown}{2 1} \underline{6} \mid 5 \quad - \mid$

党的　教导　记　心　头。党的　教　导　记　心　头。

前赴　后继　跟　党　走。前赴　后　继　跟　党　走。

$\boxed{1.} \quad \underline{2 \cdot 3} \quad \underline{2 1} \mid \overset{\frown}{6 \cdot 1} \overset{\frown}{5 6} \mid \underline{1} \quad - \mid \boxed{2.} \quad \underline{2 \cdot 3} \overset{\frown}{2 2 1} \mid \overset{\frown}{6 6} \underline{1} \quad \overset{\frown}{6 5} \mid$

党的　教导　记　心　　头。　　　砸碎　万恶的　旧世　界

$\overset{\frown}{1 1} \underline{6} \quad \underline{1 2} \mid \overset{\frown}{3 6} \quad \overset{\frown}{5 3} \mid \underline{5 \cdot 4} \overset{\frown}{3 2 1 2} \mid 3 \quad - \mid$

万里　江山　　披锦　绣。　披　锦　　绣。

$\overset{>}{2 \cdot 3} \overset{\frown}{2 2 1} \mid \overset{\frown}{6 6} \underline{1} \quad \overset{\frown}{6 5} \mid \overset{\frown}{1 1} \underline{6} \quad \underline{1 2} \mid \overset{\frown}{3 6} \quad \overset{\frown}{5 3} \mid$

砸　碎　万恶的　旧世　界　万里　江山　披锦　绣。

$\boldsymbol{f} \qquad \qquad \qquad \text{慢}$

$\overset{\frown}{\dot{1} 6} \underline{5} \quad \underline{1 2} \mid \ddot{3} \quad - \mid \overset{\frown}{6 5 6} \quad \overset{\frown}{2 3} \mid \ddot{1} \quad - \parallel$

万里　江　　山　　披　锦　　绣。

歌唱吧鴨綠江

故事片《打击侵略者》主题歌

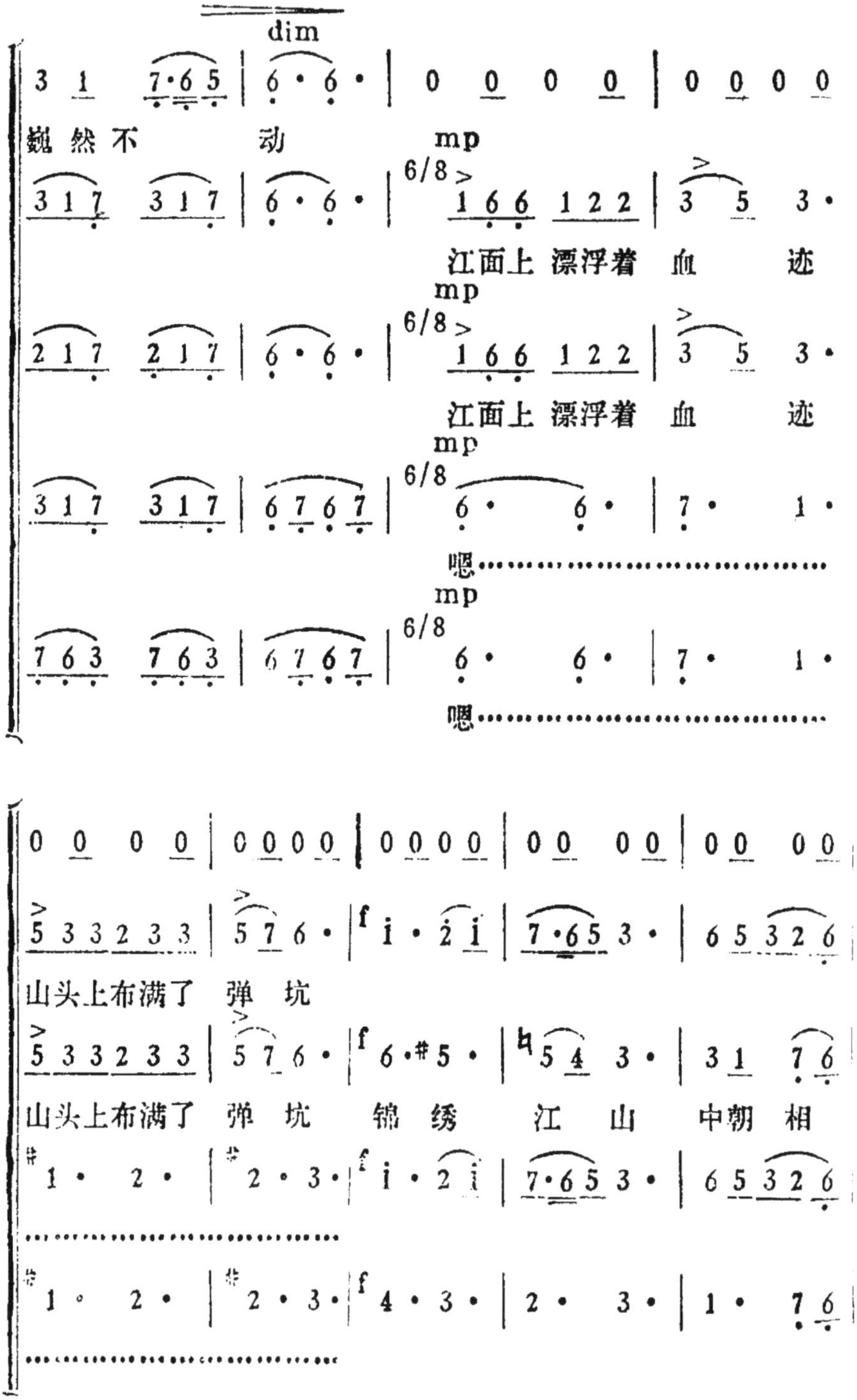
dim
巍然不动
mp
江面上 漂浮着 血 迹
mp
江面上 漂浮着 血 迹
mp
嗯
mp
嗯
山头上布满了 弹 坑
山头上布满了 弹 坑 锦 绣 江 山 中朝 相
f

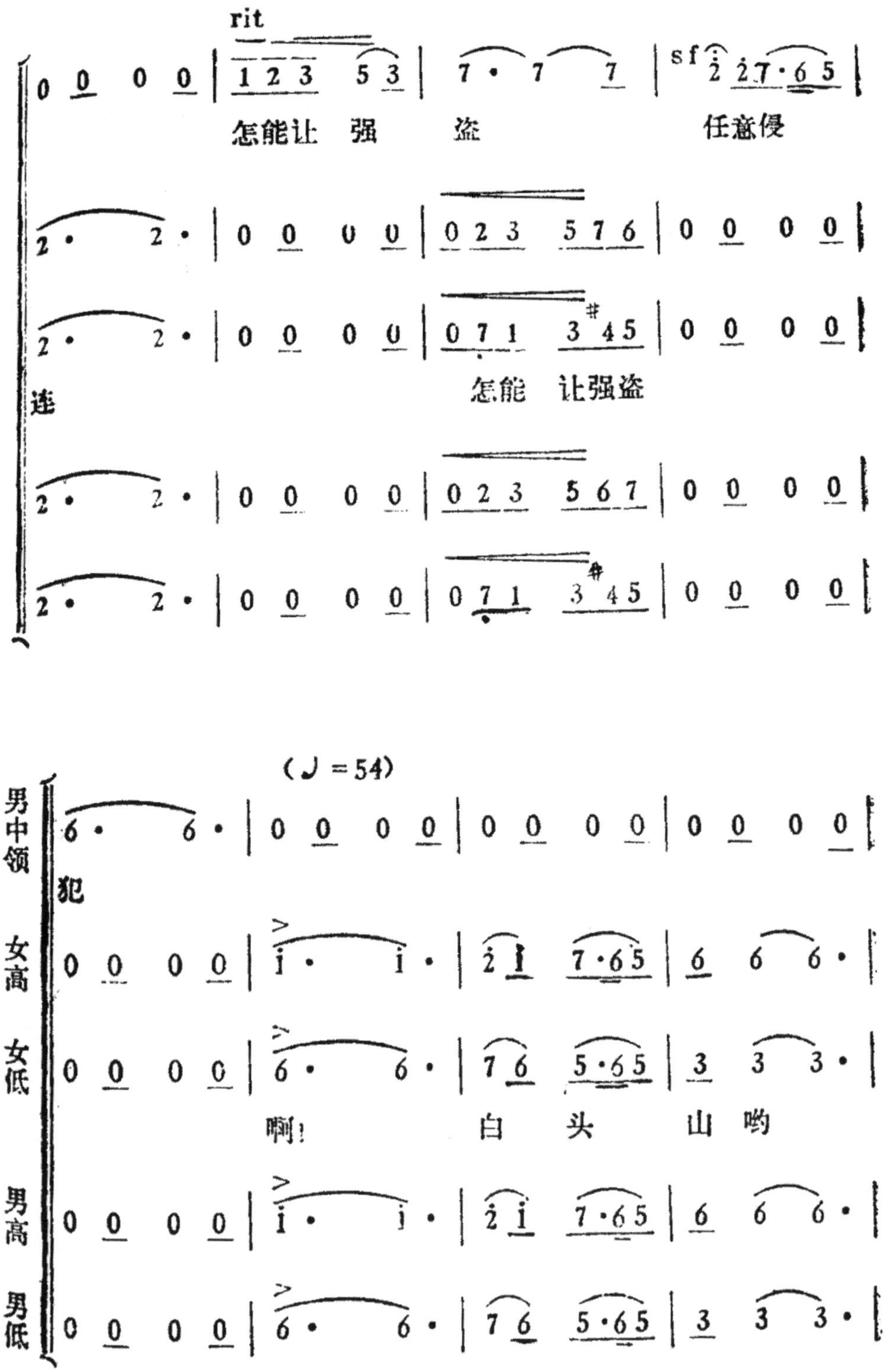
rit
sf
怎能让 强 盗 任意侵
怎能 让强盗
连
(♩=54)
男中领
犯
女高
女低
啊！ 白 头 山 哟
男高
男低

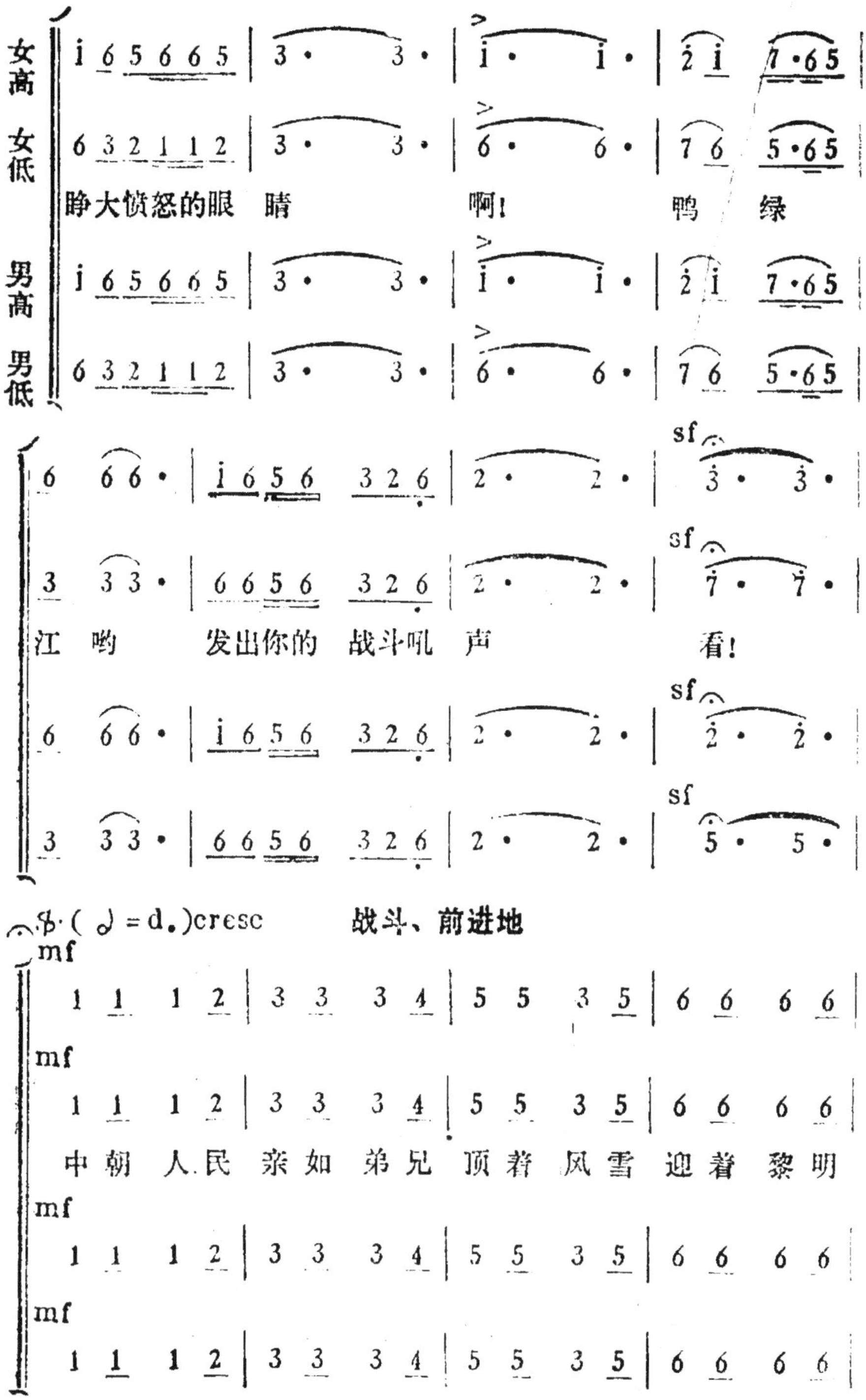
女高
女低
睁大愤怒的眼 睛 啊！ 鸭 绿
男高
男低
江 哟 发出你的 战斗吼 声 看！
sf
cresc 战斗、前进地
mf
中朝 人民 亲如 弟兄 顶着 风雪 迎着 黎明

狠狠打击美国强盗 要用战斗 保卫和平

前进 前进

保卫和平

中朝人民亲如弟兄顶着风雪

前进 前进 要用

要用战斗保

迎着黎明狠狠打击美国强盗要用战斗

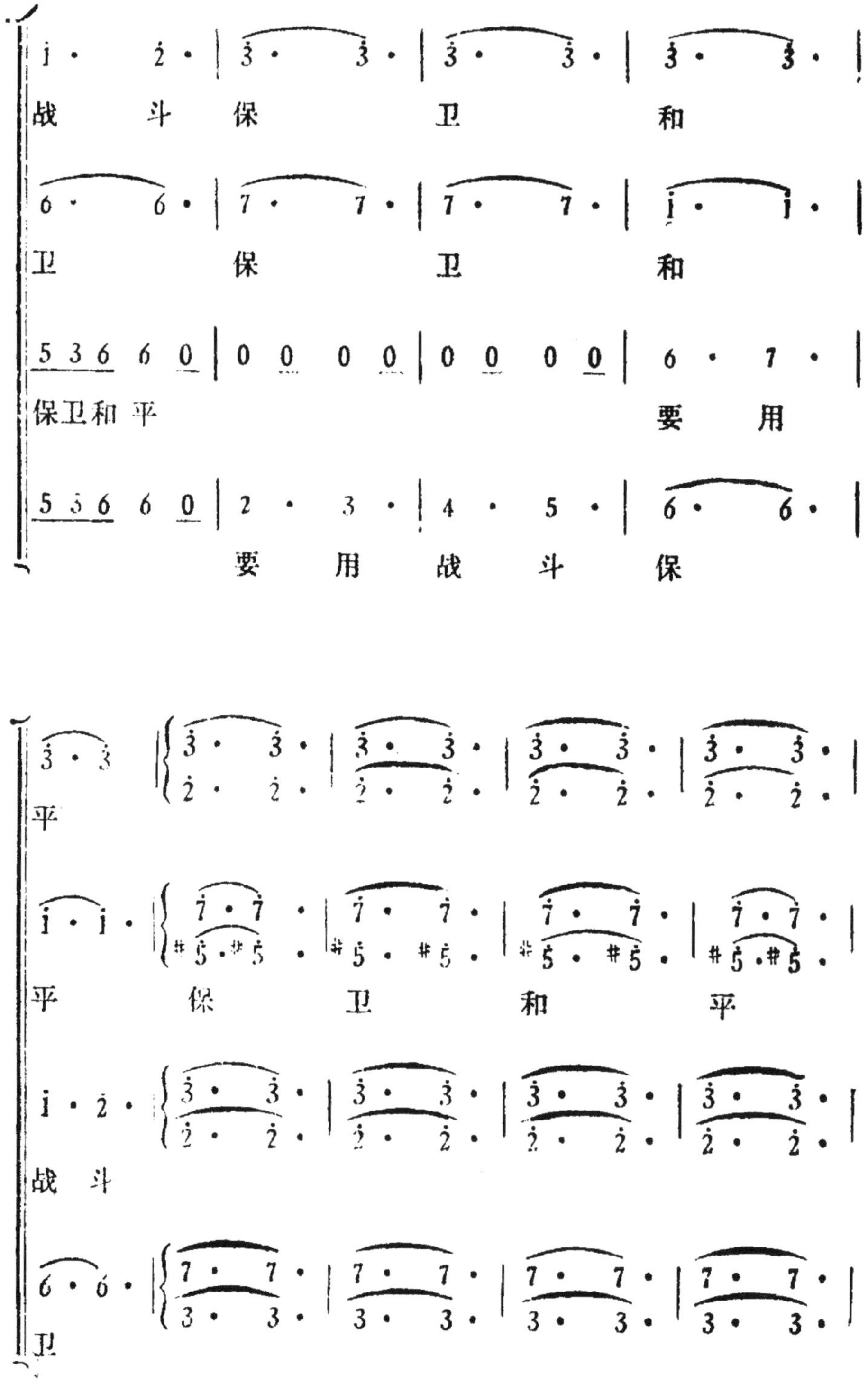
战 斗 保 卫 和
卫 保 卫 和
保卫和平 要 用
要 用 战 斗 保
平
平 保 卫 和 平
战 斗
卫

要用　战斗　保卫　和平　要用　战斗　保卫　和平　要

用　　　战　　　斗　　　保卫　和

平。

勇士辉煌化金星

故事片《英雄儿女》插曲

1=♭E ¼

深情地

```
‖: 5·5 3 i  5·6 3 2 1 | 2 3 5 2·1 6  5 — | 1·2 3 5 6 5 3 5 |
```

风烟滚滚　　　唱英　雄，　四面青山侧　耳听，

英雄猛　跳　　出战　壕，　一道电光裂　长空，

一声吼　叫　　炮声　隆，　翻江倒海天　地崩，

```
5·3 23 2 1 2  3 — — | 3·5 6 1 1 5  3 | 3·5 6 2  2 7 6 5 |
```

侧耳　　听，　晴天响雷敲金鼓，大海扬波作和声，

裂长　　空，　地陷进去独身挡，天塌下来只手擎，

天地　　崩，　双手紧握爆破筒，怒目喷火热血涌，

```
0 i 7 6 3 | 5  67 6 5 6  2 — | 2/4  2 6  i·2 | 4/4  3·2 i 3·5 |
```

人民战士驱虎　豹，　舍生忘　死

两脚熊熊趋烈　火，　浑身闪　闪

敌人腐烂变泥　土，　勇士辉　煌

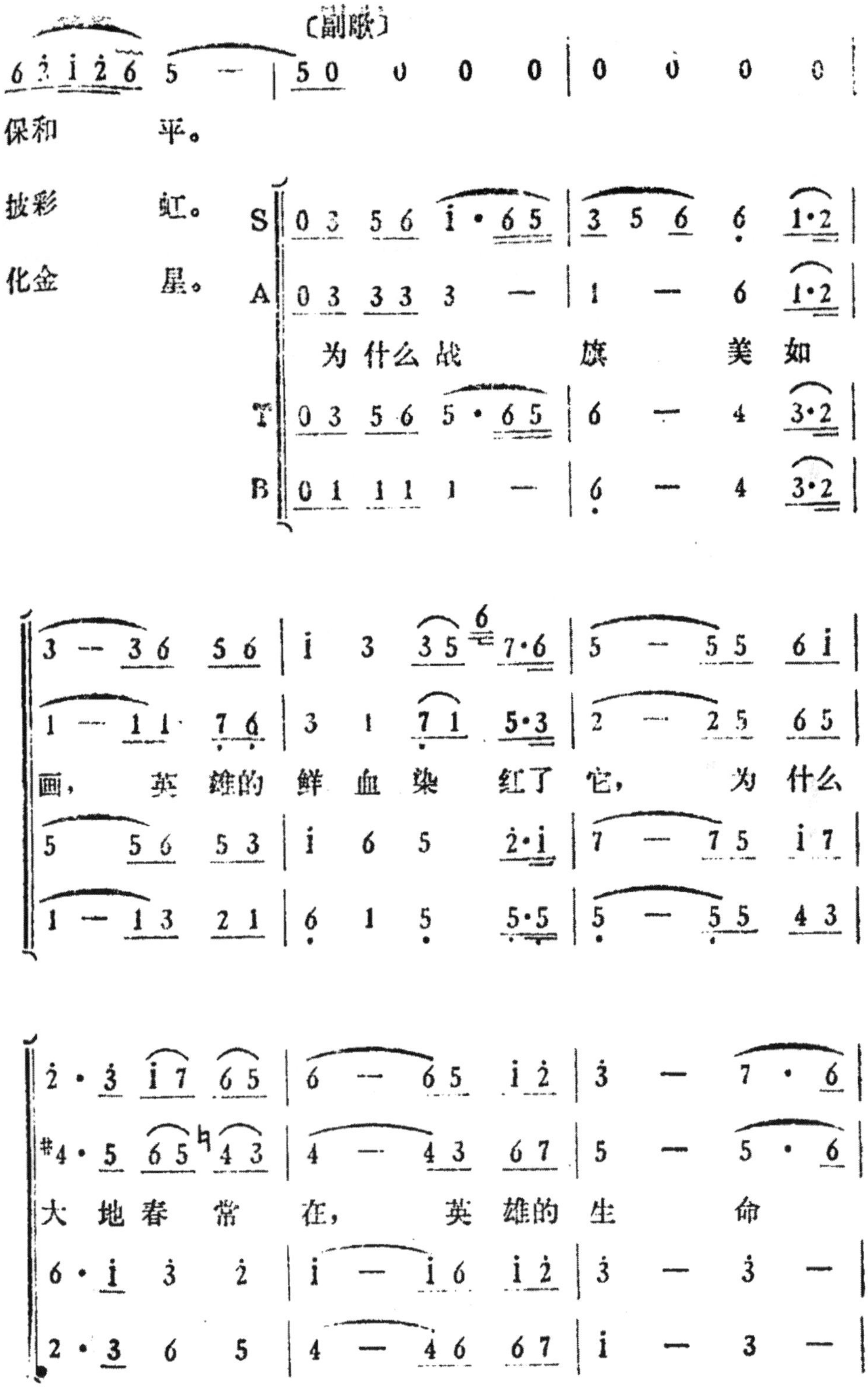
〔副歌〕
保和平。
披彩虹。
化金星。
S
A
T
B
为什么战旗美如
画，英雄的鲜血染红了它，为什么
大地春常在，英雄的生命

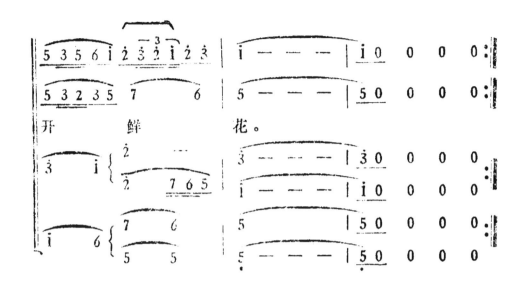

开　　鲜　　花。

朗诵词：我们的王成，

是毛泽东的战士，

是顶天立地的英雄，

是特殊材料制成的人。

他的豪迈气概，

从那里来？

因为他对朝鲜人民无限的爱，

对侵略者切齿的恨。

在中国人民志愿军里，

有千千万万个王成，

这就是我们伟大祖国的骄傲和光荣。

地 道 战

故事片《地道战》主题歌

1=D 2/4

♩=138 高昂 雄壮 充满了信心地

f >
(2·16 | 5656 | >2·16 | 5656 | >2 >2 1 | 6 5 ‖

6 — | 6 0) | >6·5 | 6 0 | >2·5 | 6 0 |
　　　　　 地 道 战 (嘿)地 道 战,
　　　　　 庄 稼 汉 (嘿)庄 稼 汉,

1 1 6 | 5·3 5 1 | 6·5 | 6 0 | 3 5 5 6 1 | 6 5 2 |
埋 伏 下 神兵千百 万 　 (嘿)埋伏下神兵 千 百
武 装 起来千千 万 　 (嘿)武装 起来 千 千

3·2 3 | 0 | 6 5 | 3 3 2 | 1 3 3 2 1 | 2 6 0 |
万。 　 千 里 大平原 展开了游击 战
万。 　 一 手 拿锄头 一手 拿枪杆

6 6 5 5 | 3 3 2 2 | 1 3 | 2 1 | 2 6 0 | 1 6 1 | 3 2 | 3 |
村与村 户与户 地道连成 片, 侵 略 者 他敢 来
英勇顽强 神出鬼没 展开了地道 战, 侵 略 者 他敢 来

6 6 1 6 5 | 3 2 3 | 5 3 5 | 6 5 6 | >2 >2 3 2 1 | 6 5 | 6 |
打得他魂飞 胆也颤,侵 略 者 他敢来 打得他人仰 马也 翻,
地 上地下 一齐打,侵 略 者 他敢来 四 面八方 齐开 战,

>2·1 | 6 5 | >2·1 | 6 5·3 | 1 2 | 3 | >2 >2 1 |
全 民皆 兵,全 民 参 战,把 侵 略 者 彻 底
全 民皆 兵,全 民 参 战,把 侵 略 者 彻 底

1.
6 5 | 6 — | 6 0: |
消 灭 完。
消 灭

2.
6 — | >2·1 | 6 5 ‖
完。 　 全 民皆 兵

>2·1 | 6 5 3 | 1 2 3 | >3 >2 1 | 6 5 | 6 — | 6 ‖
全 民 参 战把 侵略者 彻底 消 灭 完。

毛主席的话儿记心上

故事片《地道战》插曲

傅庚辰词曲

1 = G 2/4

亲切、开朗地　中速稍慢

mf

(5 6 1　2 3 | 6 · 5 3 | 2 3 5　6 5 | 1 －)

2 5 6 5 | 3 2 1 6 5 | 1 2 3 6 5 3 | 2 1 2 · | 6 5 6 5 3

1. 太阳　　出　来　照　四　　方，　毛主　席的
2. 主席　的　思　想　传　四　　方，　革命　的
3. 主席　的　话　儿　记　心　　上，　哪怕

2 1 | 6 1 | 3 2 3 2 1 6 | 2/1 | 2　2 3 5 | 1 6 | 5 6

思　想　闪　金　　　光。　太阳　照　得
人　民　有　了　主　　　张。　男女　老　少
敌　人　逞　凶　　　狂。　咱们　摆　下了

2 · 3 | 5 3 5 | 6 | 6 · 5/1 | f 1 5 6 | 1 | 6 5 6 | 5 3 2

人　身　暖　哎，　毛主　席　思想的　光　辉
齐　参　战　哎，　人民　战争　就是　那
天罗　地　网　哎，　要把　那些　强盗、　豺　狼

6 1 1 | 2 3 | 5 · 3 | 6 5 3　2 1 6 | 1.2. 1 | 1 －

照得咱　心里　亮，　　照得咱　心　里　亮。
无敌的　力　量，是　无敌的　力　　量。
全都　埋　葬，　　全都　埋

3. 渐慢

1 － | 2 5 6　1 6 | 5 － |

葬，　　把他们　全埋　葬。

武装起来，保卫家乡

故事片《地雷战》主题歌

1 = ♭B ¾

进行曲速度

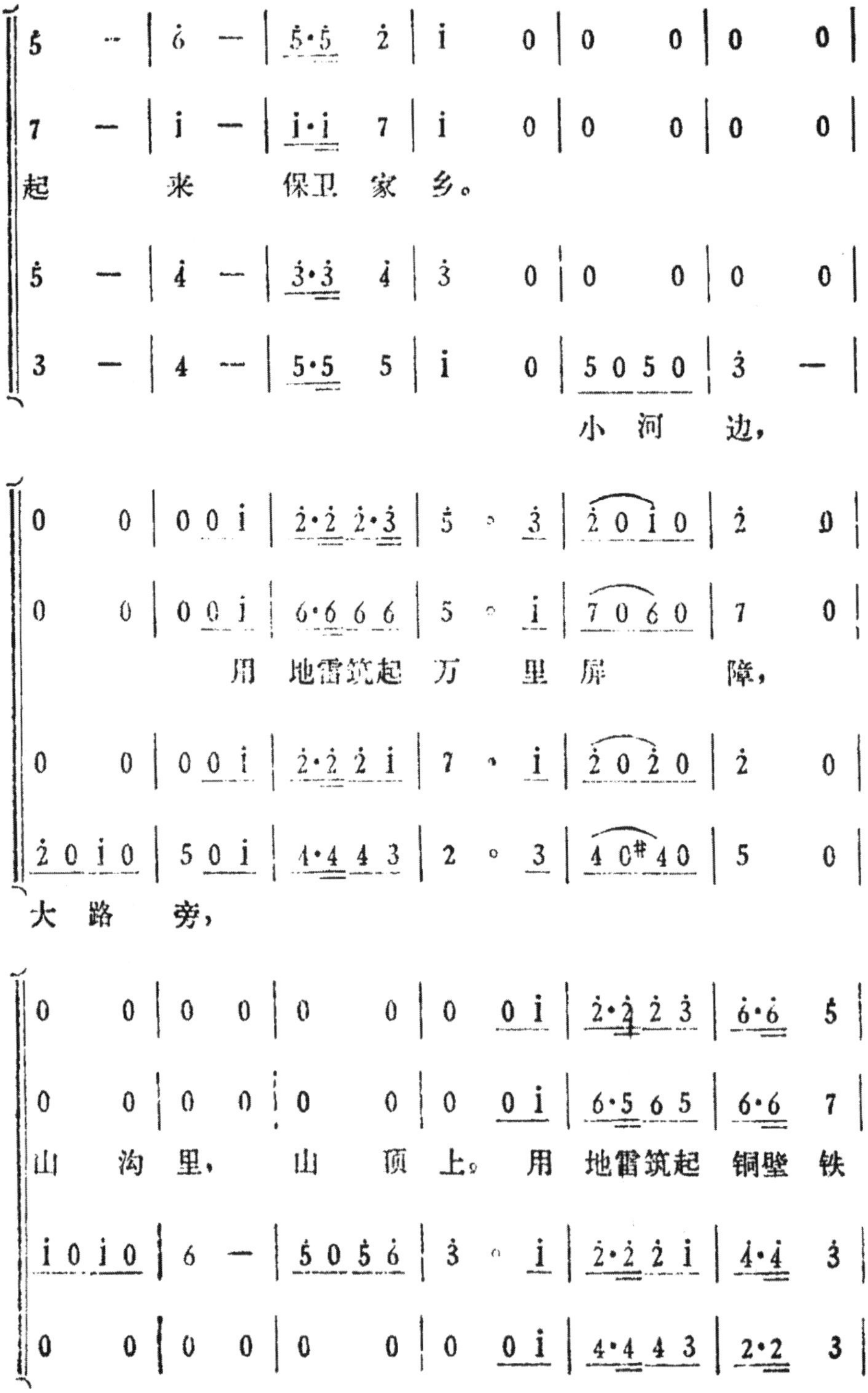
起 来 保卫 家 乡。
小 河 边，
用 地雷筑起 万 里 屏 障，
大 路 旁，
山 沟 里， 山 顶 上。 用 地雷筑起 铜壁 铁

| 6 — | 6 0 5 | 6·6 6 5 | 3·2 3 3 | 3·3 3 2 | 6·5 6 6 |

墙！　　　　嗨！炸得敌人　寸步难行　炸得敌人　无法躲藏

| #1 — | 1 0 | 0 0 5 | 1·1 1 7 | 6·6 6 5 | 3·2 3 3 |

墙！　　　　　　嗨！炸得敌人　寸步难行　无法躲藏

| 3 — | 3 0 5 | 6·6 6 5 | 3·2 3 3 | 3·3 3 2 | 1·7 1 1 |

墙！　　　　嗨！炸得敌人　寸步难行　炸得敌人　无法躲藏

| 6 — | 6 0 | 0 0 5 | 6·6 6 7 | 1·1 1 7 | 6·5 6 6 |

墙！　　　　　嗨！炸得敌人　寸步难行　无法躲藏

| 6·6 6 | 5·6 | 3·1 2 | 5 0 | 3·1 2 | 1 0 |
| 6·6 1 | 7·2 | 1·6 1 | 7 0 | 1·1 7 | 5 0 |

炸得　敌人　寸步　难行　　无法　躲藏！

| 6·6 4 | 3·2 | 3·3 #4 | 5 0 | 5·3 4 | 3 0 |
| 6·6 6 | 3·4 | #4·4 6 | 5 0 | 5·5 5 | 1 0 |

| 5·3 3 | 2·3 | 1 0 3 0 | 5 0 | 6·5 6 | 1 |
| 5·3 5 | 5·5 | 3 0 1 0 | 2 0 | 3·3 | 4 4 |

埋好　地雷　端起枪，　满山遍野

| 5·3 1 | 7·7 | 6 0 1 0 | 7 0 | 1·7 6 | 6 |
| 5·3 1 | 5·3 | 6 0 6 0 | 5 0 | 6·5 4 | 3 2 |

摆战场: 坚决消灭侵略者保卫

祖国 保家乡!

银球飞舞花盛开

舞蹈《鲜花献给亚非拉朋友》主题歌

彩色纪录片《万紫千红》插曲之一　　张士燮　词
　　　　　　　　　　　　　　　　朱正本
　　　　　　　　　　　　　　　　杨　鸣　等曲

1＝F 3/4
稍快

```
‖:  3·3  3 │ 23 12 3 │ 2·2  2 │ 12 61 2 │

3  5  6 │ 2 — 3 │ 1 5 3 │ 5 3 1 :) 5 — 3 │
                                （女齐）歌　　如　满
                                （　领　）花　　如　满
                                （混声）不　同　的

2·3  1 │ 3 — 61 │ 5 — — │ 1 — 2 │ 3 — 5 │
潮　　　花　　如　海，　欢　　迎　朋　　友
乒　　　坛　春　同　声　歌　　唱，　不　同　的　肤
语　　　言　同　声　歌　　唱，　　　　　　　　

1 — 7 │ 65 61 │ 5 — — │ 5 — — │ 6 — 1 │
四　　方　　客　　来。　　　　　　　银　　球　拉
迎　　起　手　　来，　　　　　　　亚　非　拉　相
携

4 — 6 │ 5·3 23 │ 6· — 1 │ 5· 61 │ 5 — 3 │
万　　里　传　友　　重，　友　谊　花　歌　　朱声
人　　民　心　连　心　深，　银　球　飞　　　　舞
学　　习　情　意
```

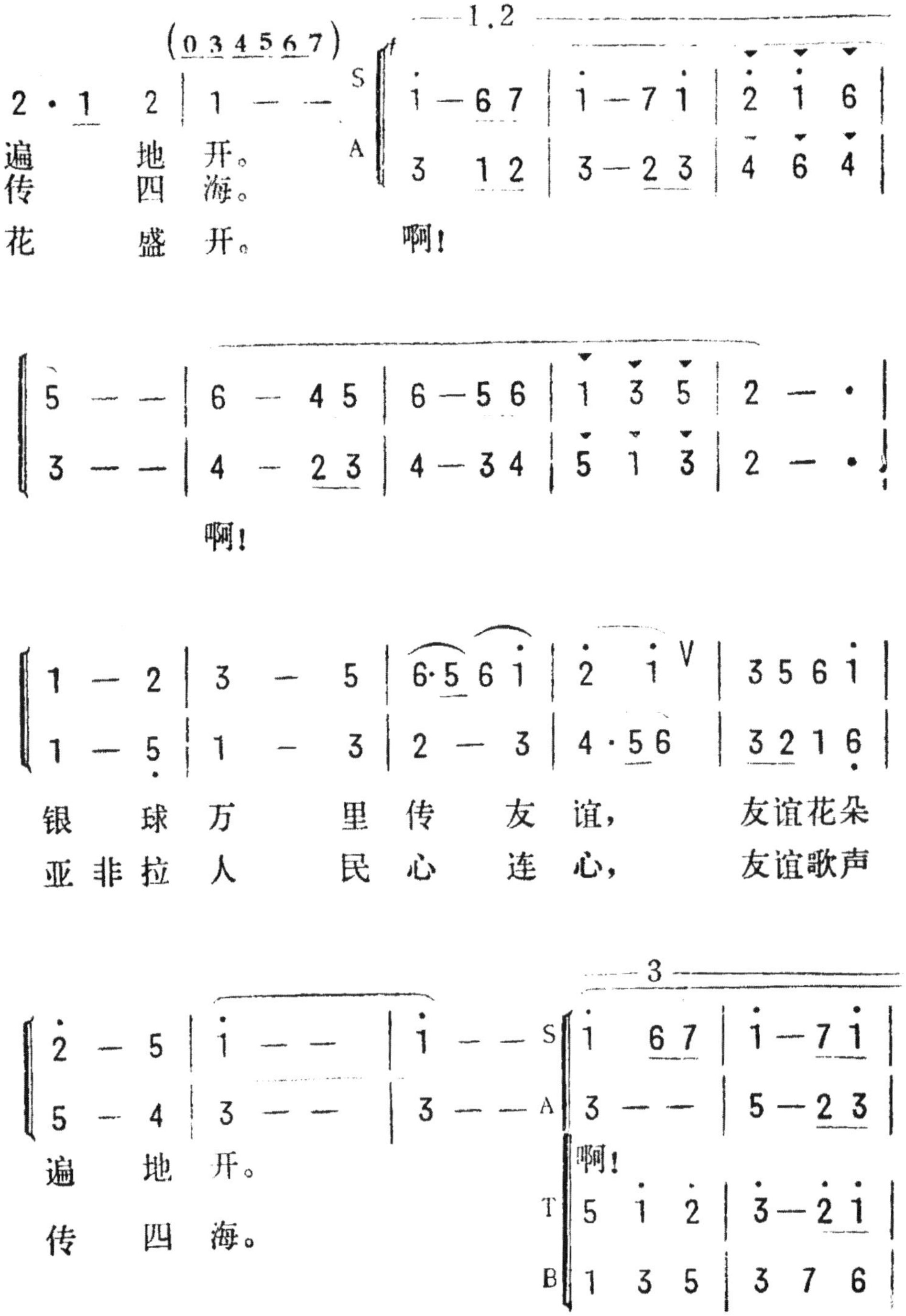
1.2
S
A
遍 地 开。
传 四 海。
花 盛 开。
啊！
啊！
银 球 万 里 传 友 谊，友谊花朵
亚 非 拉 人 民 心 连 心，友谊歌声
3
S
A
遍 地 开。
传 四 海。
啊！
T
B

This page is sheet music (numbered musical notation) with lyrics.

2 1 6	5 — —	6 45	6--56	1 3 5		
4 3 2	5 — —	4 — —	3 — —	1 6 3		

啊!

7 0 0	2 3 5	6 — 2	1 2 1	5 0 0
5 0 0	7 1 3	2 4 0	6 7 6	3 0 0

Rit……

2 — —	1 — 2	3 — 5	6·5 6 1	2 — 1
2 — —	1 — 7	1 — 7	1 3	5 4 3

互　相学　习情　意深，

4 3 2	1 — 2	3 — 3	3 — 1	7 — 6
2 1 7	1 — 7	6 5	1 7 6	5 6

（原速）

3 5 6 1	2 — 5	1 —	1 — —
1 1 3 3	4 — 2	3 —	3 — —

银球飞舞花　盛开。

5 5 5 5	6 — 7	1 — —	1 — —
1 1 1 1	5 — 5	1 — —	1 — —

281

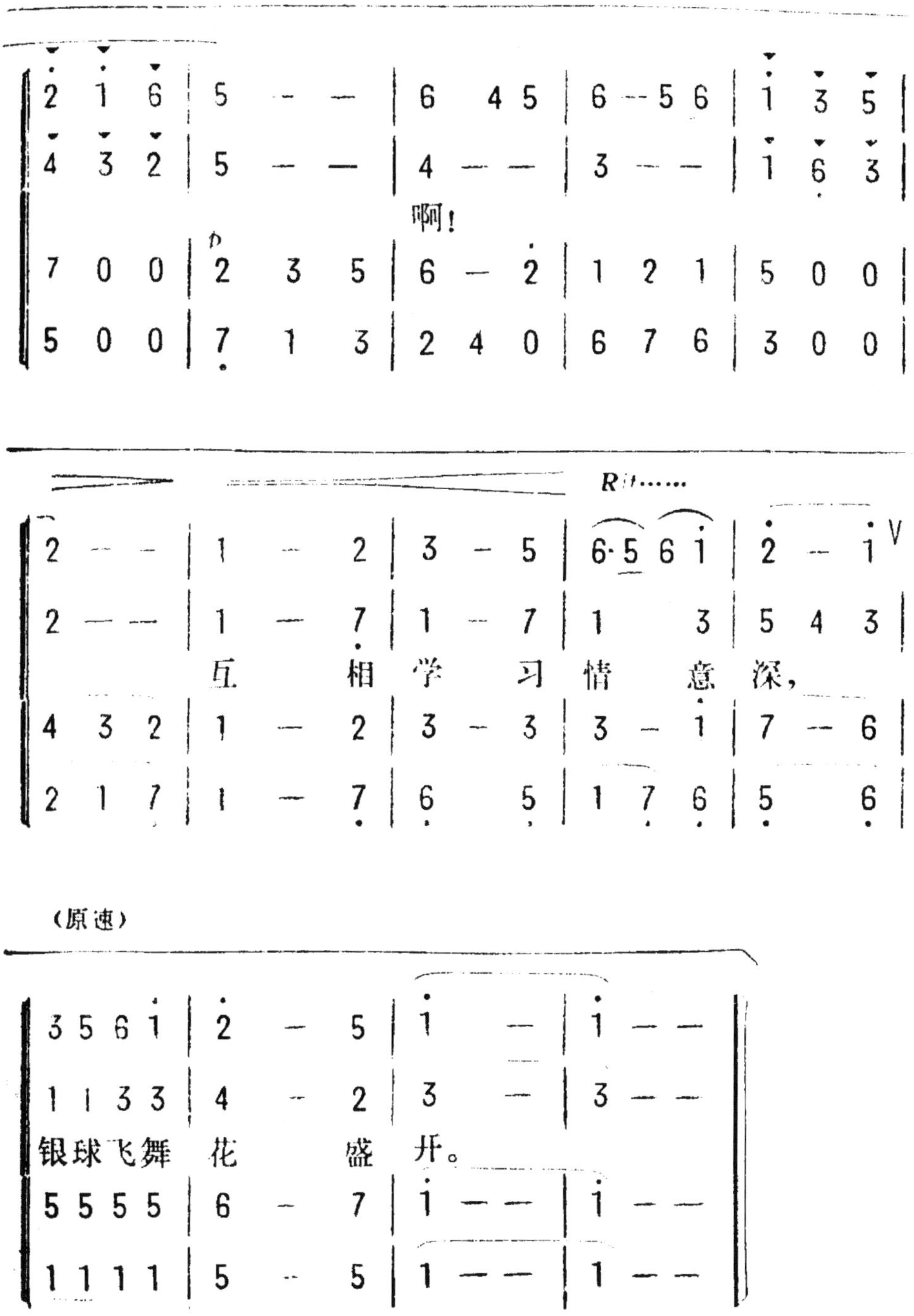

友谊的花开万里香

彩色纪录片《万紫千红》插曲之二

叶　伟词
伟才 叶伟曲

1 = C 2/4

```
3 3 4   5 5 | 5 6     5 | 5·3  2 1 | 5   -   |
美丽的  鲜花  在开     放， 在  开   放，
火红的  太阳  放光     芒， 放  光   芒，

6 6     1·2 | 1 6     6 6 | 5·6  1 2 | 3   -   |
朋友    们啊  来自     远方， 来自 远   方。
朋友    们啊  欢聚     一堂， 欢聚 一   堂。

3 3 4   5 5 | 5 6     5 | 5·3  2 1 | 2   -   |
亚非    拉   朋        友  手   挽  手，
小      小   银        球  连   四  海，

3 1 1   1 1 | 2 6     6 | 5   2·3 | 1   0   |
友谊的  歌儿  高声     唱。 高   声   唱。
友谊的  花开  万里     香。 万   里   香。

2   -   | 1     2 | 3   -  | 3   -   |
                       1      1
万      里       香。
```

苹果园

彩色纪录片《万紫千红》插曲之三

1 = F 4/4

```
3 6 6   6 6   6 6 5   3 3 | 2 2   3 2 3 5   6 6   6 |
```

```
6 3 3   3 3   2 3 2 3 2 1 | 6 2 2 2 2   2 3 2 1   3 |
```

金色的　太阳　照边　疆　红红的彩霞　迎山　甸　岗甸香
我们　来到　苹果　园光　结满的苹果　迎沉　甸　甸香
丰收的　苹果　闪红　光　个儿　大呀　甜又　香
丰收的　苹果　园又　园　我们来庆祝丰　收　年

```
3 6 6   6 6   6 6 5   3 3 | 2 2   3 2 3 5   6 6   6 |
```

长白　山下　新气　象　苹果　园里　丰收　忙
红红的　苹果　真鲜　艳　好象　我们的　小红　脸
快快　摘呀　轻轻　放　装满　一筐　又一　筐
手捧　红红　的大苹　果　献给　敬爱的　毛主　席

```
( 1 6 6   6 6   3 3   6 6 | 1 6 6   6 6   3 3   6 6 |
3 6 — — | 3·3 6 6 6 — | 6·5 3 3 3 — |
```

　　　　站在　边疆　望北　京哟

```
1·2 2 2 2 — | 3·5 6 6 6 — | 6 1 6 2 2 2 2 3 2 1 3 3 |
```

天安　门上　　太阳升哟　　毛主席光辉照亮大地

```
3 3 5 6 6 6 6 5 3 3 | 3 6 — — | 3·6 6 5 3 2 1 |
```

延边　儿童幸福　成长　哎咳　　　手捧红红的　大苹

```
3 — — — | 1·2 2 1 6 5·3 | 6 — — — |
```

果　　　　献给敬爱　的毛主　席

283

大寨亚克西

彩色纪录片《万紫千红》插曲之四

1 = D 2/4

（一、领）我参观大寨
（六、合）我参观大寨

回家乡哎 说不完的 高兴话心里
回家乡哎 大寨人的 革命精神记心

装 哎我到了 这个样的 好地 方 哎
上 哎别看我 今年已经 六十 八 哎

怎么 能 叫 我 不 歌 唱 哎啦啦啦啦
我还 要为 建设 边疆 出 力 量 哎

啦啦 啦啦啦 啦啦 啦啦 啦 啦啦啦啦 啦啦 啦

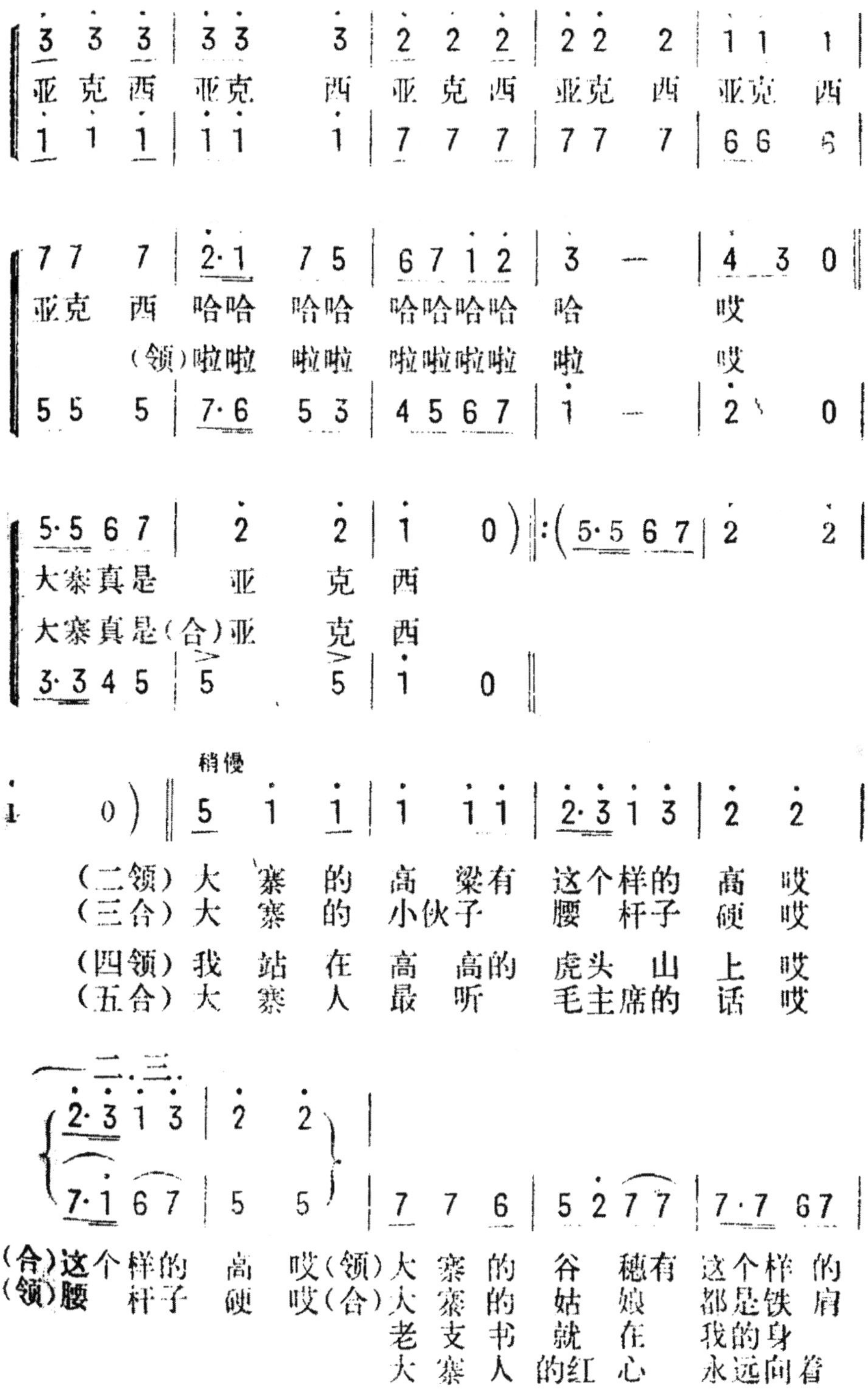
亚克西 亚克 西 亚克西 亚克 西 亚克 西
亚克 西 哈哈 哈哈 哈哈哈哈 哈 哎
(领)啦啦 啦啦 啦啦啦啦 啦 哎
大寨真是 亚 克 西
大寨真是(合)亚 克 西
稍慢
(二领)大 寨 的 高 粱有 这个样的 高 哎
(三合)大 寨 的 小伙子 腰 杆子 硬 哎
(四领)我 站 在 高 高的 虎头 山 上 哎
(五合)大 寨 人 最 听 毛主席的 话 哎
(合)这个样的 高 哎(领)大 寨 的 谷 穗有 这个样 的
(领)腰 杆子 硬 哎(合)大 寨 的 姑 娘 都是铁 肩
老 支 书 就 在 我的身
大 寨 人 的红 心 永远向着

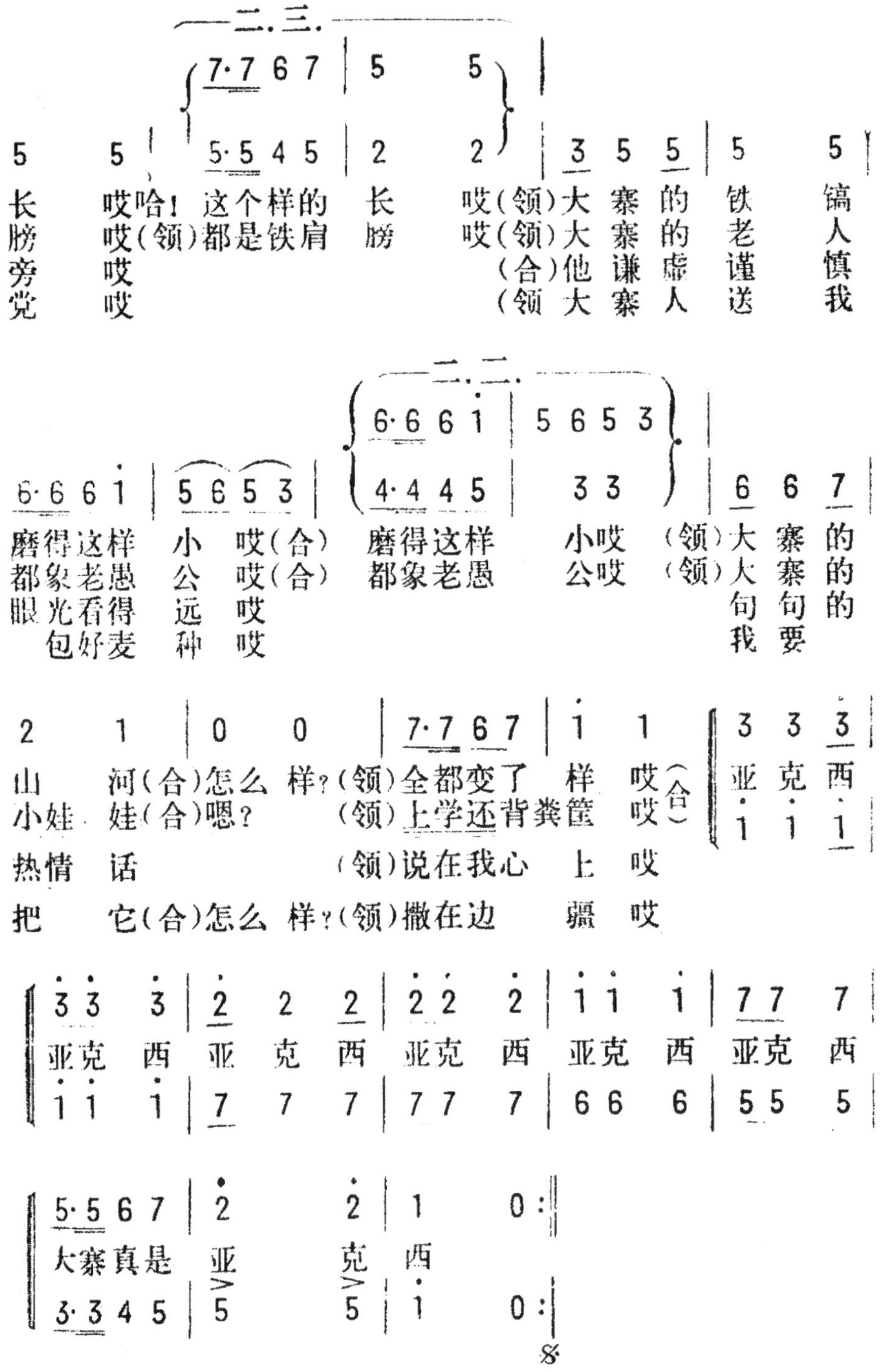
二.三.
长 哎哈！这个样的 长 哎(领)大 寨 的 铁 镐
膀 哎(领)都是铁肩 膀 哎(领)大 寨 的 老 人
旁 哎 (合)他 谦 虚 谨 慎
党 哎 (领 大 寨 人 送 我
二.二.
磨得这样 小 哎(合) 磨得这样 小哎 (领)大 寨 的
都象老愚 公 哎(合) 都象老愚 公哎 (领)大 寨 的
眼光看得 远 哎 句 句 的
包好麦 种 哎 我 要
山 河(合)怎么 样？(领)全都变了 样 哎(合)
小娃 娃(合)嗯？ (领)上学还背粪筐 哎
热情 话 (领)说在我心 上 哎
把 它(合)怎么 样？(领)撒在边 疆 哎
亚 克 西
亚克 西 亚 克 西 亚克 西 亚克 西 亚克 西
大寨真是 亚 克 西

要为祖国献石油

纪录片《大庆红旗》插曲

$1 = {}^\flat B \frac{3}{4}$

有力 豪迈地

（钻机劈开

千里油田）

草 · 原， 炼塔

朝 霞 红， 登 上

刺 破 蓝 天，

井 架 望 北 京，

要 为 祖 国 献 石 油， 大 庆 人 心 红

要 为 祖 国 献 石 油， 继 续 革 命

斗 志 坚。 要 为 祖 国 献 石

高 峰。 要 为 祖 国 献 石

油，　　　　　大庆人心　红

油，　　　　　斗　志　坚。　　继续革

（渐慢）

命　　　　攀　高　峰。

巍 巍 钟 山 迎 朝 阳

纪录片《南京长江大桥》主题歌

王　相　武　等词
樊祖荫、张殿吴曲

1=F 2/4 4/4

雄伟　庄严　♩=68
f

rit……
f

（男高音独）巍　巍钟

山　　迎　朝　阳，　　　万里　长

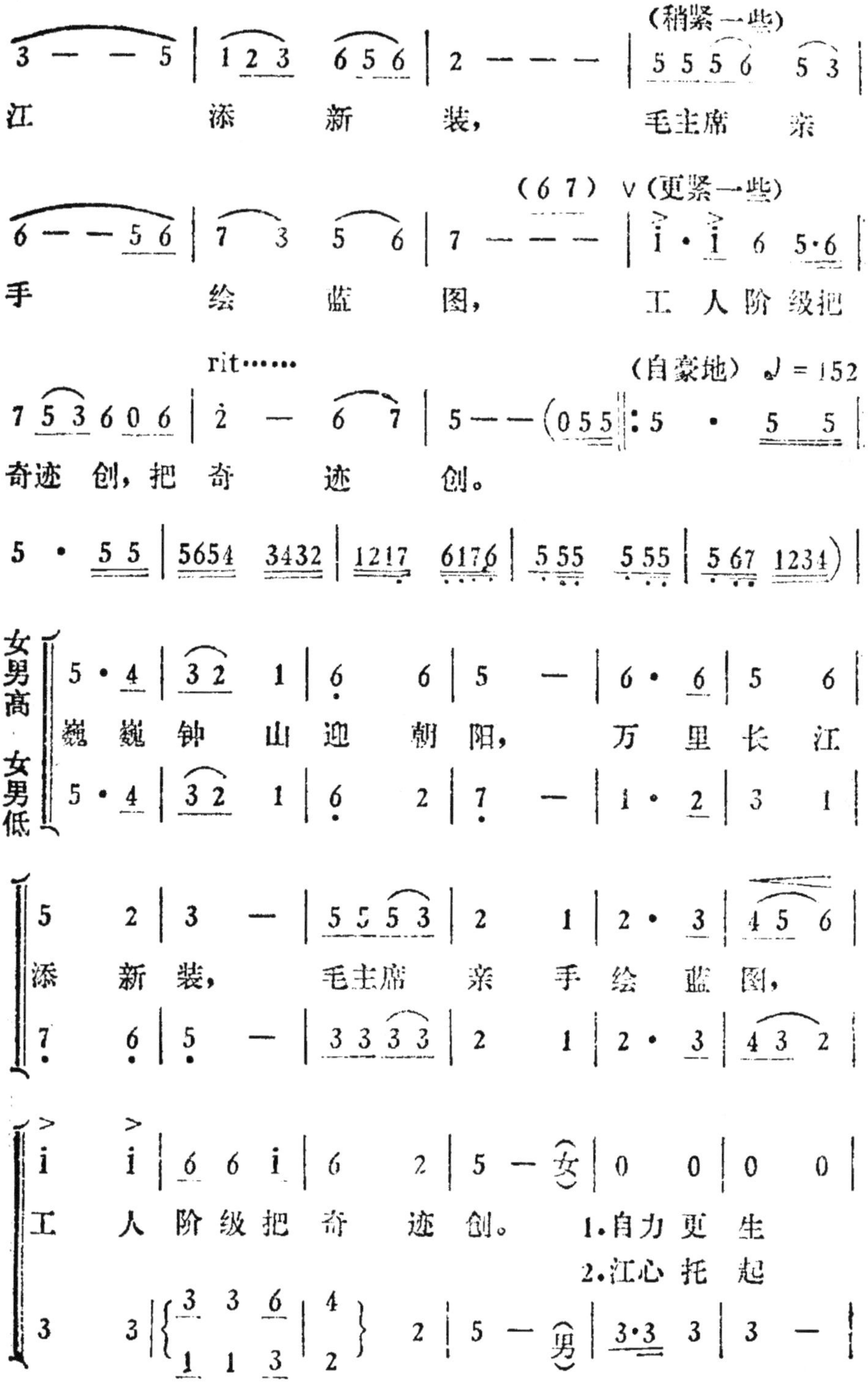
（稍紧一些）
江添新装，毛主席亲
（67）∨（更紧一些）
手绘蓝图，工人阶级把
rit……
（自豪地）♩=152
奇迹创，把奇迹创。
女男高
女男低
巍巍钟山迎朝阳，万里长江
添新装，毛主席亲手绘蓝图，
工人阶级把奇迹创。
（女）
（男）
1.自力更生
2.江心托起

```
0    0  | 0    0  | 0    0  | 0    0  | 0    0  | 0    0 |
```

奋发图强，　　反帝反　修斗志昂扬。
擎　天柱，　　金桥飞　架过大江。

```
(5·5) 2 | 3  -  | 2 · 2 | 3    5 | (2·1) (71) | 2  -  |
```

女男高

```
3·3 6 | 6  -  | (7·7 6 5) | 6  -  | i · i | 6    i |
```

自力更　生　　奋发图　强，　　反帝反　修
江心托　起　　擎天柱，　　金桥飞　架

女男低

```
3·3 2 | 1  -  | (2·2 1 2) | 3  -  | 5 · 4 | (3 2) 1 |
```

1.　　（0 5 5）　　**2.**

```
3·3 (2 1) | 5  -  : 3  -  | 2 · 1 | 5  -  | 5  -  |
```

斗志昂　扬。　　过　大　江。

```
6    2 | 7  -  : 6 · 1 | 2 1 7 6 | 5  -  | 5  -  |
```

女高
女低

```
i  -  | i · 2 | i (7 6) | 5  -  | i    5 | 3 (2 1) |
3  -  | 3 · 5 | 6 (5 4) | 3  -  | 3    3 | 1 (7 6) |
```

天　堑　变　通　途，　　天　堑变　通

男高
男低

```
i  -  | i · 2 | i (7 6) | 5  -  | i    5 | 3 (2 1) |
1  -  | 5  -  | 1    2 | 3  -  | 1    5 | 1 (7 6) |
```

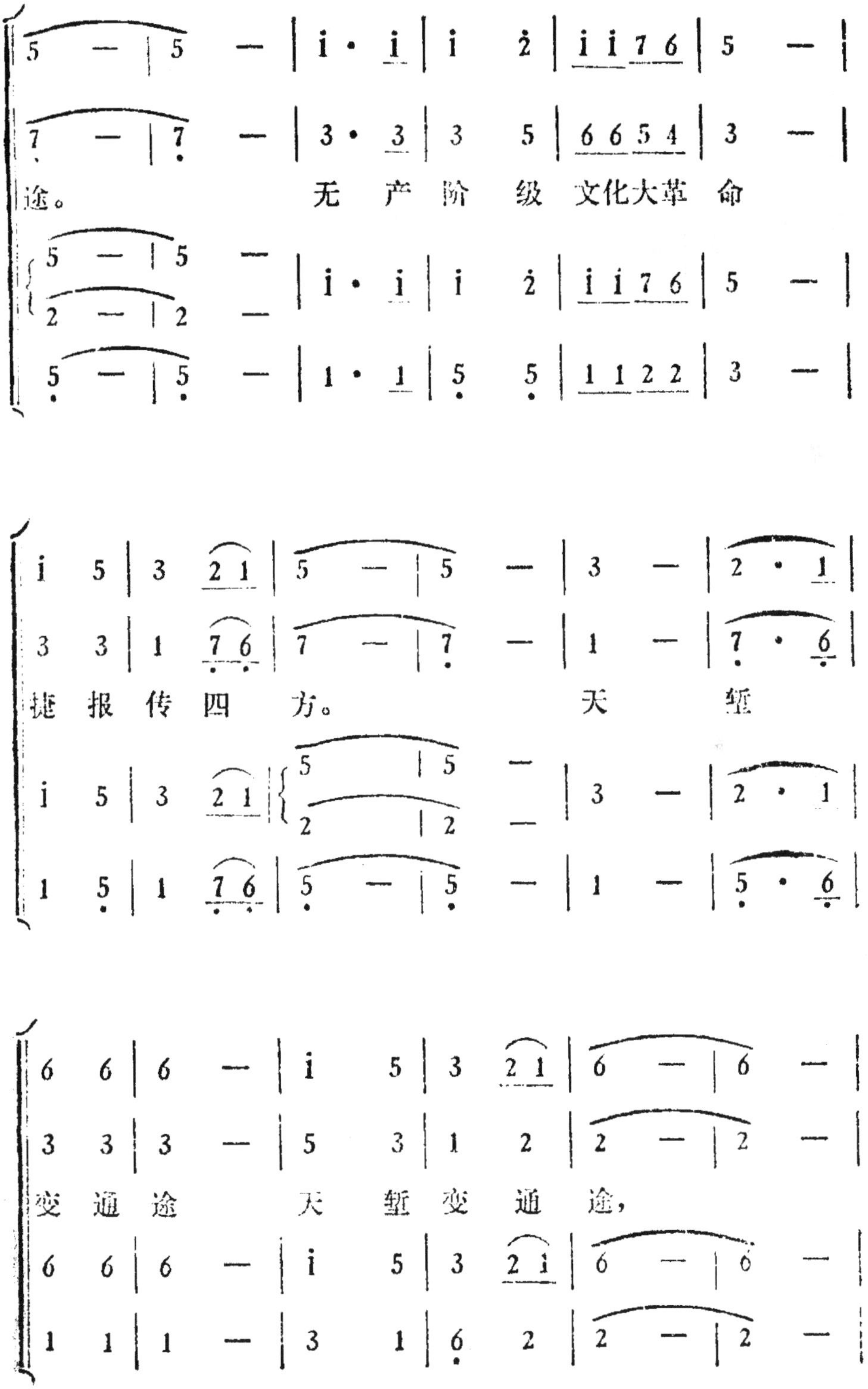
途。 无 产 阶 级 文化大革 命
捷 报 传 四 方。 天 堑
变 通 途 天 堑 变 通 途，

毛 泽 东 思 想 永 远 放 光

芒。 天 堑 变 通 途

(宽广地) ♩=108

(渐快)

天 堑 变 通 途, 无 产 阶 级

文化大革命 捷报传四方。

天堑变通途 天堑变通途，

(恢复原速)

rit.........

毛泽东思

（放宽）

想　　　　　（永　远　放　光
　　　　　　　　　　芒。）

东风送我去远航

纪录片《船台战歌》主题歌

沈耀庭词
吴志丹、吴应炬曲

1 = D 或 C 2/4

中速豪放

(男独)东　　风　　送 我 去 远 航，

造船工人 放声歌 唱，　五 洲风云 展红 旗，
造船工人 心 向 党，（5）毛 主席是咱领航 人，
(齐)造船工人 豪 情　壮，让 条 条巨轮 去迎 接

四海 风雷 掀巨 浪，
迎风 踏浪 不迷 航，(齐)前 进！　前 进！　万里
共产 主义 无限风光，

征途 乘风 破 浪，　前 进！ 前 进！ 我们

永　远前 进在 毛 主席 的 革 命路线　上。

英姿飒爽女电工

纪录片《"三八"带电作业班》插曲

（女声合唱）

王 堤 词
张雄海 曲

1 = D 2/4

活跃 自豪

‖:（6·1 2 | 3 · 23 | 1 2 1 6 1 6 | 5 6 5 4543· 2321 7617 |

6 6 6 6 6 | 1 6 30 | 6 6 6 6 6 | 1 6 30）| 30 60 |
电 花

5 4 5 3 | 36 15 | 6 — | 7·7 7 3 | 5 6 | 7
闪闪 红，弧花 飞流 星， 英姿 飒爽 女电 工，

6·3 2 1 | 6 1 2 | 3 — 3 2 | 1·3 2 1 | 30 50 |
壮志凌云 震 长 空， 壮志凌云 震 长

6·1 7 6 | 6 — | 63#5 6 | 7 — | 6·1 7 6 | 30 30 |
壮志凌 云 震长 空。

（0 6 6 6 6 | 1 5 6）抒情地

6 0 0 | 0 0 | 5 · 6 | 1 — | 3 2 3 | 1 — |
空。 （齐）心 红 手 巧

6 0 0 | 0 0 |

3 6 | 5 3 2 1 | 3 — 3 — | 3 — | 3 — |
降 电 虎， 青 天

0 0 | 0 0 | 0 3 | 6 5 |
青 天

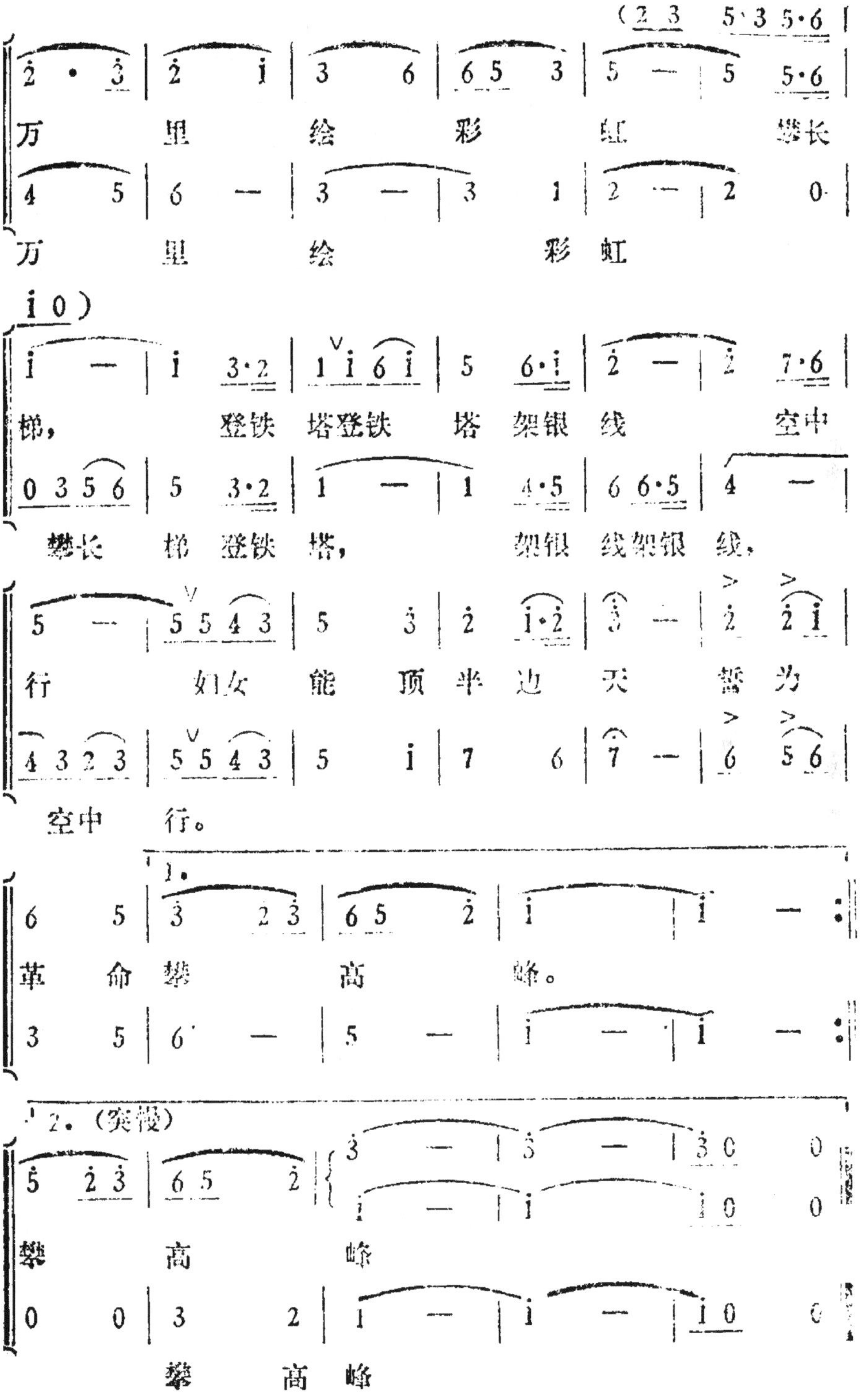

万 里 绘 彩 虹 攀长
万 里 绘 彩虹
梯， 登铁 塔登铁 塔 架银 线 空中
攀长 梯 登铁 塔， 架银 线架银 线，
行 妇女 能 顶 半 边 天 誓 为
空中 行。
1.
革 命 攀 高 峰。
2.（突慢）
攀 高 峰
攀 高 峰

大寨红花处处开

纪录片《昔阳盛开大寨花》插曲

1 = G 2/4 4/4

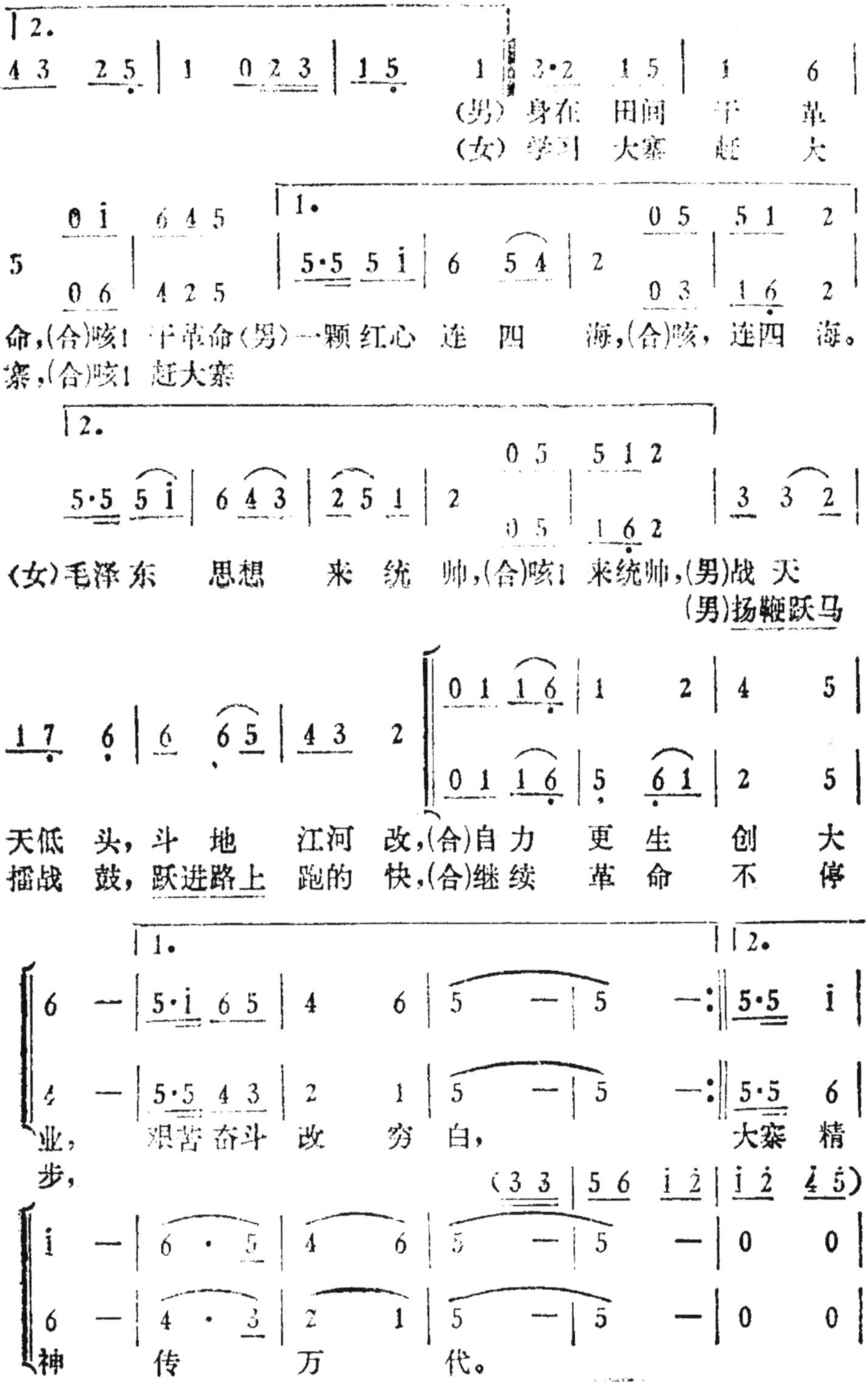
(男)身在 田间 干 革
(女)学习 大寨 赶 大
命,(合)咳! 干革命(男)一颗红心 连 四 海,(合)咳, 连四 海。
寨,(合)咳! 赶大寨
(女)毛泽东 思想 来 统 帅,(合)咳! 来统帅,(男)战 天
(男)扬鞭跃马
天低 头,斗 地 江河 改,(合)自力 更 生 创 大
擂战 鼓,跃进路上 跑的 快,(合)继续 革 命 不 停
业, 艰苦奋斗 改 穷 白, 大寨 精
步,
神 传 万 代。

红太阳光辉　　照　前　程，

豪情　　壮　志　满　胸　怀，

稍快

英雄　大寨前面　走，千万个　大寨赶上来，

英雄　大寨　前面走，千万个　大寨　赶上　来，

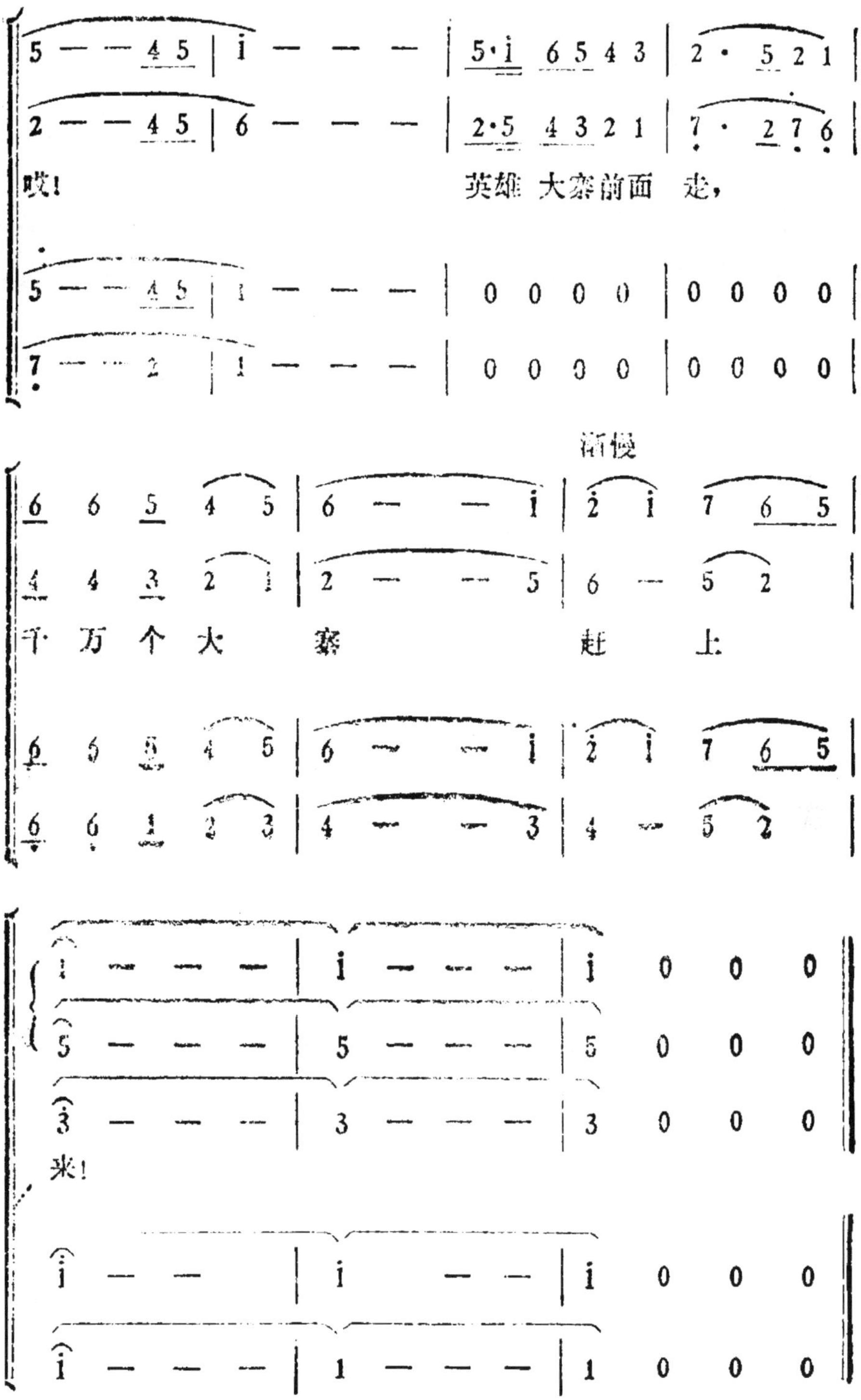
哎！
英雄 大寨前面 走，
渐慢
千 万 个 大 寨 赶 上
来！

重 新 安 排 河 山

纪录片《红旗渠》主题歌

1 = G ⅔

开阔有力、稍慢 ♩ = 72

（男女齐）

```
5  5̲6̲  3  2̲3̲ | 1  —  ·  0 | 2· 3̲ 2̲1̲  6̲5̲ |
劈 开   太  行       山，                漳  河 穿  山
```

```
5  —  ·  0 | 3̲ 3̲ 6  ·  6̲ | 5  3̲2̲  3  — |
来，            林  县 人   民 多   壮   志，
```

渐慢…………   （过门）稍快 ♩ = 144

```
2̲3̲  2̲1̲  2  6 | 5  —  ·  0 ‖: (5  —  5̲3̲5̲6̲ |
誓把  河山  重 安   排。
```

```
1̲2̲1̲6̲  5̲6̲5̲3̲  2̲3̲2̲1̲  6̲1̲5̲6̲ | 6̲1̲  2̲3̲  5̲3̲  3̲2̲ | 1̲1̲1̲1̲ 1̲1̲1̲1̲ |
```

有信心地

```
5̲5̲3 · 5̲ | 2̲1̲7̲6̲5̲  — | 1̲·1̲ 2̲1̲7̲6̲5̲ | 5  —  · 0 |
心中升   起 红 太 阳，     千军万马战 太   行，
条条渠   道 绕 山 转，     座座水库映 蓝   天，
```

```
3  3  6  6 | 5  3̲2̲  3  — | 6̲·6̲ 5̲6̲5̲3̲3̲2̲ | 1  —  · 0 |
毛泽东 思 想 来 统   帅，   定叫山河换 新   装。
层 层 山 岭 绿油   油，    荒山变成大寨  田。
```

（女高）

```
5̲5̲3 · 5̲ | 2̲1̲7̲6̲5̲  — | 1̲·1̲ 2̲1̲7̲6̲5̲ | 5  —  · 0 |
心中升   起 红 太 阳，     千军万马战 太   行，
条条渠   道 绕 山 转，     座座水库映 蓝   天，
```

（女低）

```
5̲5̲1 · 1̲ | 2̲1̲7̲6̲5̲  — | 1̲·1̲ 2̲1̲7̲6̲5̲ | 3  —  · 0 |
心中升   起 红 太 阳，     千军万马战 太   行，
条条渠   道 绕 山 转，     座座水库映 蓝   天，
```

```
┌  3 3 6·6 │ 5  3 2 3  —  │ 5·5 5 6 5 3 3 2 │ 1  —  ·0 │
│  3 3 1·1 │ 2  3 2 1  —  │ 3·3 2 1 2 1 5 6 │ 1  —  ·0 │
```

一锤一钎干革命，　　愚公移山志　如　钢。
层层山岭绿油油，　　荒山变成大　寨　田。

（女）
```
┌  0 0 0 0 │ 3·3 6 5 6 │ 3  —  ·0 │ 1·2 1 7 6 5 │
```
　　　　　劈 开 太 行　山，　　　　漳 河 穿　山
　　　　　劈 开 太 行　山，　　　　漳 河 穿　山

（男）
```
│  1·2 1 7 6 5 │ 5  —  ·3 │ 6 5 3 2 3 1 2 │ 3  —  ·0 │
```
劈 开 太　行　　山，　　漳 河 穿　山　来，
劈 开 太　行　　山，　　漳 河 穿　山　来，

```
┌  5  —  ·0 │ 3 3 6 ·5 │ 3 0 1 0 2 0 0 │ 5 5 3 2 1 6 0 │
```
来，　　　林县人　民 多 壮　志，　　誓把 河　山
来，　　　自力更　生 创 奇　迹，　　高举 红　旗

```
│  2 2 3 ·5 │ 1 6 1 2  —  │ 3  2  1  2  3 │ 5  —  ·3 │
```
林县人　民 多 壮　志，　　誓把 河　山
自力更　生 创 奇　迹，　　高举 红　旗

　　　　　　　　　　　　　　|1.　　|2.　　　　　渐慢……
```
┌  6·6 5 6 5 3 3 2 │ 1 — ·0 :│‖ 1 — ·2 {│ 3·3 3 5 6 5 3 │ 1 — ·0 │
│  6·6 5 6 5 3 3 2 │ 1 — ·0 :│‖ 1 — ·2 {│ 1·1 1 3 4 2   │ 3 — ·0 │
```
誓把河山重安　排。
高举红旗永 向　　　前。　　高举红旗永向　前。
```
   {│ 3·3 3 5 6 5 3 │ 5 — ·0 │
   {│ 1·1 1 1 4 5 2 │ 1 — ·0 │
```

当代愚公换新天

纪录片《沙石峪》主题歌

1 = E 2/4

轻快有力

(5 — | 5 3 5 | 6 — — | 6 5 6 | 1 1 2 1 6 |

5 6 5 3 | 2 2 3 2 1 | 6 1 2 3 | 5 3 5 | 6 3 6 2 |

1 — | 1 7 | 6·1 6 5 | 3 5 3 2 | 1 1 1 1 1 |

(男女齐)

1 1 1 1) | 1 · 2 | 3 6 | 5 — | 5 — |
沙　　石　　峪，
沙　　石　　峪，

6·1 | 5 2 3 | 1 — 1 — | 5 5 6 | 5 · 3 |
山　连　山，　　当　代　愚　公
山　连　山，　　当　代　愚　公

2 1 2 | 3 5 | 6·2 | 1 7 6 | 5 — | 5 — |
换新　天，　换　　新　　天。
换新　天，　换　　新　　天。

1 1 2 | 1 6 | 5 3 5 | 6 — | 3·6 | 5 3 |
万　里　千　担　一　亩　田，　青　石　板　上
毛　泽东　思　想　育　英　雄，　青　石　命　路　上

2 1 2 | 3 — | 3 2 1 | 3 5 | 1·7 | 6 5 3 |
创　高　产，　青　石　板　上　创　高
永　向　前，　革　命　路　上　永　向

(女)

6 — | 6 — | 3·5 | 3 2 | 1 7 | 6 | 6 — |
产。　　胸　怀　朝　阳
前。　　清　清　泉　水

$$1 \cdot 2 \mid 3 \quad 6 \mid 5 \quad - \mid 5 \quad - \mid 3 \cdot 6 \mid 5 \quad 3 \mid$$

学 大 寨， 九 岭 层
波 山！ 峰， 层

$$2 \quad \underline{1\ 2} \mid 3 \quad - \mid 5 \cdot 3 \mid \underline{2\ 3} \quad 1 \mid 2 \quad - \mid 2 \quad - \mid$$

山 水 重 安 排。
梯 田 绿 葱 葱。

（女男高）

$$1 \quad \underline{1\ 2} \mid 1 \quad \underline{7\ 6} \mid 5 \quad \underline{3\ 5} \mid 6 \quad - \mid 3 \cdot 6 \mid$$

（男女低）

$$\underline{3} \quad \underline{3\ 2} \mid 3 \quad 5 \mid 2 \quad \underline{3\ 2} \mid 1 \quad 6 \mid 5 \cdot 6 \mid$$

英 雄 战 山 山 低 头， 双 手
汗 水 育 出 丰 收 果， 革 命

$$5 \quad 3 \mid 2 \quad \underline{1\ 2} \mid 3 \quad - \mid 1 \quad \underline{1\ 2} \mid 1 \quad \underline{7\ 6} \mid$$

$$1 \quad 1 \mid 2 \quad \underline{1\ 2} \mid 3 \quad - \mid 3 \quad \underline{3\ 2} \mid 3 \quad 5 \mid$$

引 水 上 山 来。 英 雄 战 山
歌 声 震 长 空。 汗 水 育 出

$$5 \quad \underline{3\ 5} \mid 6 \quad - \mid \underline{3 \cdot 6} \quad \underline{5\ 3} \mid 2 \quad \underline{1\ 6} \mid 5 \quad - \mid 5 \quad - \parallel$$

$$2 \quad \underline{3\ 2} \mid 1 \quad 6 \mid \underline{5 \cdot 6} \quad \underline{1\ 1} \mid 2 \quad \underline{1\ 6} \mid \begin{cases} 3 & - \mid 3 \\ 1 & - \mid 1 \end{cases} \parallel$$

山 低 头， 双 手 引 水 上 山 来。
丰 收 果， 革 命 歌 声 震 长 空。

渐慢

$$6 \cdot 6 \mid 6 \quad 5 \mid 6 \quad - \mid 6 \quad 2 \mid 1 \quad - \mid 1 \quad - \mid$$

$$4 \cdot 4 \mid 4 \quad 3 \mid 4 \quad - \mid \begin{cases} 4 & 5 \mid 3 & - \mid 3 \\ 2 & - \mid 3 & - \mid 3 \end{cases}$$

革 命 歌 声 震 长 空。

穷棒子精神谱新篇

纪录片《穷棒子精神谱新篇》主题歌

D调 ¾ 4/4

新影乐团词曲

（女独稍自由些）

灿烂的阳光照燕山，

长城脚下英雄汉，英雄
长城脚下红烂漫，红烂

汉，满怀豪情学大
漫，胸怀朝阳学大

庆，县社工业齐发展，齐发
寨，大寨红花遍地开，遍地

展。
开。

（男齐）机声隆隆人欢笑，（男齐）机声隆隆人欢笑，
自力更生结硕果，（女齐）自力更生结硕果。

山谷平川 换新 颜，山谷平川换新颜，
艰苦奋斗 代代 传，艰苦奋斗代代传，

（男齐）（齐）

农业机械化 是 方 向， 社会主义道 路 广 又 宽，

农业机械化 是 方 向， 社会主义道路 广 又 宽。

（女）

穷棒子精 神 谱 新 篇，

篇,谱新 篇。

继续革命永 向 前。

谱 新 篇， 继续革命永 向 前。

小高陵人民多奇志

科教片《治山造林保水土》主題歌

1 = ♭B ¾

自由地

中速

稍快

（歌詞：）
青海高原風光山好，
清清水庫映山村，
日月山下層層梯田紅旗飄，
旗九連飄霄哟，哟，
人如海，歌如潮，學大寨，趕大寨，
揮銀鋤，志氣豪，
展宏圖，彩筆描，

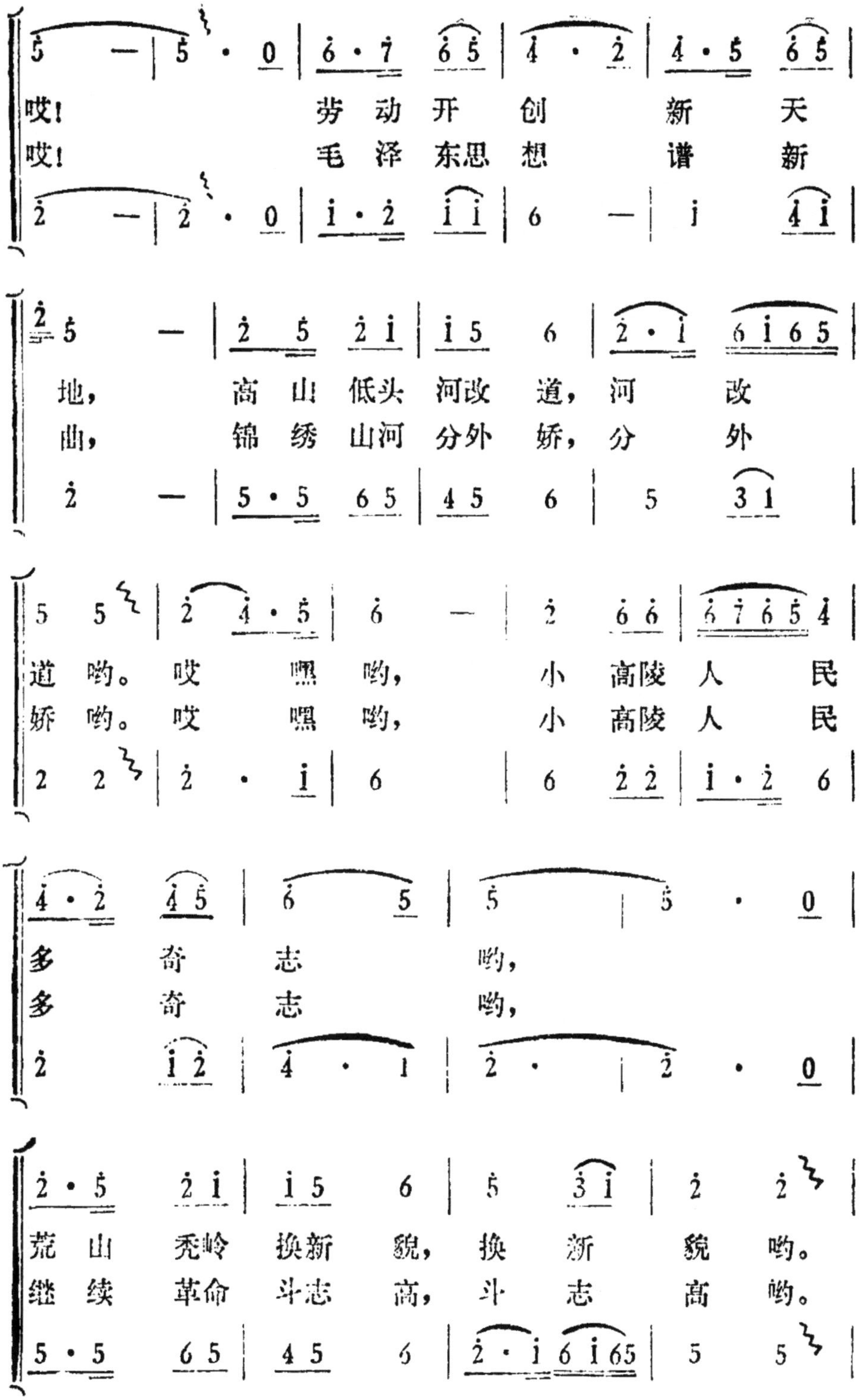
哎！劳动开创新天
哎！毛泽东思想谱新
地，高山低头河改道，河改
曲，锦绣山河分外娇，分外
道哟。哎嘿哟，小高陵人民
娇哟。哎嘿哟，小高陵人民
多奇志哟，
多奇志哟，
荒山秃岭换新貌，换新貌哟。
继续革命斗志高，斗志高哟。

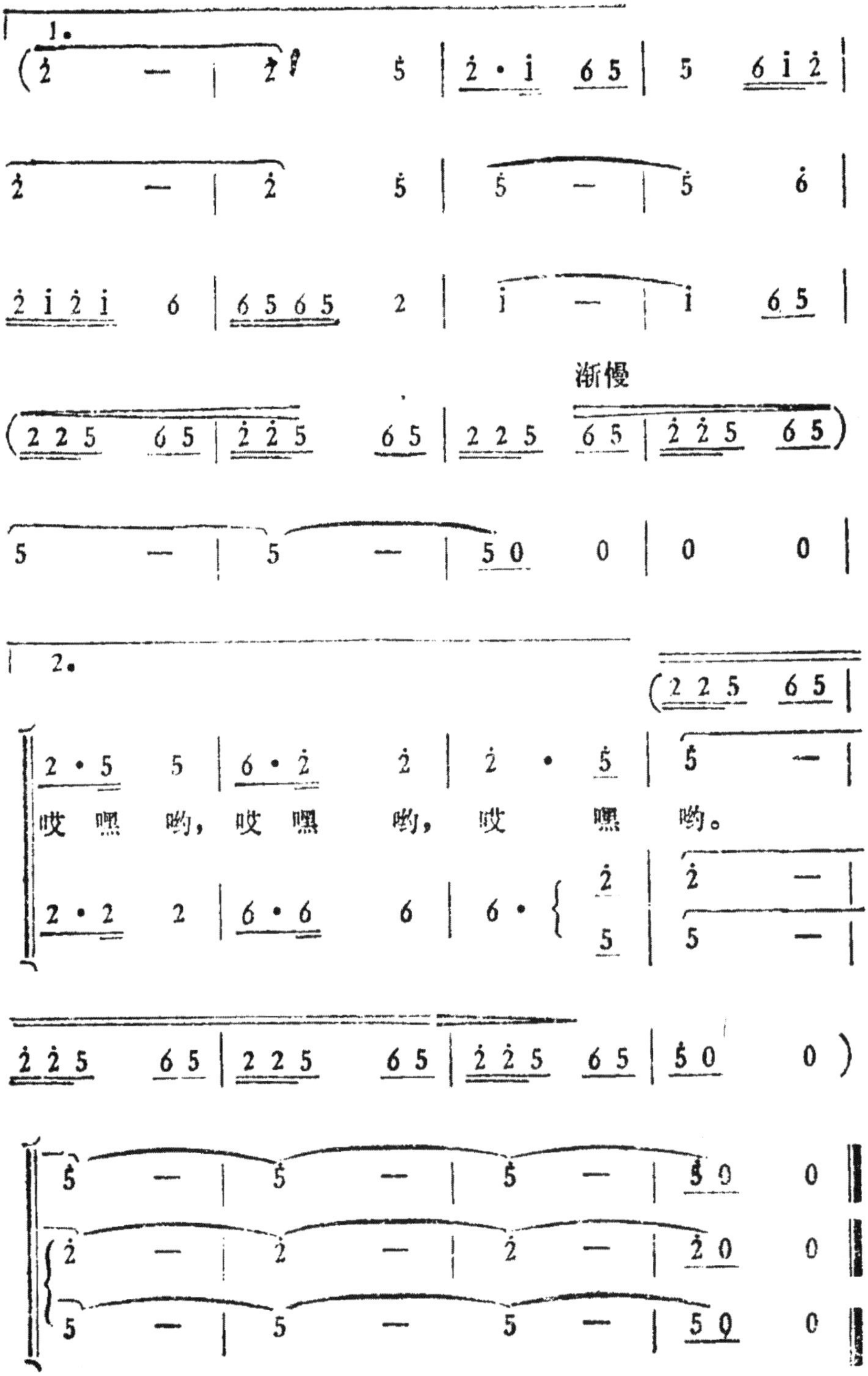
1.
渐慢
2.
哎 嘿 哟，哎 嘿 哟，哎 嘿 哟。

志在宝岛创新业

纪录片《志在宝岛创新业》插曲

1 = ♭B 4/4 2/4

稍慢 舒展

```
2 | 5 - 3 6  5 6 1 2 | 3 - - 1 2 | 3  5  6  5 3 7 |
  越 过  潮 汕 平      原,        跨 过 南 海  波
```

```
6 - - 5 3 | 6 5 3  2 3  5 6 3 | 5 - - - |
涛,      胸 怀  朝 阳, 建 设 宝    岛。
```

休止   2/4
四小节 | 0 5 5 5 | 5 3·2 | 1 6 | 3 | 2 - | 2 1 2 3 |
(男女齐)我们是 革 命 的 远 征 队 员,   我们是

```
6  6 | 5 3 2 | 1·2 6 5 | 5 -- | 5 0 1·2 | 3  5 |
毛 泽 东 时 代 的 贫 下 中  农。      高 举 红 旗
```

```
6  5·3 | 6 0 6·6 | 5 · 3 | 2  1 2 | 3 - | 3 0 1·7 |
学 大  寨, 披 荆 斩 棘 奔 向  前。(男女高)红心
```

```
6 · 6 | 1 | 2 | 3 | 2·3 5 | 5 3 | 2 5 | 3 2 |
似  火 志 如 钢, 要 把 荒 原  变 良
```

```
0·  5·5 | 6 · 5 | 1 | 2 | 3 | 2 1 | 7 | 6 |
(男女低)红心 似  火 志 如 钢, 要 把 荒   原
```

$$1 \quad - \mid 1\;0\;1 \cdot \underline{1} \mid 4 \cdot \underline{1} \mid 4 \quad 6 \mid 5 \quad \mid 5\;0\;4 \cdot \underline{3} \mid$$

阳。　　　　扎根 海　南　干　革　命，　　　　誓为

$$5 \quad 6 \mid 5\;0\;5 \cdot \underline{5} \mid 1 \cdot \underline{5} \mid 1 \quad 2 \mid 3 \quad - \mid 3\;0\;2 \cdot \underline{1} \mid$$

变　良　田。扎根

$$2 \cdot \underline{1} \mid \underline{7\;6} \quad 3 \mid 2 \quad - \mid 2\;0\;1 \cdot \underline{2} \mid 3 \quad 5 \mid 6 \; \underline{\overset{3}{5\;3\;7}} \mid$$

人　类 多　贡 献。　　　　扎根 海　南　干 革

$$7 \cdot \underline{6} \mid \underline{5\;3} \quad 5 \mid \underline{6} \quad - \mid 6\;0\;5 \cdot \underline{6} \mid 1 \quad 3 \mid 2 \quad 1 \mid$$

rif·········· 　　　　　　　（男独）

$$6 \quad \mid 6\;0\;5\;3 \mid 6 \quad 5 \cdot \underline{3} \mid 2\;3\;5\;\underset{3}{6\;3} \mid 5 \quad - \mid 5\;0\;2 \mid$$

命，　　　　誓为 人　类　多　贡　　献。　　　　越

$$2 \quad - \mid 2\;0\;5\;6 \mid 1 \quad \widehat{2\;1} \mid 7 \quad 6 \mid 1 \quad - \mid 1\;0\;0 \mid$$

4/4

$$5 \quad - \quad \underline{3\;6} \; \underline{5\;6\;1\;2} \mid 3 \quad - \quad - \quad \underline{1\;2} \mid 3 \quad 5 \quad 6 \; \underline{\overset{3}{5\;3\;7}} \mid$$

过　潮汕 平　原，　　　　跨过 南　海 波

f

$$6 \quad - \quad - \quad \underline{5\;3} \mid 6 \; \underline{5\;3} \; 2\;3 \; \underset{3}{\underline{5\;6\;3}} \mid 5 \quad + \quad - \quad 0 \parallel$$

涛，　　　　胸怀 朝阳，建设 宝　　岛。

红心永向毛主席

纪录片《大有作为》主题歌

1=♭E ¾

慢·光辉

tr……   tr……

（5·3 65 3 1 | 6 5 5 — ）| 5 6 7 i — — |
　　　　　　　　　　　　　　红太　阳，

7 2 i 5 — 6∨ | i·2 3 4 6 | 5 — — 0 |
灿　烂　辉　　　煌，

5 5 6 7 3 | 2 — — 3 | 2·i 6 5 |
霞光　万　道　　　　照　四

2/4　　　　　快 热烈
i | i（1 2 3 | 5 3 5 6 | i 0 i 2 | i i i i |
方，

i 0 5 6 | 5 5 5 5 5 | 5 0 i 2 | 3 2 2 1 6 | 5 4 4 2 3 |

1 1 1 1 1 | 1 0) 5 6 | 5·i | 2 3 4 6 | 3 — | 3 0 2 2 |
　　　　　　红太　阳，　灿烂辉　煌，　　　霞光

7·2∨ | 6 i 7 6 | 5 — | 5 0 3 5 | i 2 |
万　道　照　四　方，　　　伟大　领

i·2 | 7 5 6 0 | 2·3 4 2 | 5·5 5 5 | 6·6 6 6 |
袖　发号　召，革命青年，扎根农村，改天换地，

0 7 7 | 6 5 | i — | i 0 3 5 | i·5 |
斗志　昂扬，　　　胸怀朝　阳

i 2 | 3 — | 3∨ 2 3 | 2·6 | i 7·2 |
绘　宏图，　艰苦奋斗志如

5 — | 5 3 5 | i i 0 i 2 | 7 5 6 0 |
钢，　　认真接受　再教育，

313

i·i i i	5·4 3̂4	5 —	5 · 0	2̇·2̇ 2̇2̇
阶级 斗争 牢记 心	上，			建设 边疆，

7·5 6̂7	i̇ —	i̇0 (i̇2̇ i̇	i̇·i̇	i̇0 56
保卫 边 疆！				

5 5·5	50 i̇2̇	3̇2̇2̇i̇6	5̇4̇4̇2̇3	1 1·1

10) 56	5 · 1	2 3 4̂6	3 —	30 22
毛主 席		革命 路 线，		指引

7 · 2̇	6̇i̇ 76	5 —	50 35	1 2
胜 利 航	向，		放眼 五	

i̇ · 2̇	7̂5 60	2·3 42	5·5 55	6·6 66
洲 四 海，	团结 战斗	为全 人类	彻底 解放	

0 7 6	7̂ i̇	2̇ —	(慢) 2̇ 5̇ 3̇5̇	3̇ · 2̇
贡 献 力	量。		广阔 天 地	

i̇ · 2̇	3̇ —	3̇ 2̇ 2̇3̇	2̇ · 6̇ i̇	7̇2̇
炼 红 心，		红 心 永	向 毛 主	

(快) 5 —	5 3̂5	i̇ i̇	0 i̇ 2̇	7̂5 60
席！	誓 做 革 命	接	班 人，	

2·3 42	5·6 7i̇	0 5̇ 6̇	7̇ 3̇	2̇ — 2̇ 3̇
任重道远， 勇往直前，	昂首 阔	步		

(慢) 2̇ 2̇ i̇	6 5	(快) i̇ —	i̇ —	i̇ 0
奔 向 前	方！			

（词根据知识青年诗整理，应矩曲）

314

我们战斗在高山峻岭

纪录片《大有作为》插曲

1＝D 2/4

进行速度　有力

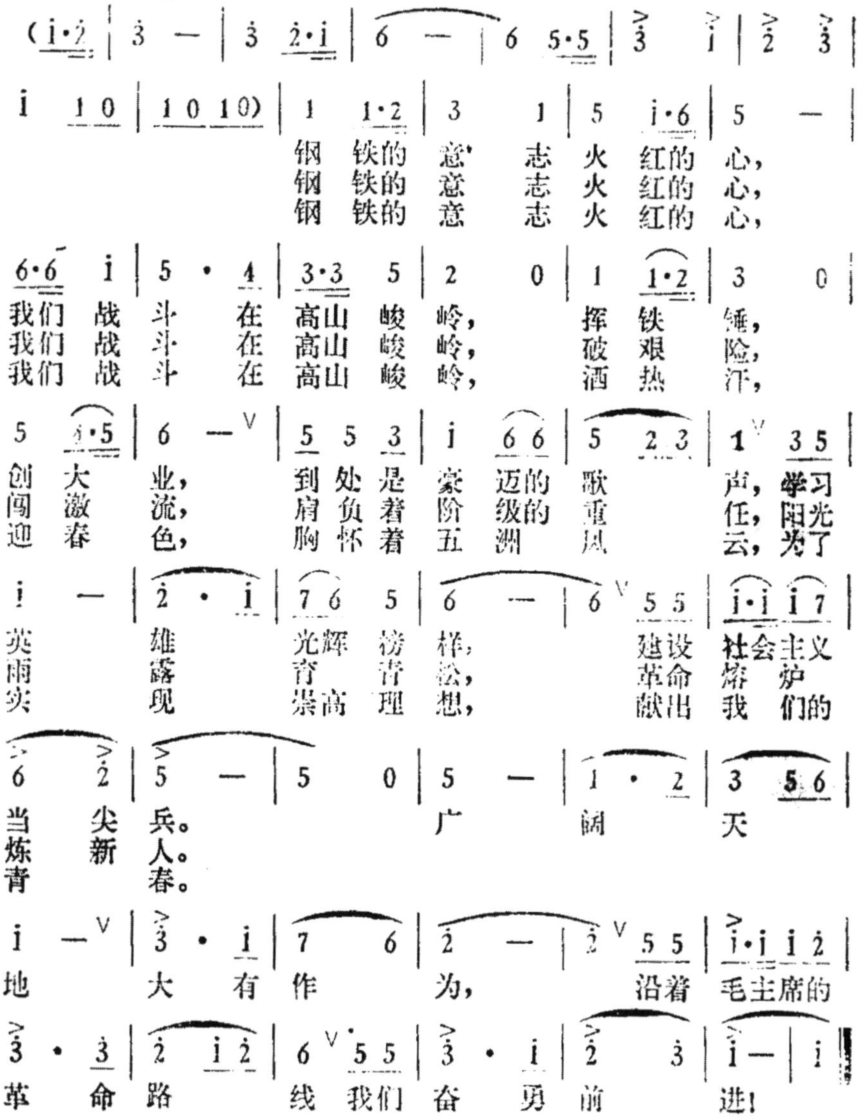

（王森　刘鸿毅　茅晓峰词　朱声强　吴志丹　应矩曲）

立足农村，胸怀祖国

纪录片《广阔的天地》插曲

傅超武词
黄准、吴应炬曲

1 = A 2/4

1.2.胸怀朝　阳　　向前　进，　　我们是

毛主席的　红　卫　兵　{手捧　宝　书　奔赴边 / 反帝反　修　保卫祖

疆，跟着　领　袖　毛主　席　干革　命。　　立足农

国，誓把　边　疆　建　成　铁壁铜　墙。　一　不怕

村苦，　胸怀祖　国，接受　贫　下　中　农　再教

苦，　二　不怕　死，永远

育，　在　广阔的　天　地　里　锻炼　成　长。

2.胸怀　跟　着　伟大领袖　毛主　席，

为　世界　革　命，　贡献　力

量。

民 兵 之 歌

纪录片《民兵赞》插曲

集 体词
傅庆辰曲

1 = D 2/4

进行速度、雄壮有力地

像大海波涛浩浩荡荡，像万里长城威武雄壮，我们是英雄的民兵战士，高举红旗向太阳。我们是英雄的民兵英雄的战士，高举红旗向太阳。

"组织落实、政治落实、军事落实"，毛主席指引着胜利航向，劳武结合，保卫国防，革命传统代代发扬。

"召之即来、来之能战，战之能胜"，人民战争汇成了大海汪洋，军民联防，天罗地网，全民皆兵铁壁铜墙。

跃马扬鞭走天山

纪录片《民兵赞》插曲

集 体词
傅庆辰曲

J = D ²⁄₄　　　　　　　（独唱）

稍快、昂扬、抒展地

$$\widehat{i} \; - \; - \; - \; | \; \overline{i\underline{3} \; \overparen{\underline{2} \; \underline{3}} \; \underline{2} \; \underline{i}} \; | \; \overparen{\underline{\dot{2} \; \underline{i} \; \dot{2} \; \underline{i} \; \underline{6} \; \underline{i} \; \underline{6} \; \underline{i}} \; \underline{6} \; \underline{5}} \; |$$

声　　　　　传　遍　草　原，幸福的歌声　传遍　草原，

$$0 \; \overparen{\underline{6} \; \underline{i} \; \underline{6 \cdot 5} \; \underline{1} \; \underline{6} \; \underline{6 \cdot 5}} \; | \; \overparen{5 \; - \; - \; -} \; | \; 5 \; (\underline{\dot{1} \; \underline{2} \; \underline{3}} \; \; \underline{5} \; \underline{6} \; \; \underline{\dot{1} \; \underline{2}}) \; |$$

传　遍了草　　　原。

（慢）

ff $3 \; - \; \overparen{\underline{2} \; \underline{\dot{1} \cdot 3}} \; | \; 2 \; - \; - \; - \; |$ **（原速）** $\overline{\underline{\dot{1} \; \underline{i} \; \underline{3} \; \underline{2} \; \underline{i}} \; \underline{\dot{1} \; \underline{2} \; \underline{i} \; \overparen{\underline{6} \; \underline{5}}} \; | \; 6 \; - \; - \; - \; |$

毛　主　　席　　　革命　路线　指引着我　们，

f $\overparen{\underline{3 \cdot \underline{2} \; \underline{i} \; 3}} \; \overparen{\underline{2} \; \underline{i} \; \overparen{\underline{6} \; \underline{5}}} \; | \; \overparen{3 \cdot \underline{1} \; \underline{2} \; \underline{3}} \; \overparen{\underline{6 \cdot 5}} \; | \; 5 \; - \; - \; - \; |$

各　族人民　心　里　　永远是　春　天。

$\overparen{\dot{2} \cdot \underline{i} \; \underline{6} \; \dot{2}} \; \overparen{\underline{2} \; \underline{i} \; \overparen{\underline{6} \; \underline{5}}} \; | \; \overparen{\underline{6}} \; \overparen{\underline{3} \; \underline{5}} \; \overparen{\underline{2 \cdot 3}} \; \overparen{\underline{2} \; \underline{1}} \; | \; 1 \; - \; - \; - \; |$

各　族　人民　心　里　　永　远　是　春　天。

mf

$\underline{1 \; 5 \; \underline{5}} \; \overparen{\underline{6 \cdot 5}} \; \overparen{\dot{1} \; -} \; | \; \overparen{\dot{1} \; - \; \underline{\dot{1} \; \underline{\dot{1}}} \; \overparen{\dot{2} \cdot \underline{i}}} \; | \; \widehat{3} \; - \; - \; - \; |$

唻唻　唻唻　唻$\cdots\cdots\cdots\cdots\cdots\cdots$

$\overparen{\underline{\dot{3} \; \underline{2} \; \dot{2} \; \underline{3} \; \underline{2} \; \underline{i}} \; \underline{\dot{2} \; \underline{i}} \; \overparen{\underline{6} \; \underline{5}}} \; | \; 6 \; - \; - \; - \; | \; \overparen{\underline{6} \; \dot{2}} \; \overparen{\dot{1} \; \underline{6}} \; \overparen{\underline{5 \cdot \dot{1}}} \; \overparen{\underline{6} \; \underline{5}} \; |$

$\cdots\cdots\cdots\cdots\cdots\cdots\cdots\cdots$　　各族　人民　心

$\overparen{\dot{1} - \dot{1}} \; \underline{1} \; \overparen{\underline{2} \; \underline{3}} \; | \; \overparen{\underline{5} \; \underline{3}} \; \overparen{\underline{6 \cdot 5}} \; 5 \; - \; | \; 5 \; - \; \overparen{\underline{5} \; \dot{2}} \; \overparen{\dot{1} \; \underline{6}} \; | \; \overparen{5 \cdot \dot{1}} \; \overparen{\underline{6} \; \underline{5}} \; 3 \; - \; |$

里　永远　是　春　天。　　各族　人民　心　里

$\overparen{\underline{3} \; \underline{6}} \; \overparen{\underline{3} \; \underline{5}} \; | \; \overparen{\underline{2 \cdot 3}} \; \overparen{\underline{2} \; \underline{1}} \; | \; 1 \; - \; - \; - \; |$ **（慢）** **f** $\overparen{1 \cdot \underline{2}} \; \overparen{\underline{3} \; \underline{5}} \; \overparen{\underline{6} \; \dot{2}} \; \overparen{\dot{1} \; \underline{6}} \; 0 \; |$

永　远　是　春　天。　　　各族　人民　心　里

（原速）

ff $0 \; \underline{5} \; \overparen{3 \; -} \; | \; 3 \; - \; \overparen{\underline{2} \; \underline{\dot{1} \; \underline{3}}} \; \overparen{\underline{2} \; \underline{i}} \; | \; \widehat{\dot{1}} \; - \; - \; - \; \|$

永远　　　是　　　春　天。

野营训练好

纪录片《野营训练好》插曲

八一电影
制片厂词曲

1=♭B 2/4

进行速度

‖:(5·55 | 53 13 | 5· 55 | 53 13 | 2 5 |

6 7·5 | 1 0).) 5 3·5 | 1 — | 2 12 |

军 号   响   战 鼓
战 斗 的 路   革 命 的

5 — | 6· 5 | 6 3 | 2 1 | 2 — |

敲,   歌 声 嘹 亮 冲 云 霄。
道,   一 轮 红 日 当 空 照。

5·5 12 | 3 — | 2 12 | 6 — | 1·6 55 |

毛泽 东思 想   金 光 闪,   千里 野营
发扬 我 军   老 传 统,   走向 农村

3 2 | 3 — | 3 0 | 3 3 | 6· 7 |

红 旗 飘。   攀 登 高 山
大 学 校。   军 民 同 忆

1 72 | 6 — | 3· 5 | 3 2 | 1 61 | 5 — ‖

走 险 路,   铁 脚 踏 遍 路 千 条。
阶 级 苦,   官 兵 同 练 斗 志 高。

练思想，　练作风，　　能　走会打
战逆流，　斗风雪，　　铜　墙铁壁

当尖刀。　　　备战备荒　　为人
牢又牢。　　　备战备荒

民　　提高警惕　　把国保，
为人民　　　提高警惕　　把国保

毛主席革命路线来指引，　野营
毛主席革命路线来指引，

训练好，　　　好。
好。

东 风 吹 遍 了 人 间

科教片《断肢再植》插曲

1=♭B 2/4

稍快　豪情满怀

（男独）太　阳　　　　照亮了　人
（男齐）东　风　　　　吹遍了　人

间，　　　　人　民　　　谱写了

间，　　　　大　地　　　迎来了

新　　　篇，　　攀登　高

春　　　天，　　山河　欢

峰，　创　造奇　迹，　　毛

笑，　葵　花向　阳，　　毛

泽　东　　　　　思

泽　东　　　　　思

想　　　是　源　泉。

想　　　金　光　闪。

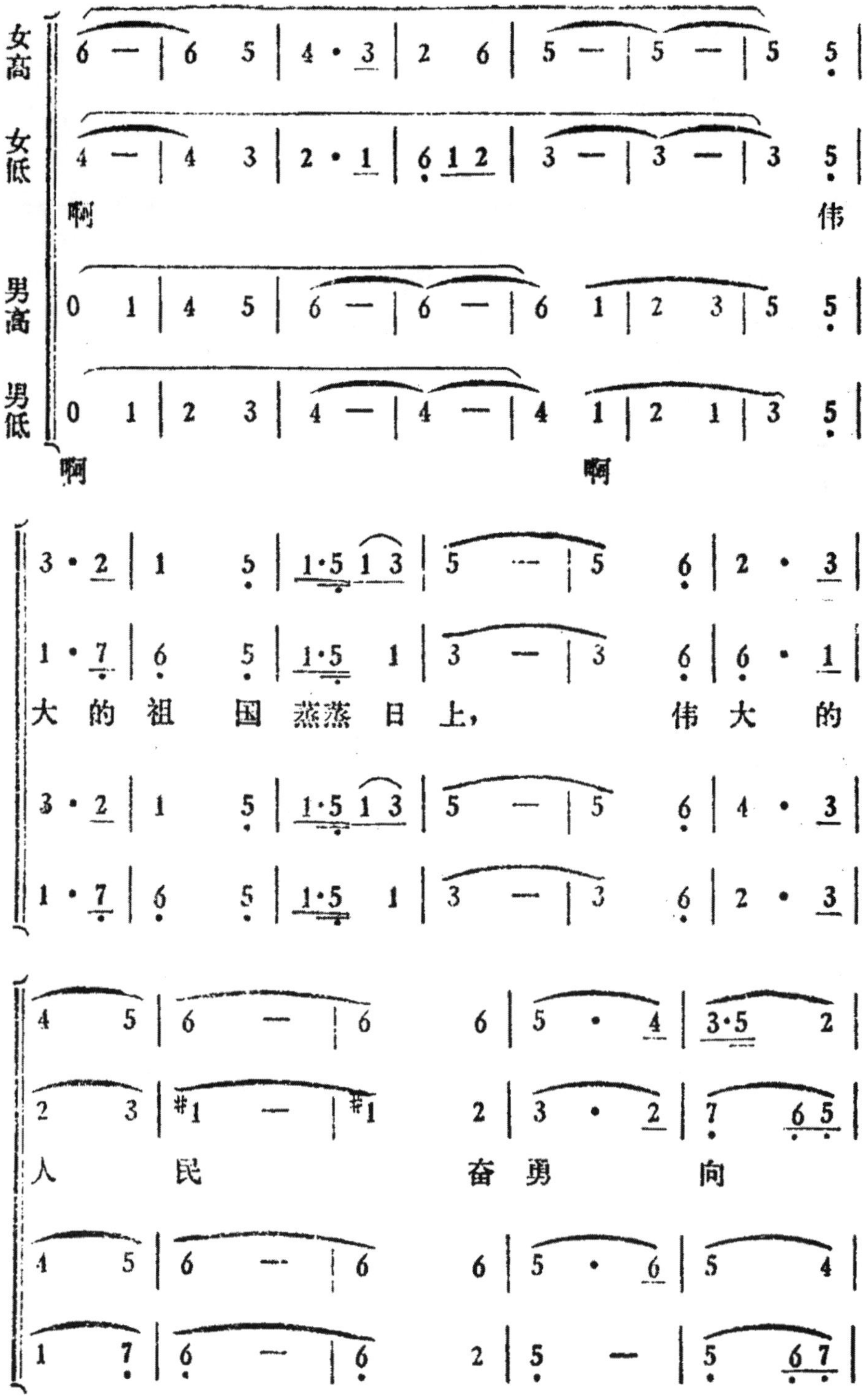
女高
女低
啊
伟
男高
男低
啊
啊
大的祖国蒸蒸日上，伟大的
人民奋勇向

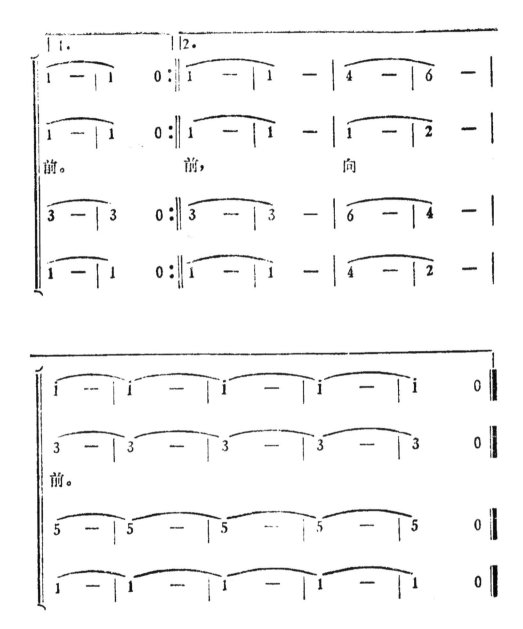

伟大的祖国前进在社会主义大道上

纪录片《依靠群众改善环境卫生》插曲

1 = C ¾

伟大的社会主义祖国，五星红旗高高飘扬。敬
伟大的社会主义祖国，巍然屹立在世界东方。敬

爱的领袖毛主席，领导我们乘风破浪。啊锦绣河山，啊阳光灿烂。伟大的人民昂首阔步，前进在社会主义大道上。
爱的领袖毛主席，领导我们奔向前方。啊辽阔大地，啊东风浩荡。伟大的人民昂首阔步，前进在社会主义大

我们年轻的体育健儿

纪录片《一九七二年全国五项球类运动会》插曲

1 = C ¾

新影乐团词曲

朝气蓬勃地

象 骏 马 奔驰在
红 旗 迎风

原 野， 象雄 鹰 在空中 飞
飘 扬， 胜利歌 声 传遍 四

翔。 我们 年 轻 的 体育健 儿青春
方。 我们 年 轻 的 体育健 儿朝气

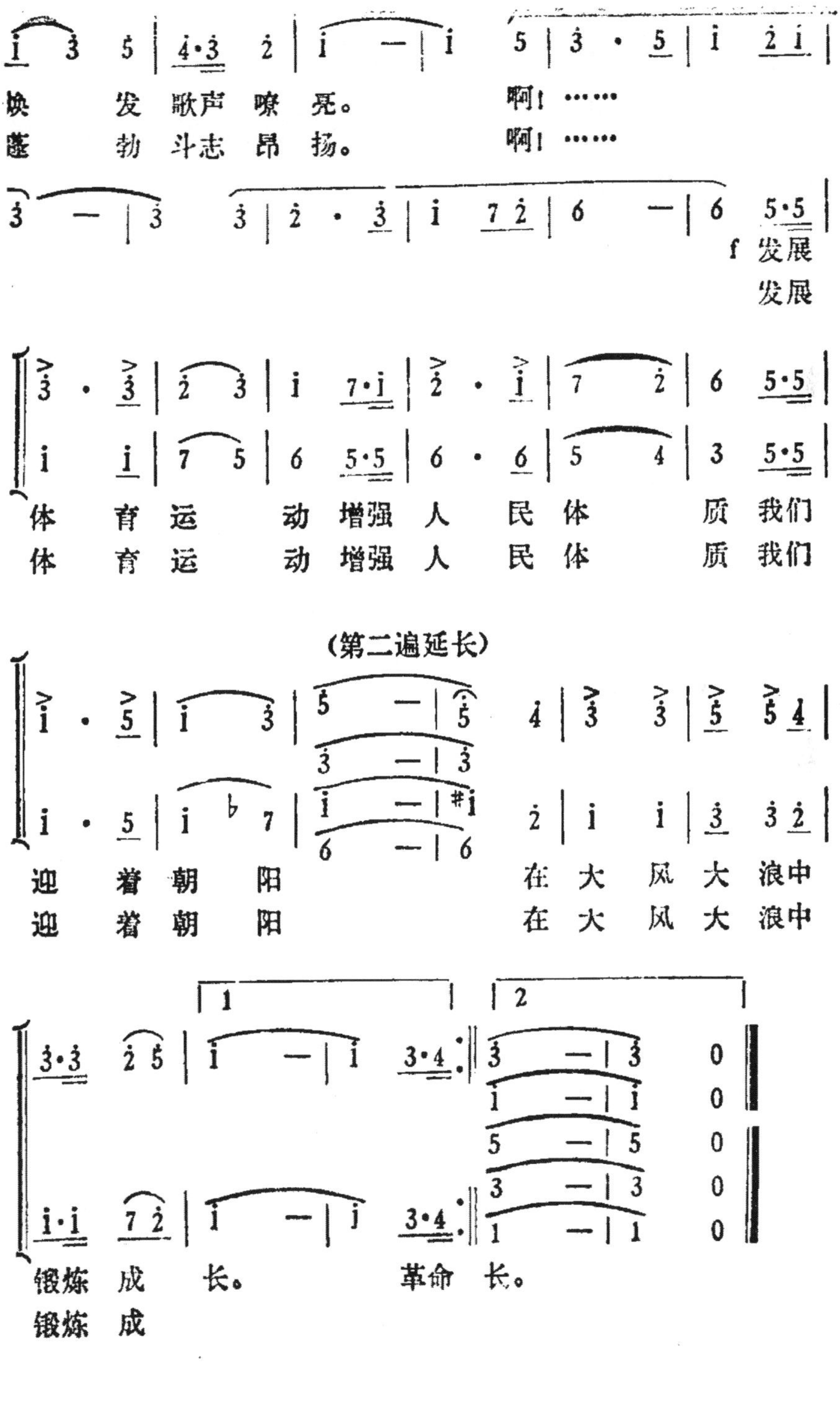
焕 发 歌声 嘹 亮。 啊！……
蓬 勃 斗志 昂 扬。 啊！……
f 发展
发展
体 育 运 动 增强 人 民 体 质 我们
体 育 运 动 增强 人 民 体 质 我们
(第二遍延长)
迎 着 朝 阳 在 大 风 大 浪中
迎 着 朝 阳 在 大 风 大 浪中
1
2
锻炼 成 长。 革命 长。
锻炼 成

站在边疆望北京

纪录片《捕象记》插曲

1 = ♭D 2/4 慢、辽阔

（女独）

朝　霞　　　染红　　千　里

边　疆，　　晨风　　吹

遍　万　重群　山，

美　丽的　西双版纳，哎　　罗　　迎　来了

阳光　灿烂的　春　天。哎　罗

1 = ♭G 2/4 3/4 快、热烈

（女齐）澜　沧　江　水
（女齐）村　村寨　寨

长　又　长，　　欢　乐歌　声　谷
收　割　忙，　　满　场金　　谷

3·2 16 | 1 — — | 5 5 | 6 1 1 |
随 风 扬， 站 在 边 疆
遍 地 香， 丰 收 喜 讯

3·1 35 | 6 — 5 | 55 65 | 3 1 2 |
望 北 京， 颗颗 红心 向 着 党，
送 北 京， 颗颗 红心 献 给 党，

1·5 61 | 1 — — |
向 着 党。
献 给 党。

女高 5 — i | 3 — 5 | 5·6 3 | 31 31 | 6 1
哎 罗 哎 罗 哎罗哎 哎罗哎罗 哎 罗
哎罗哎罗哎罗 哎罗哎罗哎罗

女低 35 53 56 | 13 31 35

(渐慢)

(35 53 56 | 13 31 35 | 2 3 7 |
6·5 35 | 5 — — | 5)

1 = D 2/4

女独 5 3 | i — | i 6 5 35 | 5·i
朝 霞 染 红

女高 0 | 03 53 i | — | i5 i5
F啊 啊

女低 0 | F 01 31 | 5 — | 53 53

329

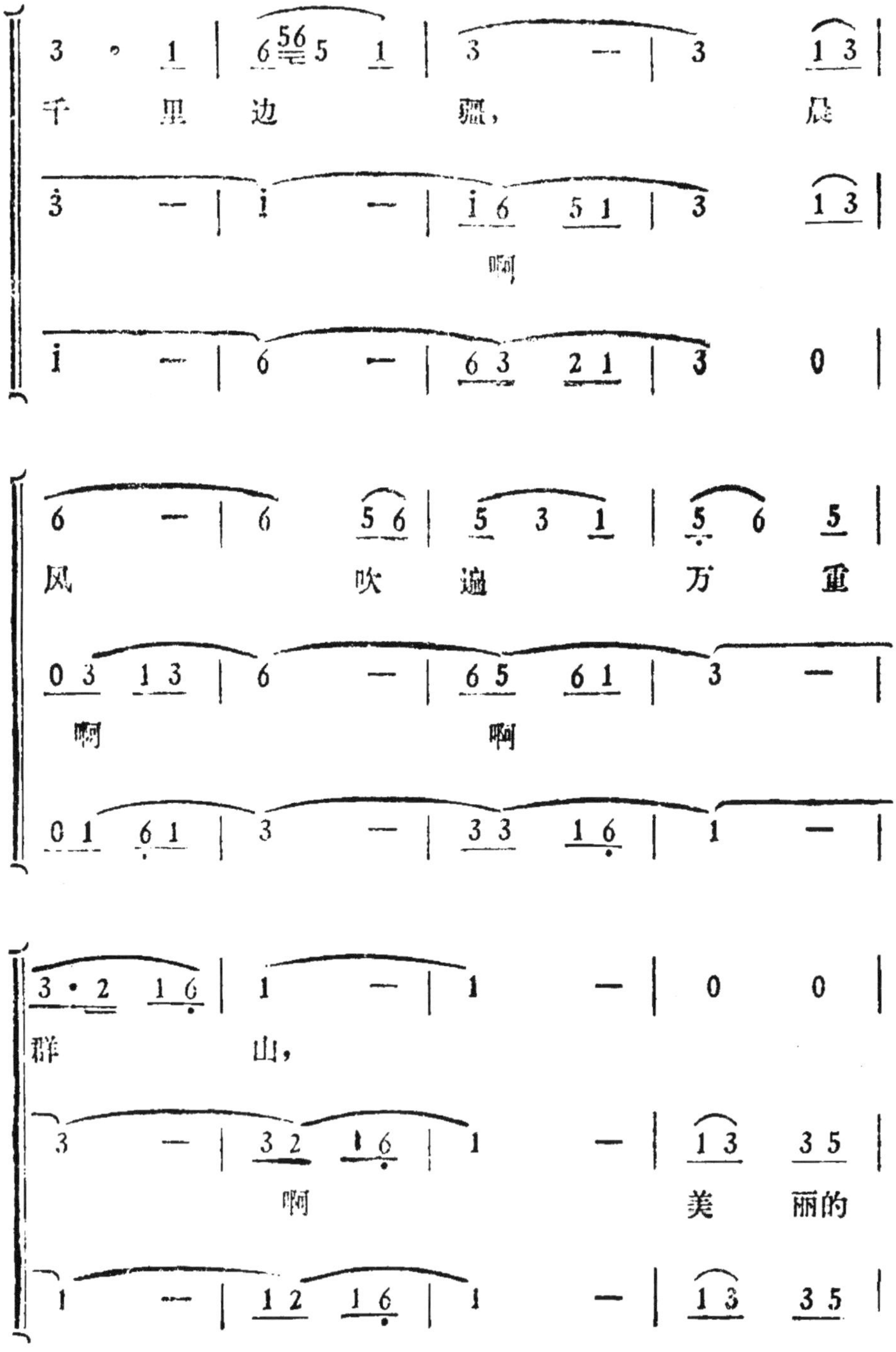
千 里 边 疆， 是
啊
风 吹 遍 万 重
啊 啊
群 山，
啊 美 丽的

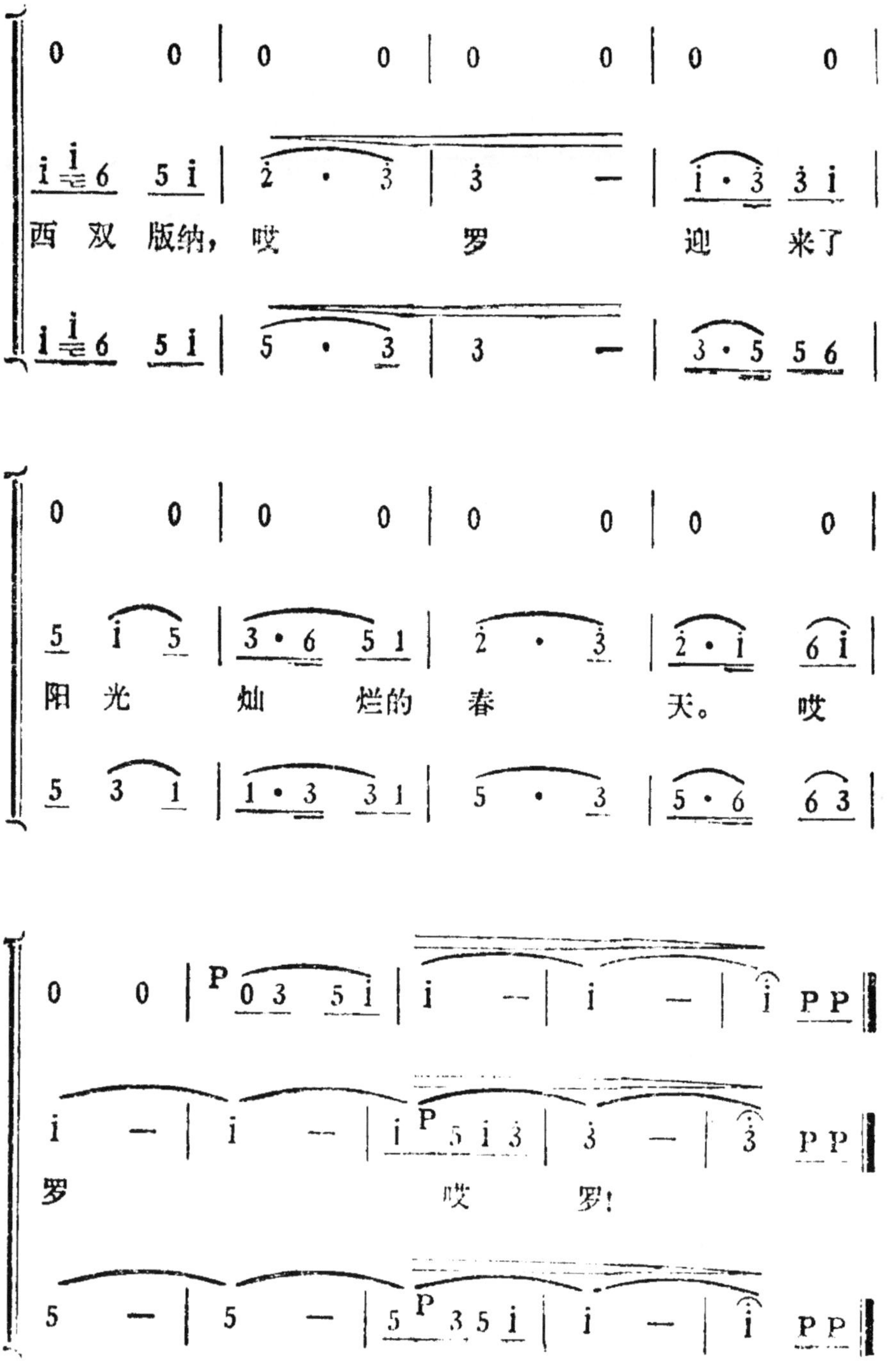
西双版纳，哎
罗
迎来了
阳光灿烂的春天。哎
罗
哎
罗！

狩 猎 队 员 之 歌

纪录片《捕象记》插曲

$1=\flat A$ $\frac{2}{4}$

稍快、朝气蓬勃

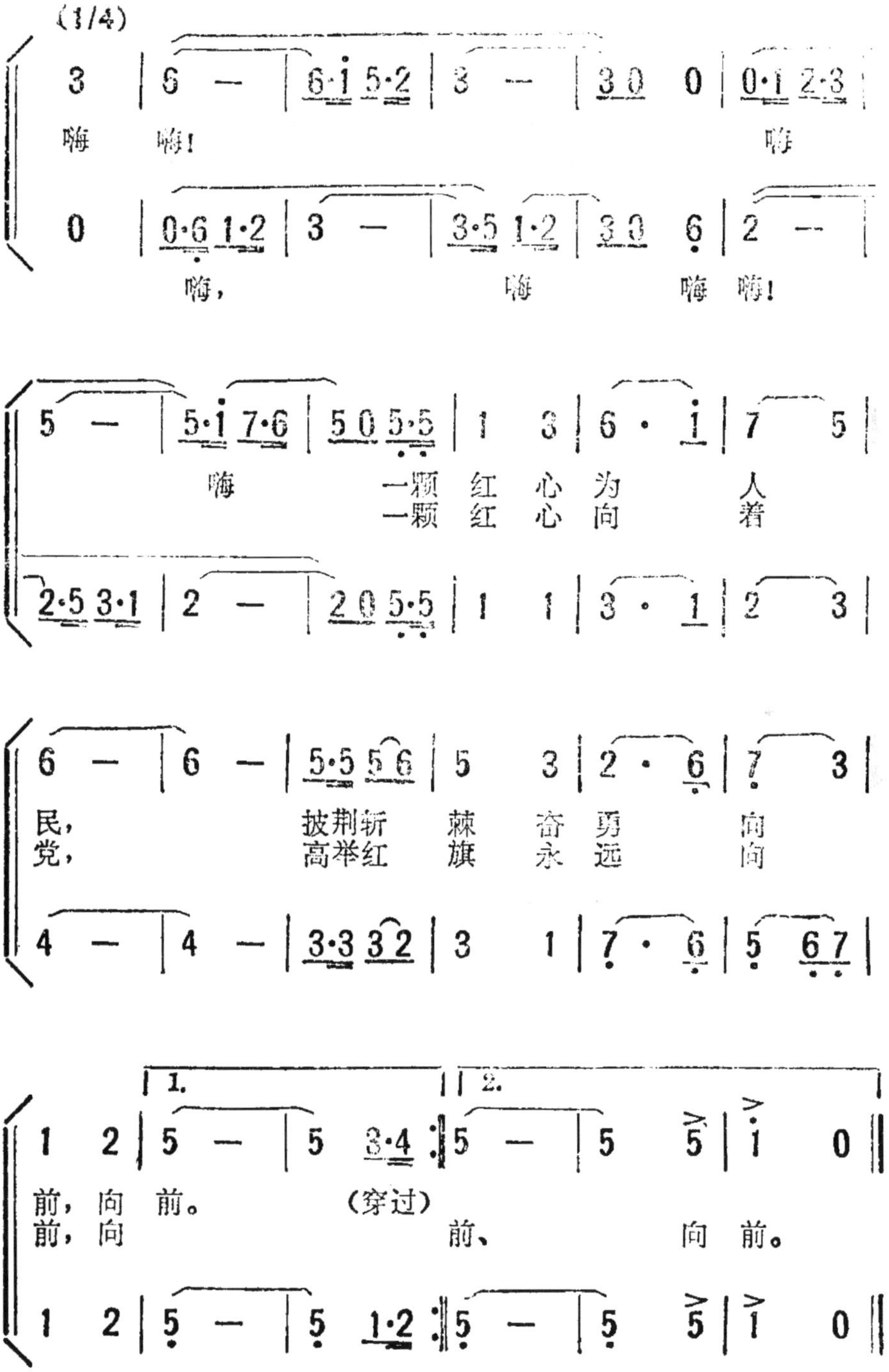
(1/4)
嗨 嗨!
嗨
嗨，
嗨
嗨 嗨!
嗨
一颗 红 心 为 人
一颗 红 心 向 着
民，
党，
披荆斩 棘 奋 勇 向
高举红 旗 永 远 向
1.
2.
前，向 前。
(穿过)
前，向 前、 向 前。

金灿灿的太阳照四方

科教片《椰子》插曲

刘　欣词
谭志斌曲

1 = C　2/4

朝气蓬勃　稍快

(0 5 5｜5·5 5｜5·5 5｜5 3 1 3｜5 i 3｜2 0 5 6 7｜

i 3 5 3｜1 3 5 3)｜i 5 5 4｜3 6 5 0｜6 7 i 2｜i　—｜
　　　　　　　　　金灿灿的　太阳　照四　方，

3 3　2 i｜7 2　6 0｜7 2　i 6｜5　—｜3　—｜
红艳　艳的　旗　帜　迎风　扬，　　　毛

2· 　1｜5　—｜5 i　i i｜7　5｜6　6｜
主　　席　　给　我们　指　引　方　向，

0　3 5｜i·i　6 5｜i 2　3｜3　2 i｜5　2｜
我们　昂首　阔步　走　在　革命　的　大　道

i　0｜4· 1｜4　5｜6　6｜(i·5 6 0)｜
上。　穿　过　滚　滚　绿　浪，
　　　种　下　棵　棵　椰　树，

2· i | 7 6 | i 5 |(2·i 5 0)| 3 3 5 |
迎　来　遍野　果　香，　　　祖国
绿　化　万里　江　山，

（跳跃地）

i i | 7· 5 | 6 2 | 25 61 | 66 54 |
大　地　欣欣　向　荣，我们在阳光雨

3· 6 | 51 2 | 1 0 i | i | i i 0 i |
露　中　茁壮　成　长。为革　命　学习，为

7 5 | 66 0 | 3· 2 | 45 | 6· i |
革　命　劳动，　广　阔　天　地　是
　　　　　　共　产　主　义　是

2 i 7 | 6 2 | 5 — | i i | i — | i i i i |
我们的课　堂。毛主席(毛主席)给我们
我们的理　想。

7 5 | 6 6 | 0 35 | i·i | 65 | i i 2 3 |
指　引方　向，　我们昂首阔步走在

3 2 i | 2 3 | i — | i 0 ‖
革　命的大道上。

毛主席革命路线放光彩

纪录片《海河战歌》插曲

1=C 4/4 2/4

中央新闻纪录
电影制片厂 词曲

开阔 奔放

（歌谱）

望海河
滚滚来
飞出太行奔入海 千年的旧貌
换新颜 毛主席的革命路线
放光彩

（快板）

S.T.
英明的 画 河 指 方 向
大寨 红 花 遍 地 开

A.B.

山山 水 水 巧安 排 根治 旱涝
海河 两 岸 春 常 在 北国 赛江

碱 征服 千 年 害， 党 的 恩 情
南 幸福 万 万 代， 党 的 恩 情

比 天 高 红太 阳的 光
比 天 高 红太 阳的 光

光 辉
光 辉

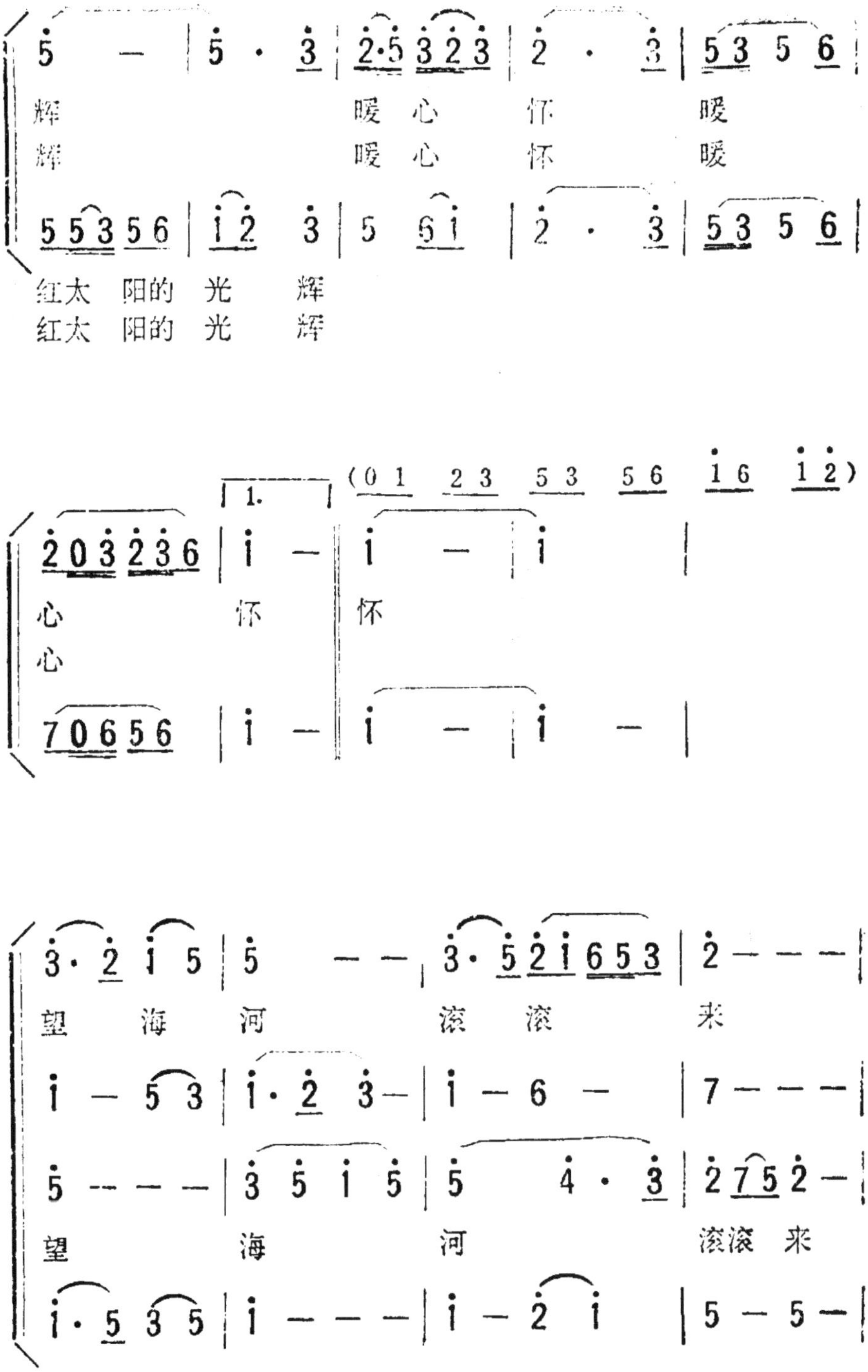
辉 暖心怀 暖
辉 暖心怀 暖
红太阳的光 辉
红太阳的光 辉
心 怀 怀
心
望 海 河 滚 滚 来
望 海 河 滚滚 来

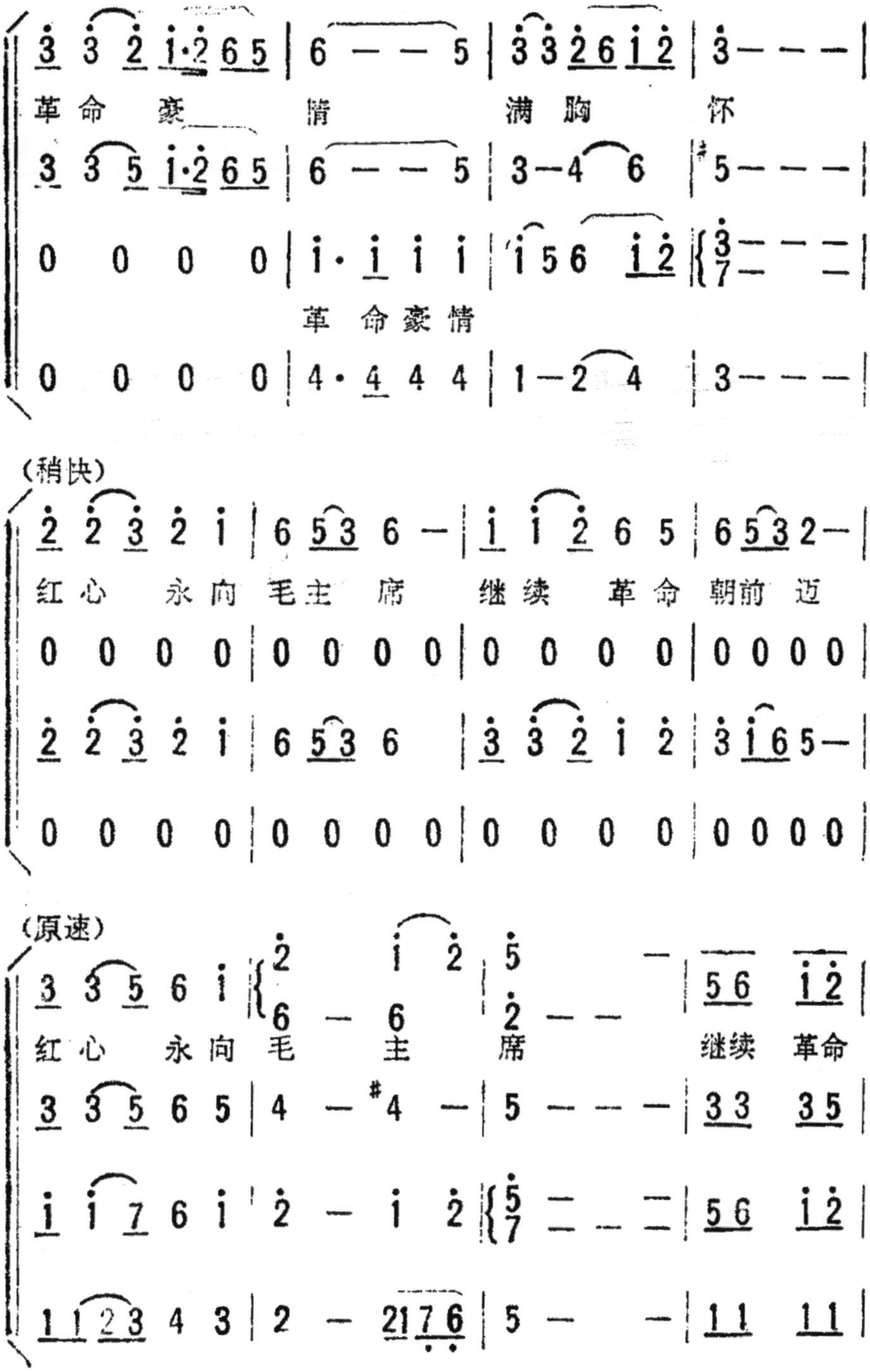
革命豪情满胸怀
革命豪情
(稍快)
红心永向毛主席继续革命朝前迈
(原速)
红心永向毛主席继续革命

（乐谱）

毛主席挥手我出航

纪录片《英姿飒爽上蓝天》主题歌

$1=^\flat B$ $\dfrac{2}{4}$ $\dfrac{4}{4}$ 中国人民解放军
八一电影制片厂 词曲

坚定 自豪

中速（1=96）

（乐谱）

象那 海 燕
祖国 大 地

穿云 破 雾，象那 雄 鹰 展翅 飞 翔，　　我们
多么 壮 丽，锦绣 河 山 洒满 阳 光，　　我们

ƒ　　　渐慢…………慢

3 - 2·3 | 1·1 72 6 6̂ | 4·3 2 6 |

年　轻　的　空中女战士，战斗　在　万里
年　轻　的　空中女战士，豪情　满怀

ƒ 进行速度(♩=108)　　　　　mƒ

2̂3 46̂ 5̂ - | (5̂·55 | 5555) 3·4 |

蓝　天　上。　　　(高音齐唱)文　化
战　歌　扬。　　　(高音齐唱)中　华

5　3 | 1　76 5 | 3 0 | 6·1 65 | 6̂　2̂ |

革　命　经　风雨，　红色　熔炉　炼　纯
儿　女　多　奇志，　白云　深处　摆　战

3 - | 3 - | 1 6 1 | 4 - | 3·2 12 | 5̂　3 |

钢，　　敬爱的党　给了我们智慧
场，　　敬爱的党　给我们插上钢铁

21 23 7 | 6　0 7 | 656 35 | 3　2̂·3 | 1　0 |

和　力　量，　青春　似火斗　志　昂。
翅　膀，　云山　雾海打　豺　狼。

ƒ
高){ 5·55 5 - | 3 6 | 5 - | 6·6 6 | 4 - |
　　革命重担　挑肩上，　五洲风云
　　ƒ
　　0 0 | 5·55 | 1 - | 36 5 | 0 0 | 4·4 4 |
　　革命重担　挑肩　上，　　五洲风
低){ 0 0 | 1·1 1 | 5 - | 12 3 | 0 0 | 2·2 2 |

341

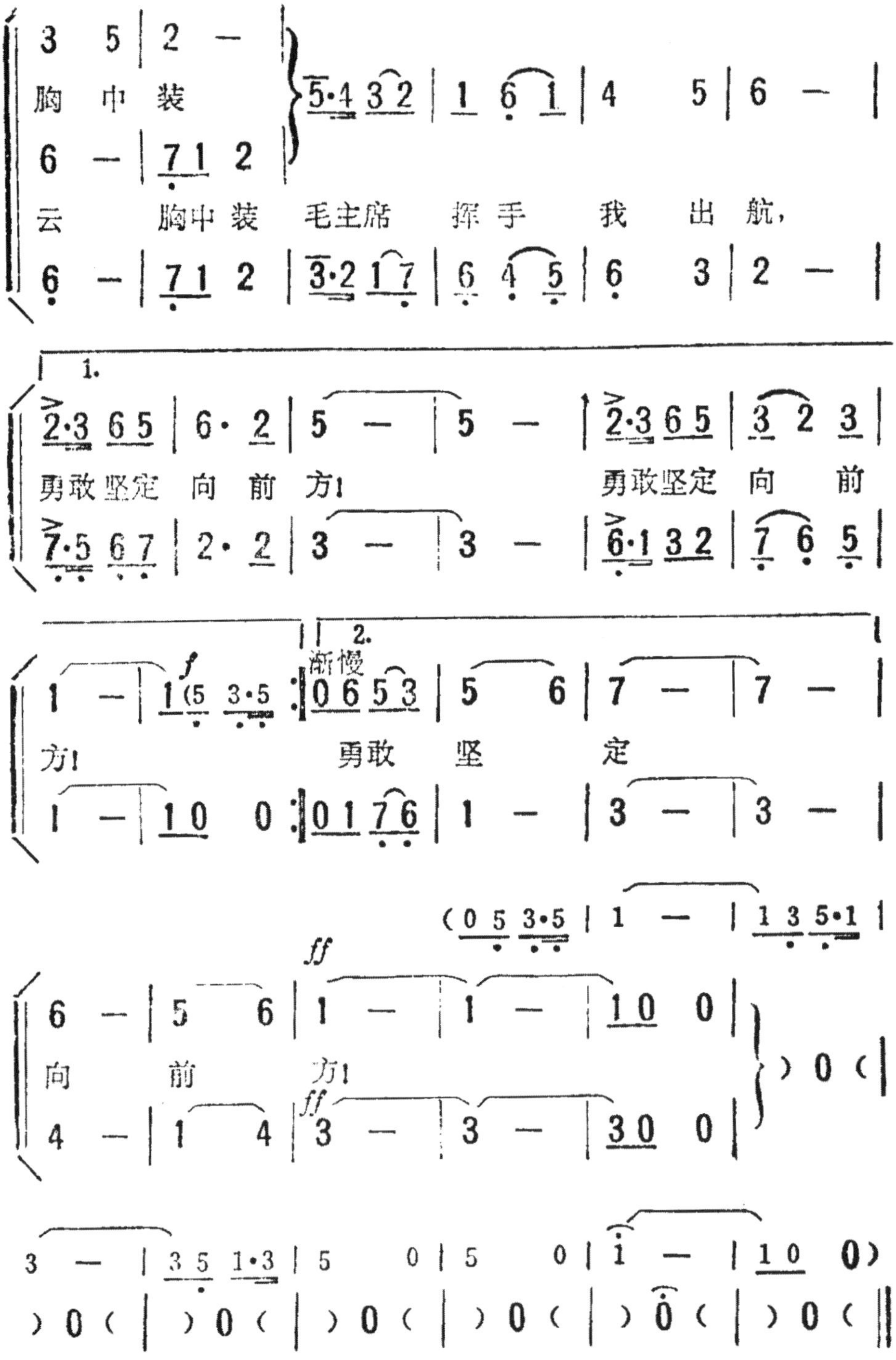
胸中装
云 胸中装 毛主席 挥手 我 出航，
勇敢坚定 向 前 方！
勇敢坚定 向 前
方！
渐慢
勇敢 坚 定
向 前 方！

友 谊 之 路

纪录片《坦赞铁路在建设中》（第二部）插曲

1=F 2/4

中央新闻纪录
电影制片厂 词曲

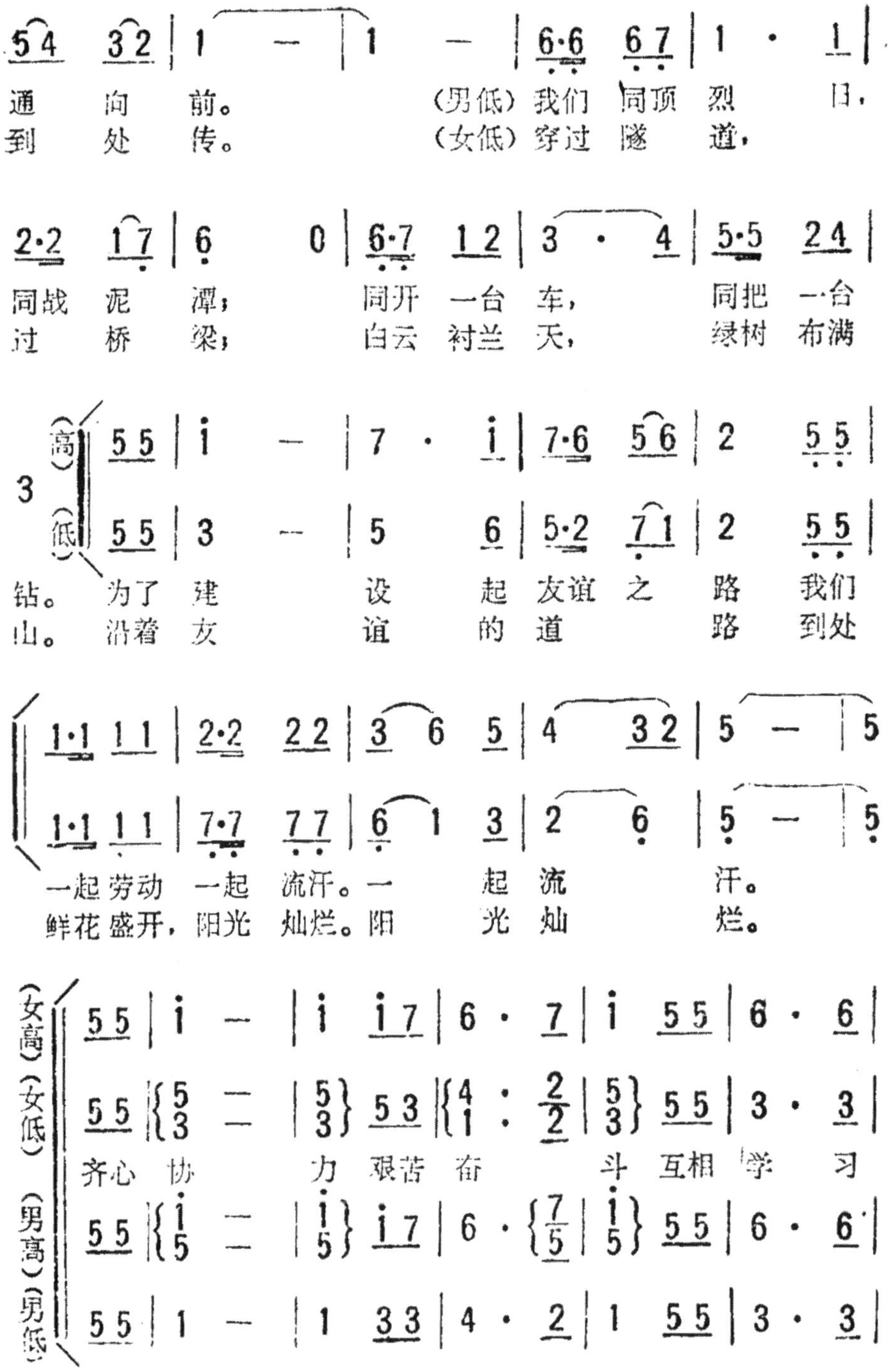
通向前。
(男低)我们同顶烈日，
到处传。
(女低)穿过隧道，
同战泥潭；同开一台车，同把一台
过桥梁；白云衬兰天，绿树布满
高
低
钻。为了建设起友谊之路我们
山。沿着友谊的道路到处
一起劳动一起流汗。一起流汗。
鲜花盛开，阳光灿烂。阳光灿烂。
(女高)
(女低)
齐心协力艰苦奋斗互相学习
(男高)
(男低)

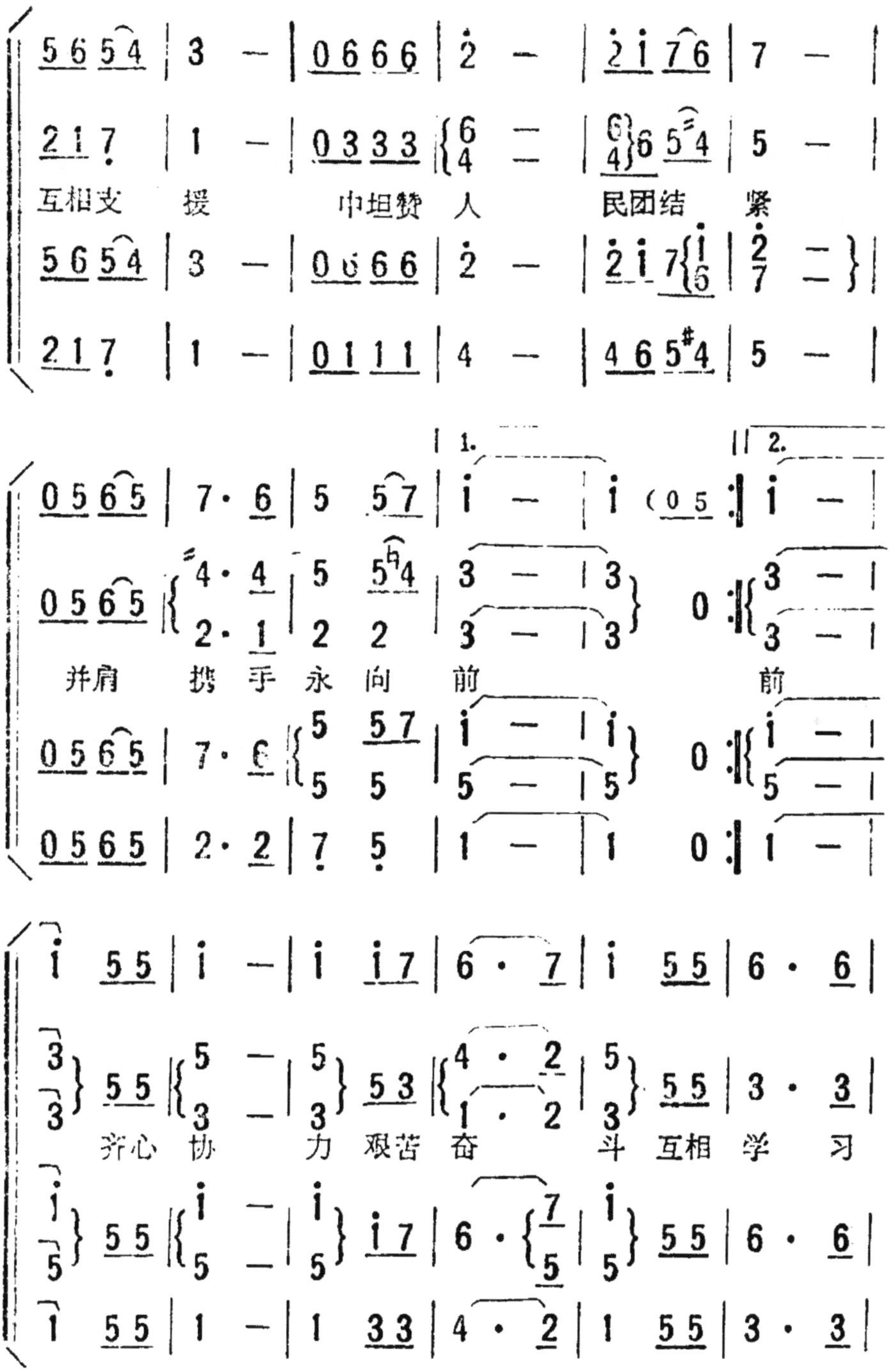
互相支援 中坦赞人民团结紧
并肩携手永向前 前
齐心协力艰苦奋斗互相学习

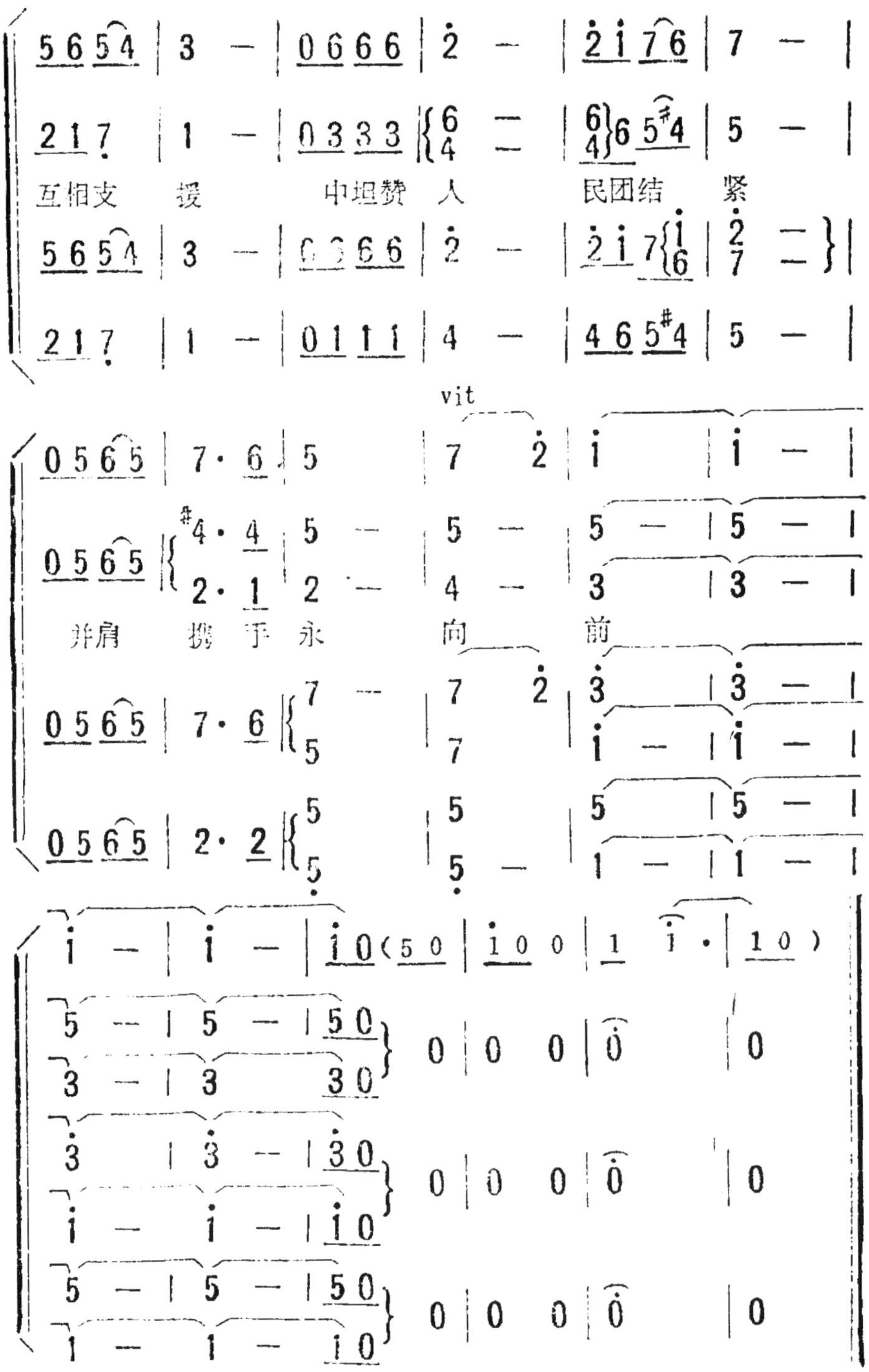
互相支援 中坦赞人民团结紧
vit
并肩携手永向前

毛泽东思想放光芒

纪录片《广东农村小水电》插曲

沙 星 词
谭志斌 曲

1.

（0 567123

马达 欢歌 人 欢唱。

2.

颗颗 红心 向 太 阳。

（宽广地、歌颂）

S

A

毛泽东思 想 哎 放光 芒， 社会 主义

T

B

农村 蒸蒸日 上 哎。 指点 江山 美 如画，

江 山 如 画

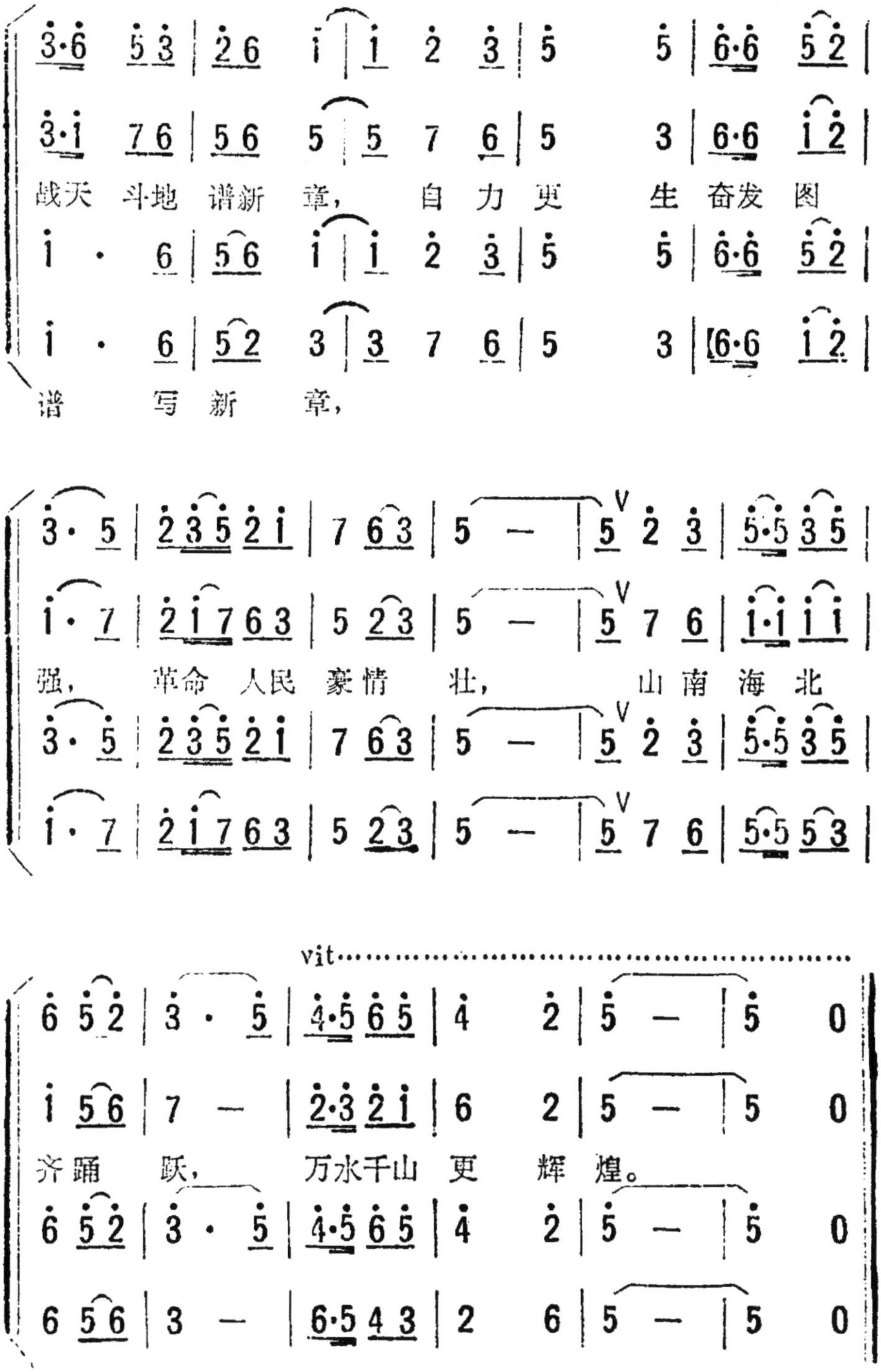
战天 斗地 谱新 章， 自 力 更 生 奋发 图
谱 写 新 章，
强， 革命 人民 豪情 壮， 山 南 海 北
vit
齐 踊 跃， 万水千山 更 辉 煌。

大寨红花处处开

纪录片《罗定学大寨》插曲

刘 欣 词
谭志斌 曲

1=G 2/4 1/4 （女声领唱、合唱）

中速 稍快 歌唱性

tv⌒⌒⌒   tv⌒⌒⌒

(6 1 | 5·6 1 | 5·6 1 | 5 1 6 1 | 3 1 2 1 | 1·2 3 5 |

3 2 2 7 | 6 0 5 | 6·1 2 5 3 2 | 7 2 6 | 1 —) |

3·2 1 2 5 | 5 · 1 | 6·5 3 5 6 | 1 — | 2 3·5 |
朝霞 满   天   红似 火，   革 命

1 2 7 6 | 6 3 5 2 1 6 | 5 — | 1·7 6 5 3 5 | 6 6 0 1 |
洪 流 滚 滚 来。   奋发   图强

5·1 6 5 3 5 | 5 2 · | 2 3 5 6 | 3·4 3 2 1 | 7 2 3 2 7 6 5 |
战 天   地， 红 旗 指 处 山河

（小快板）

5 — | (2 3 5 6 | 3·4 3 2 1 | 7 23 2765 | 5 | 5 | 5 | 5) |

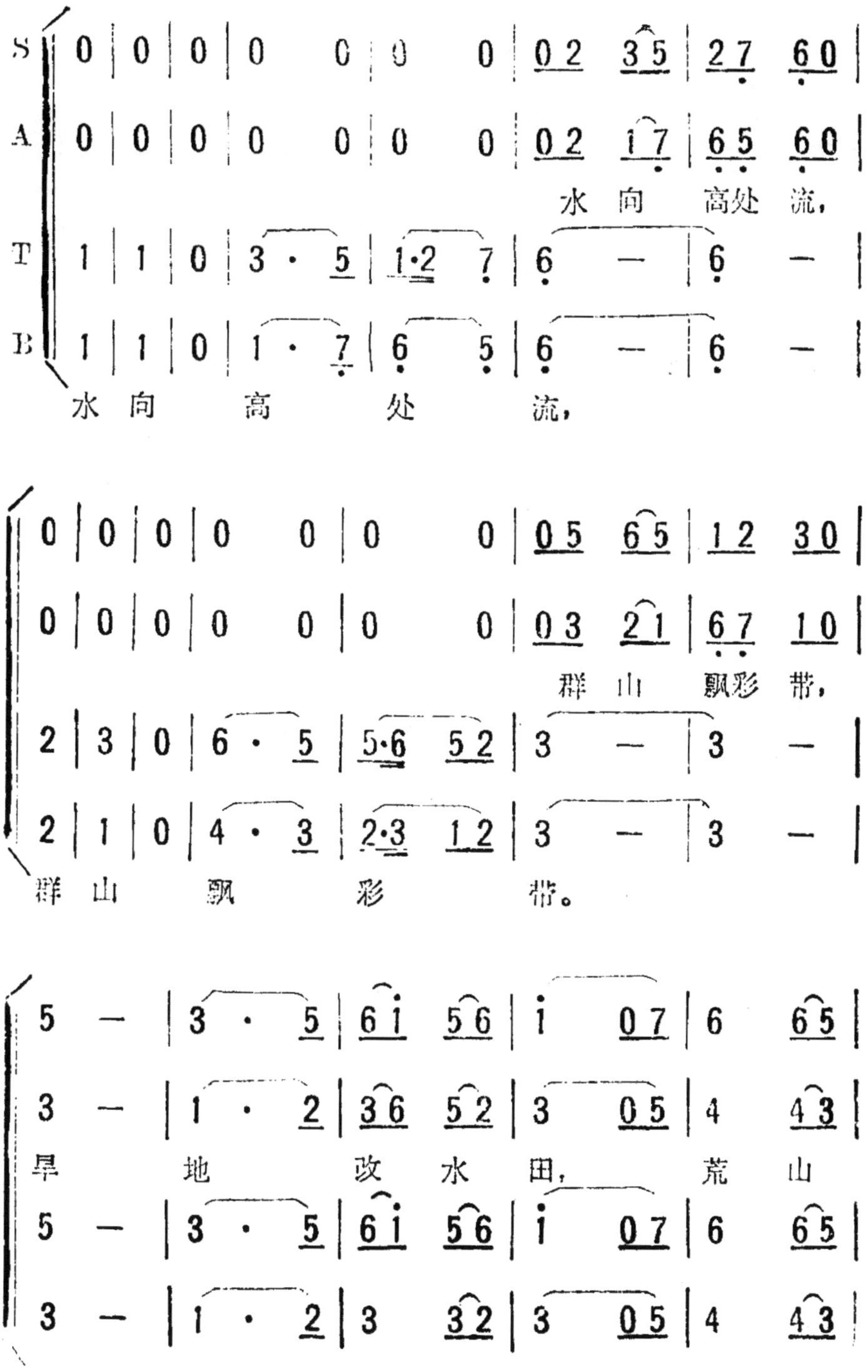
S
A
T
B
水 向 高处 流，
水 向 高 处 流，
群 山 飘彩 带，
群 山 飘 彩 带。
旱 地 改 水 田， 荒 山

变稻海。 毛主席

号召学 大寨, 大寨

席 号召学 大寨,

红花处处开。 处处开。

大 寨 红 花 处

处　　　　开。

大寨红花 处 处 开。

友谊的鲜花永远开

纪录片《第一届亚洲乒乓球锦标赛》主题歌

1=F　6/8

中央新闻纪录
电影制片厂　词曲

江　河　齐欢　唱　友谊花盛　开

乒　坛　花盛　开　银球放光　彩

欢迎你呀朋友们　银球连四海
亚洲人民心连心　友谊传四海

S/T 鲜花遍地开　笑迎朋友来
乒坛花盛开　银球放光彩

亚洲人民心连心　乒坛春常在
亚洲人民心连心　友谊传四海

S 啊……
A 啊……

S/T 互相学习,团结前进　友谊的鲜花永远开

5 6 5 6 i | 2 · 2 · | i 2 i 7 6 i | 5 · 5 · |
互 相 学 习　　团 结 前 进

3 2 i 4 6 | 5 · 5 · | 6 6 5 i 2 | 3 · 3 · |

6 6 7 i 6 | 5 i 2 3 · | 2 3 2 i 2 | i · i · ‖
友谊的 鲜 花 永 远 开 永 远 开

1 1 2 3 3 | 5 3 5 i · | 7 6 5 6 5 | 3 · 3 · ‖

一颗革命红心忠于毛主席

动画片《草原英雄小姐妹》插曲

1=C 或 ♭B 2/4

中速、稍慢

(0 6　3 6 | 2 2 3 | 6 －) ‖: 6 6　2·3 |
冰雪　哟
我　们的

(2 | 12 i 6 ·)
2 2　6 | 5 3 i | 12 i 6 · | 6 · 0 ‖
冰雪　哟，　快 快 融　化 哟，
草原　哟，　辽阔广　大 哟，

$$(6 \mid \overset{56}{5} \quad 3 \cdot)$$

$$\overset{.}{2} \quad \overset{.}{1} \quad \overset{.}{3} \mid 6 \, \widehat{6 \, 5} \quad 3 \mid \underline{1} \quad 6 \quad 6 \mid \overset{56}{5} \quad 3 \cdot \mid 3 \cdot \quad 0 \mid$$

小 草 哟 小 草　哟，快 快 发 芽　哟，
我 们 的 公 社　哟，富 饶 美 丽　哟，

$$\underline{3 \cdot 5} \quad \widehat{6 \, 6 \, \overset{.}{1}} \mid \underline{6 \, 6} \quad 2 \mid \underline{1} \quad 2 \quad 3 \mid \widehat{6 \cdot 5} \quad 3 \mid \underline{1 \cdot 2} \quad \widehat{3 \, 5} \mid$$

羊 羔 哟　羊 羔　哟，快 快 增 加　哟，红 小 兵
社 会 主 义　道 路　哟，无 限 宽 广　哟，祖 国 的

$$(2 \mid 3 \, 6 \quad 5 \, 3)$$

$$\widehat{6 \, 5 \, 6} \quad \widehat{\overset{.}{1} \mid \overset{.}{1}} \cdot \quad 3 \mid \underline{3 \cdot 5} \, \underline{6 \, \overset{.}{2}} \, \overset{.}{1} \mid \overset{12}{\overset{.}{1}} \quad 6 \cdot \mid 6 \cdot \quad 0 \mid$$

红 小　兵，　　　快 快 成　长　哟，
前　途，　　　灿 烂 辉　煌　哟，

稍快

$$\begin{array}{l} \overset{.}{2} \cdot \quad \overset{.}{3} \mid \overset{.}{2} \quad \underline{\overset{.}{1} \, 6} \mid \underline{6 \cdot \overset{.}{2}} \, \underline{3 \, 6} \mid 2 \quad \underline{3 \, 6} \mid \overset{.}{2} \quad - \mid \\ 6 \cdot \quad \overset{.}{1} \mid 6 \quad \underline{6 \, 3} \mid \underline{3 \cdot 6} \, \underline{6 \, 3} \mid 2 \quad \underline{2 \, 3} \mid 6 \quad - \mid \end{array}$$

长 大 要 当 个 好 社 员 啊，
我 们 是 祖 国 好 儿 女 啊，

$$\begin{array}{l} \overset{.}{2} \quad - \mid 3 \quad \underline{\overset{.}{1} \, 6} \mid \underline{5 \cdot 6} \quad \underline{3 \, 5} \mid \underline{6 \, \overset{.}{1}} \mid \overset{.}{2} \quad \overset{.}{2} \mid \overset{.}{3} \, 0 \mid \\ 6 \quad - \mid 6 \quad \underline{5 \, 3} \mid \underline{2 \cdot 3} \quad \underline{1 \, 2} \mid \underline{3 \, 5} \mid 6 \mid 6 \cdot \quad 0 \mid \end{array}$$

学 习 雷 锋 叔　叔，
一 颗 革 命 红　心，

渐慢

（ 6 3 2 | 1 6 3 6 | 6 — ）

爱党 爱人 民 哟。

忠于毛主 席哟。 忠于毛主 席哟。

军 垦 战 歌

纪录片《一代新人在成长》插曲

1=A 2/4　　　（混声合唱）

于得水 词
张雄海 曲

自豪、坚决、行进速度

1. 祖
2. 祖

国 的 大 地 春 风 荡
国 的 天 空 阳 光 灿

```
3 —  3 — | 5 — | 3·2  1 | 3  6 — |
漾,         军   垦    战    旗
烂,         军   垦    战    士

1    5 | 53 23 | 1 — | 1   1·2  3 | 1·6 |
迎   风  飘   扬,          跨过  江   河
歌   声  嘹   亮,          穿过  椰   林

5·  1·3 | 5    5 | 4·5  6 | 6  6 | 2·3 |
踏   遍  青   山    屯垦  戍   边;      誓把
头   顶  青   天    屯垦  戍   边;      紧握

                          (2 3  21 | 75  67)

5·  5·6 | 5    3 | 66  3 | 2 — | 2 — |
祖   国  建   成  锦绣  田   园。
钢   枪  保   卫  祖国  家   园。
```

(男女高音)
```
|| 0    0 | 0    0 | 5·5  55 | 0    0 |
                     军垦  战士
                     军垦  战士
```

(男女低音)
```
|| 1   7·6 | 55    5 | 3   0 | 1·2  3 1 |
我  们是 军垦  战  士      党的  教导
我  们是 军垦  战  士      党的  教导
```

```
| 0    0 | 4·3  22 | 0    5 | 3    1 | 2    3 |
         牢记  心间       继  承    革   命
         牢记  心间       继  续    革   命

| 66   2  2 | 0    3 — | 1 · 6 | 5    1 |
牢记  心  间,      继   承    革   命
牢记  心  间,      继   续    革   命
```

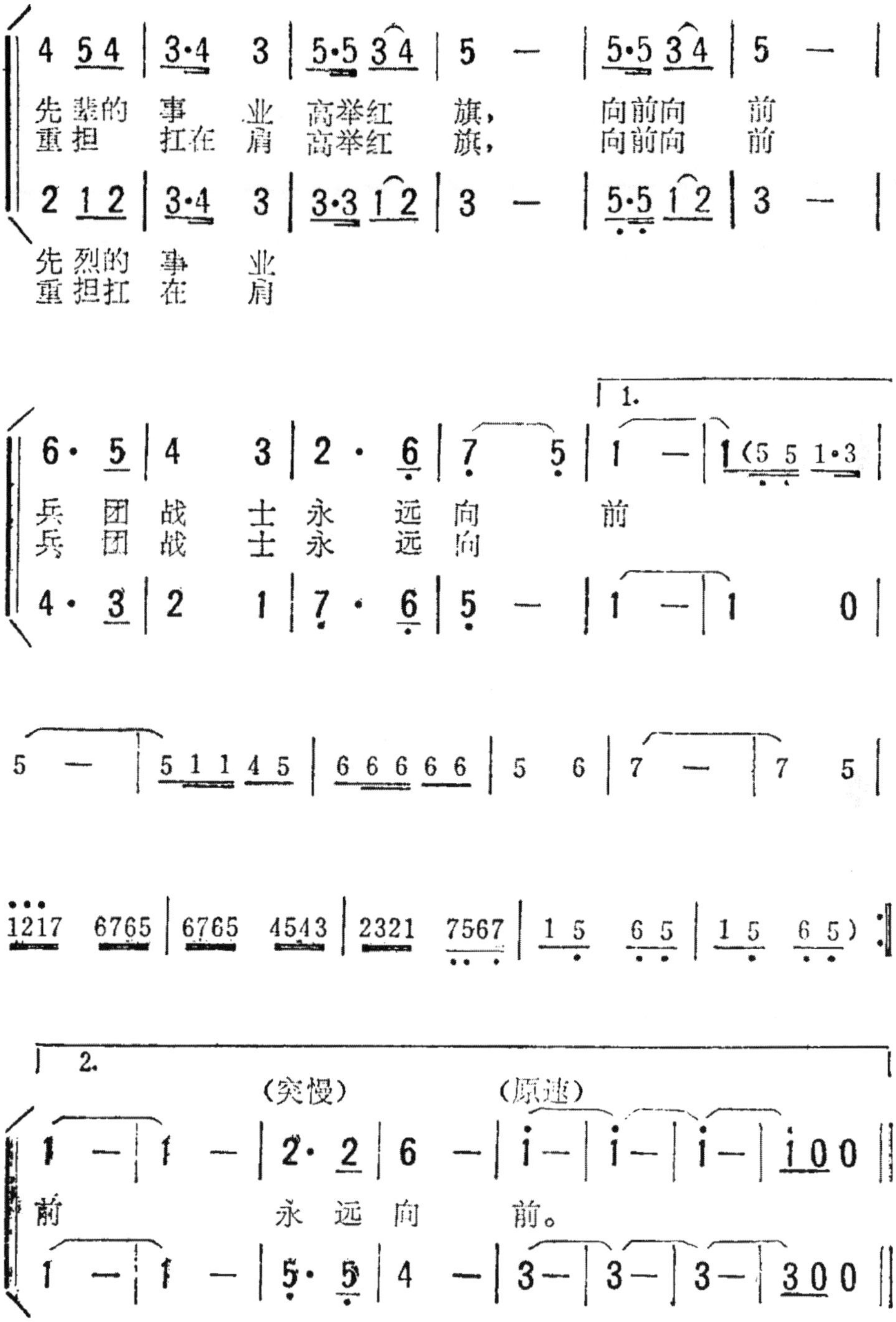
先辈的事业高举红旗，向前向前
重担扛在肩高举红旗，向前向前
先烈的事业
重担扛在肩
兵团战士永远向前
兵团战士永远向
(突慢)
(原速)
前 永远向前。

草 原 赞 歌

美术片《草原英雄小姐妹》插曲

1 = E 2/4

快 有朝气（♩ = 132）

```
(6·35 | 6  6 | 3·6 62 | 3  3 | 33566 |

5 3  22 | 1·2 351 | 6  ·60 | 66222 | 36  22 |
                              1.天上闪烁的 星星 多呀，
                              2.草何开放的 花儿 多呀，

1·2  36 | 2·3  20 | 11236 | 21  66 | 5·6231 |
星  星  多，      不如 我们 公  社的 羊 儿
花  儿  多，      不如 我们 新  盖的 厂 房

6  — | 22222 | 36  22 | 1·2  36 | 2·3  20 |
多，     天边飘浮的 云彩 白呀，云  彩  白，
多，     山峰飞跑的 花鹿 快呀，花  鹿  快，

11236 | 21  66 | 5·6231 | 6  — | 6·35 |
不如 我们 公 社的 羊绒  白，      啊  哈
不如 我们 来 往的 汽车  快，
```

361

千万朵红花一齐开放

美术片《草原英雄小姐妹》插曲

1=C 或 ♭B ¾

快、有精神

头顶冰雪，根扎大地，两朵红花开放雪地
辽阔（的）草原，东风浩荡，光辉思想到处传

上，头顶蓝天，翅拍白云，
扬，热爱祖国，热爱人民，

两只小鹰，飞翔草原上，战胜
毫不利己，专门利人，千万朵

风雪，保住羊群，
红花，一齐开放，

$$\overset{\frown}{5\ 6\ 5}\ \overset{\frown}{3\ 5}\ 6\ 6\ \Big|\ \overset{\overset{\frown}{\overline{1}}}{\dot{1}\cdot\dot{1}}\ \overset{\frown}{\dot{6}\dot{1}}\ \overset{\frown}{\dot{2}\dot{1}}\ \dot{2}\ \Big|\ \dot{3}\ -\ -\ -\ \Big|$$

小　　姐　妹呵，　勇　敢　坚　强。

$$(\overset{\frown}{5\ 5}\ \overset{\frown}{3\ 5})$$

毛泽东　思想，　永　放　光　芒。

$$(\overset{\frown}{6\cdot6}\ 6\ 6\ \Big|\ \overset{\frown}{\dot{2}\cdot\dot{2}}\ \overset{\frown}{\dot{2}\ 3}\ \dot{1}\ 6\ 5\ \dot{1}\ \Big|\ \overset{2}{4}\ \dot{6}\ \dot{6}\ 0)\Big|$$

$$\overset{\frown}{\dot{2}\ \dot{1}\ 6}\ \overset{\frown}{5\cdot6}\ \dot{2}\ \dot{1}\ \Big|\ \dot{6}\ -\ -\ 0\ \Big|$$

勇敢坚　　　强。

永放光　　　芒。

$$\overset{4}{4}\ \overset{\frown}{6\cdot6}\ \overset{\frown}{3\cdot3}\ 3\ 5\ \Big|\ \overset{\frown}{3\cdot5}\ \overset{\frown}{6\ \dot{1}}\ \overset{\frown}{\dot{1}\ 2\ \dot{1}\ 6}\ \Big|\ 2\ 2\ 3\ 6\ 6\ \dot{2}\ \Big|$$

毛主　席的　教　导　牢　记　心　上，红色的　接班人

好　好　学习，天　天　向　上，红色的　接班人

$$\overset{\frown}{\dot{1}\cdot6}\ \overset{\frown}{5\ \dot{1}}\ 6\ -\ \Big|\ \dot{2}\cdot\dot{1}\ \dot{2}\ 3\ 3\ \Big|\ \overset{\frown}{6\cdot3}\ 3\ 6\ \overset{\frown}{5\ 6\ 5}\ 3\ \Big|$$

在　成　　长。　啊　哈　嗨　嗬(咿)啊　哈哈嗬　嗬(咿)

健康成　长。　啊　哈　嗨　嗬(咿)啊　哈哈嗬　嗬(咿)

$$2\ 2\ 3\ 6\ 6\ \dot{2}\ \Big|\ \overset{\frown}{\dot{1}\cdot6}\ \overset{\frown}{5\ \dot{1}}\ 6\ -\ \Big|\ 2\ 2\ 3\ 6\ 6\ \dot{2}\ \Big|$$

红色的　接班人　在　成　　长。　红色的　接班人

红色的　接班人　健康成　　长。　红色的　接班人

$$\overset{\frown}{\dot{1}\cdot6}\ \overset{\frown}{5\ \dot{1}}\ 6\ -\ :\Big\|\ \overset{\frown}{\dot{1}\cdot}\ 6\ \overset{\frown}{5\ 6\ \overset{\frown}{\frac{1}{2}}\dot{1}}\ \Big|\ \dot{6}\ -\ -\ -\ \Big|$$

在　成　　长。　　健　康　成　　　长。

健康成　长。

革命的红灯心中照亮

美术片《草原英雄小姐妹》插曲

1＝D或C　6/4 4/4　　　　　（独唱）

节奏自由　紧张　激动

1.为了保护羊群，
2.为了集体财产，

不怕风雪，不怕严寒，　小姐妹阿，
不怕冻伤，不怕饥饿，　小英雄阿，

革命的红灯心中照亮，
共产主义思想闪金光。

FINE

好好学习，天天向上

美术片《放学以后》主题歌

1 = E 3/4

活泼、向上地

2. 结束句

$$\begin{array}{cccccc} 5 & \widehat{} i & 6 \cdot \underline{2} & \widehat{} i & 5 & \widehat{} i - \\ 5 & 3 & 4 \cdot \underline{6} & 5 & 4 & 3 - \end{array}$$

茁　　壮　地　成　长。

1.好 好 学　习，　　天 天 向　上，

2.好 好 学　习，　　天 天 向　上，

毛　主　席　的　教　导

三　大　革　命　实践　中

牢 记 在　心　上；

炼 红　思　想；

好　好　学　习，天天 向　上，

好　好　学　习，天天 向　上，

认　真 读　书　为 革　命，认真

实　现 共产 主义 伟大 理　想，实现

读　书 为 革·命。　　　　想。D.C.

共产 主义 伟大 理

小 号 手 之 歌

动画片《小号手》主题歌

$^\flat$A = 1 2/4

| 5̇′′′ — | 5̇′′′ — | 5̇ 5̇ 5̇ 3 | 5̇ 5̇ 5̇ 3 | 3 — |

| 5̇ — | 5̇ 5̇ 5̇ 2 | 5̇ 5̇ 5̇ 2 | 2 — | 2 2 2   2 2 2 |

| 2 2 2   2 2 2 | 2   6 | 2 6 2 | 5   2 | 5   2 5 |

| 6 · 5 | 2 · 5 | 6·5 2 5 | 2 6 5 | 2 2 2 2 0 |

‖: 2 3·1 | 6 6 6 1 | 6 5 6 3 | 2   0 5 | 3 5 |

(领)军 号　达达达 吹，来了 游击 队；　革 命
(领)军 号　达达达 吹，声声 如劈 雷；　吓 得
(齐)军 号　达达达 吹，步伐 快如 飞；　革 命

| 6 3 · 5 | 2·3 2 1 | 6 6 0 | 5 6 1 | 5 0 3 0 |

红 旗　迎 风　舞呀，　奋 勇　杀 白
敌 人　肝 胆　碎呀，　战 场　显 神
到 底　永 向　前呀，　坚 决 不 后

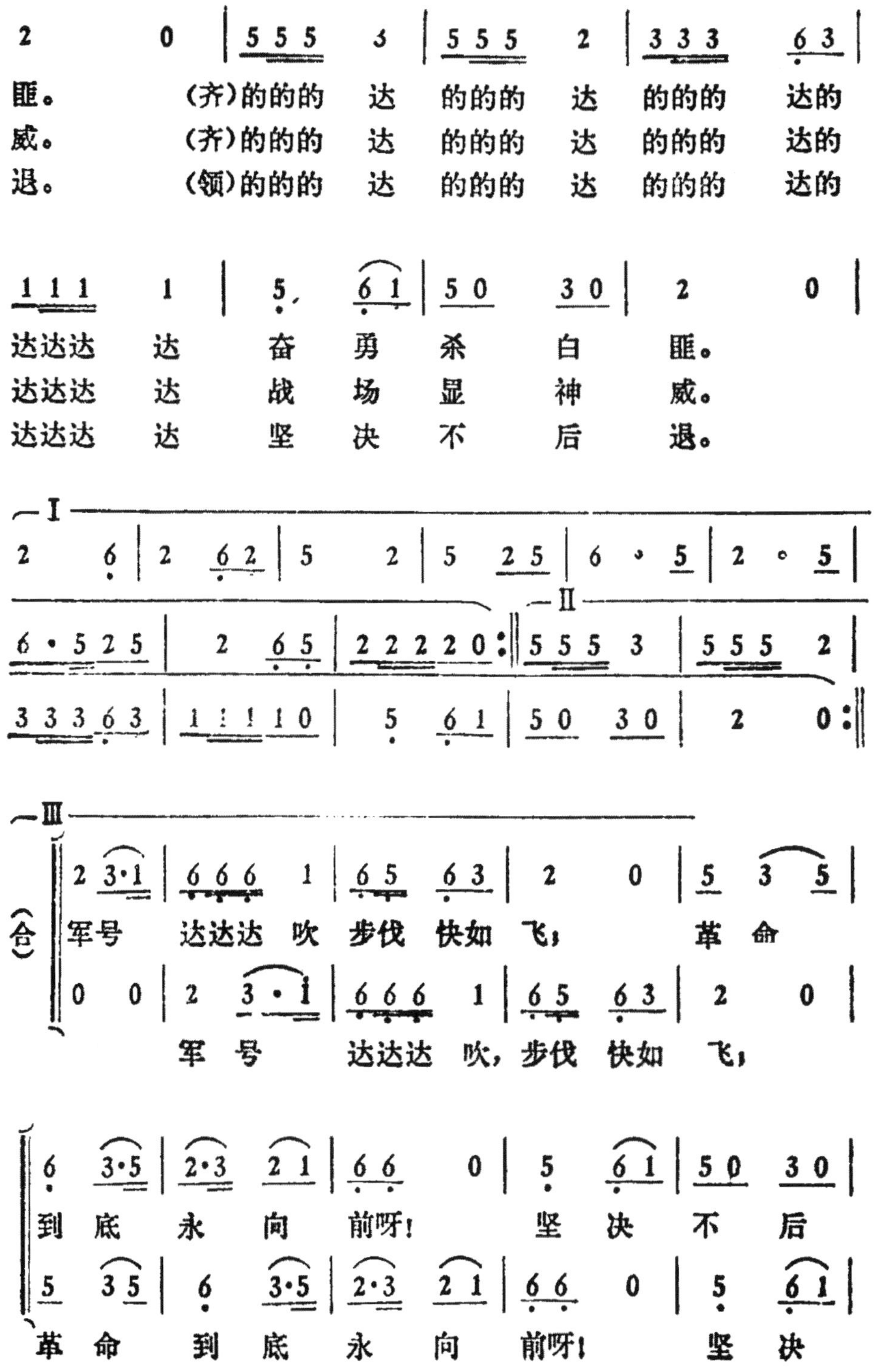
匪。 (齐)的的的 达 的的的 达 的的的 达的
威。 (齐)的的的 达 的的的 达 的的的 达的
退。 (领)的的的 达 的的的 达 的的的 达的
达达达 达 奋 勇 杀 白 匪。
达达达 达 战 场 显 神 威。
达达达 达 坚 决 不 后 退。
(合)
军号 达达达 吹 步伐 快如 飞; 革 命
军 号 达达达 吹, 步伐 快如 飞;
到 底 永 向 前呀! 坚 决 不 后
革 命 到 底 永 向 前呀! 坚 决

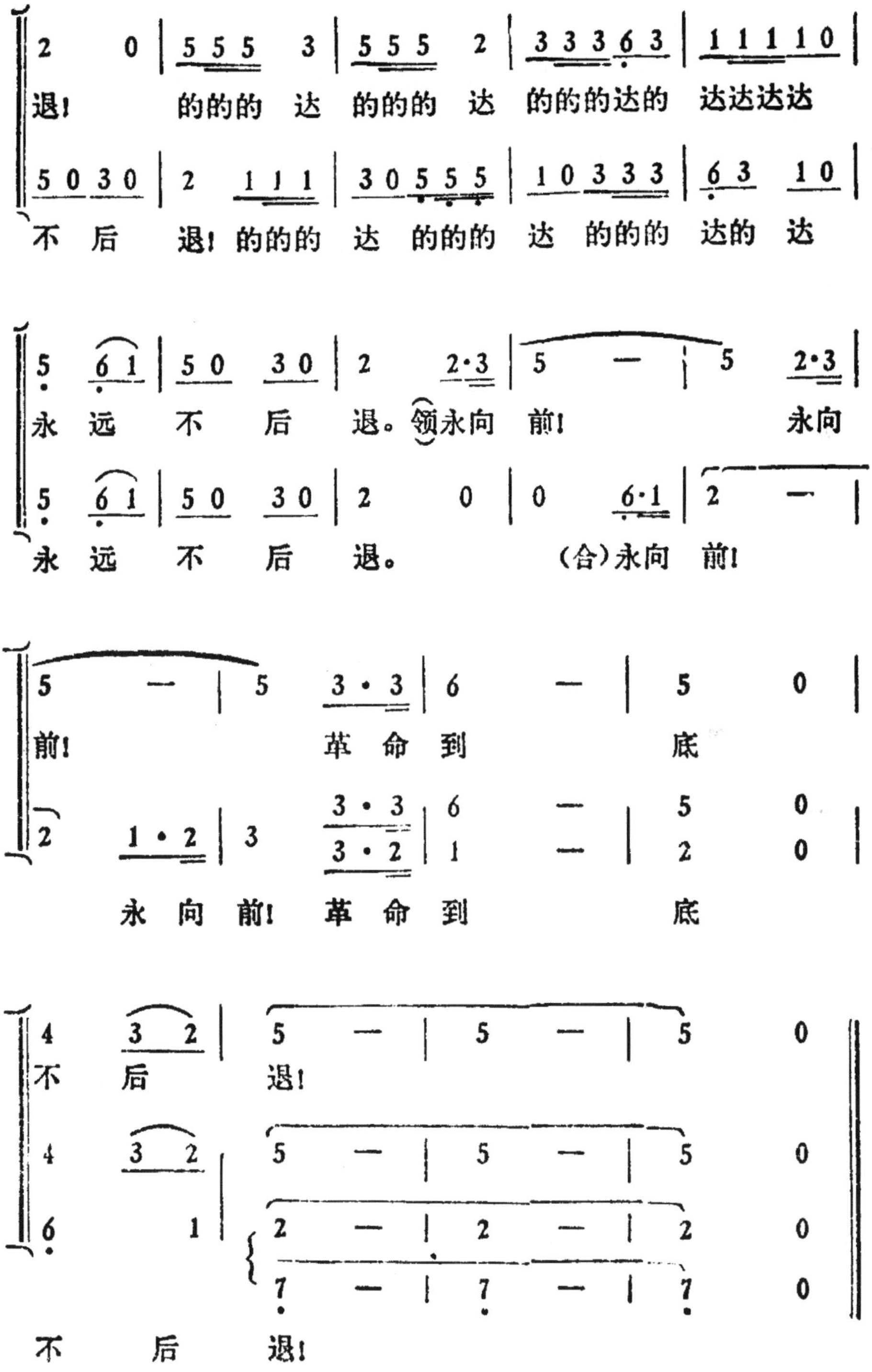
退！ 的的的 达 的的的 达 的的的达的 达达达达
不 后 退！的的的 达 的的的 达 的的的 达的 达
永 远 不 后 退。领永向 前！ 永向
永 远 不 后 退。 (合)永向 前！
前！ 革 命 到 底
永 向 前！ 革 命 到 底
不 后 退！
不 后 退！

毛主席领导我们打胜仗

动画片《小号手》插曲

F调 2/4

毛主席领导我们 去战斗 天天打胜仗

毛主席领导我们去战斗

放羊山歌

剪纸片《东海小哨兵》主题歌

（小红独唱）

1 = ♭B（或A） 2/4 1/4

（前奏）笛子 Solo（慢板）

（稍快）

（轻快、跳跃）

atempo

$\widehat{6\ 5}$　$6\ \dot{1}$ ｜ $\overset{23}{=}2$ － ｜ $\overset{tr}{2}$ － ）‖: （$\dot{2}\ \dot{3}$　$\dot{1}\dot{2}\dot{3}$ ｜ $\dot{2}\ \dot{3}\dot{2}\ \dot{2}\ \dot{1}$ ｜

$6\ \dot{2}\ \dot{2}\ \dot{1}\ 6$ ｜ $5\ 6\ \dot{1}\ 6\ \dot{1}$ ｜ $\dot{2}\ \dot{2}\ \dot{2}\ \dot{2}$ ）｜ $\dot{2}$ ｜ $\widehat{\dot{1}\ \dot{2}\ \dot{3}}$ ｜ $\dot{2}\cdot\dot{3}$ ｜

霞　光　红
小　松　柏

²⁄₄　　　¹⁄₄　　　²⁄₄

$\widehat{\dot{1}\ 6\ \dot{1}\ 6}$ ｜ $\dot{1}$　3 ｜ $\dot{2}\cdot\dot{3}$ ｜ $\widehat{\dot{1}\ 6\ \dot{1}\ 6}$ ｜ $\dot{2}\ \dot{2}\ \overset{\dot{1}}{=}6\cdot\dot{2}$ ｜ $\dot{1}$　·　6 ｜

罗　来天放明　罗　来，小红　放　羊
罗　来青又青　罗　来，排排　行　行

$\widehat{5\ 5}\ 5$　6 ｜ $\widehat{\dot{1}\ 6\ \dot{1}}$　6 ｜ $\overset{5}{=}3$　$5\ 0$ ｜ $\dot{1}\ 6\ \dot{1}$　6 :‖（$3\cdot5$　$3\ 2$ ｜

罗罗罗　来　来山　坪　啊嗬！来山　坪。
罗罗罗　来　象哨　兵　啊嗬！象哨　兵。

$\dot{1}\ 3\ \dot{2}\ \dot{2}\ \dot{1}$ ｜ $6\cdot\dot{2}$　$7\ 6$ ｜ $5\ 6\ 5\ 0$ ）｜ 3　$\widehat{3}$　5 ｜ $\dot{2}\cdot3$　$\widehat{2}\ 0$ ｜

小　红　要　学

（$0\ 3$ ｜ $\dot{2}\dot{3}\dot{2}\dot{1}$ $\dot{2}\ 0$ ）｜　　　　　　　　　　（$0\ \dot{2}\ \dot{3}$

$\widehat{\dot{1}\ \dot{1}}$　$6\ 3$ ｜ $\dot{2}$　$\dot{2}$ · ｜ $3\cdot3$　$\dot{2}\ 3$ ｜ $\widehat{\dot{1}\ 6\ 5}$　$\dot{1}$ ｜

解放　　军嘞，　　　保卫　祖国　东大　门

$\dot{1}\ 6\ 5$　$\dot{1}$ ）｜ $3\cdot5$　$3\ 2$ ｜ $\dot{1}\ 3$　$\dot{2}\ \dot{1}$ ｜ $\widehat{6\ \dot{2}\ \dot{2}\ \dot{2}\ 1\ 6}$ ｜ 5 － ｜

站岗　放哨　炼红　心　炼呀　炼红　心

$5\ \widehat{5\ 6}\ 3\ 2\ \dot{1}$ ｜ $\dot{2}$　　0 ‖

炼呀　炼红　心。

东 海 小 哨 兵

剪纸片《东海小哨兵》插曲

（童声合唱）

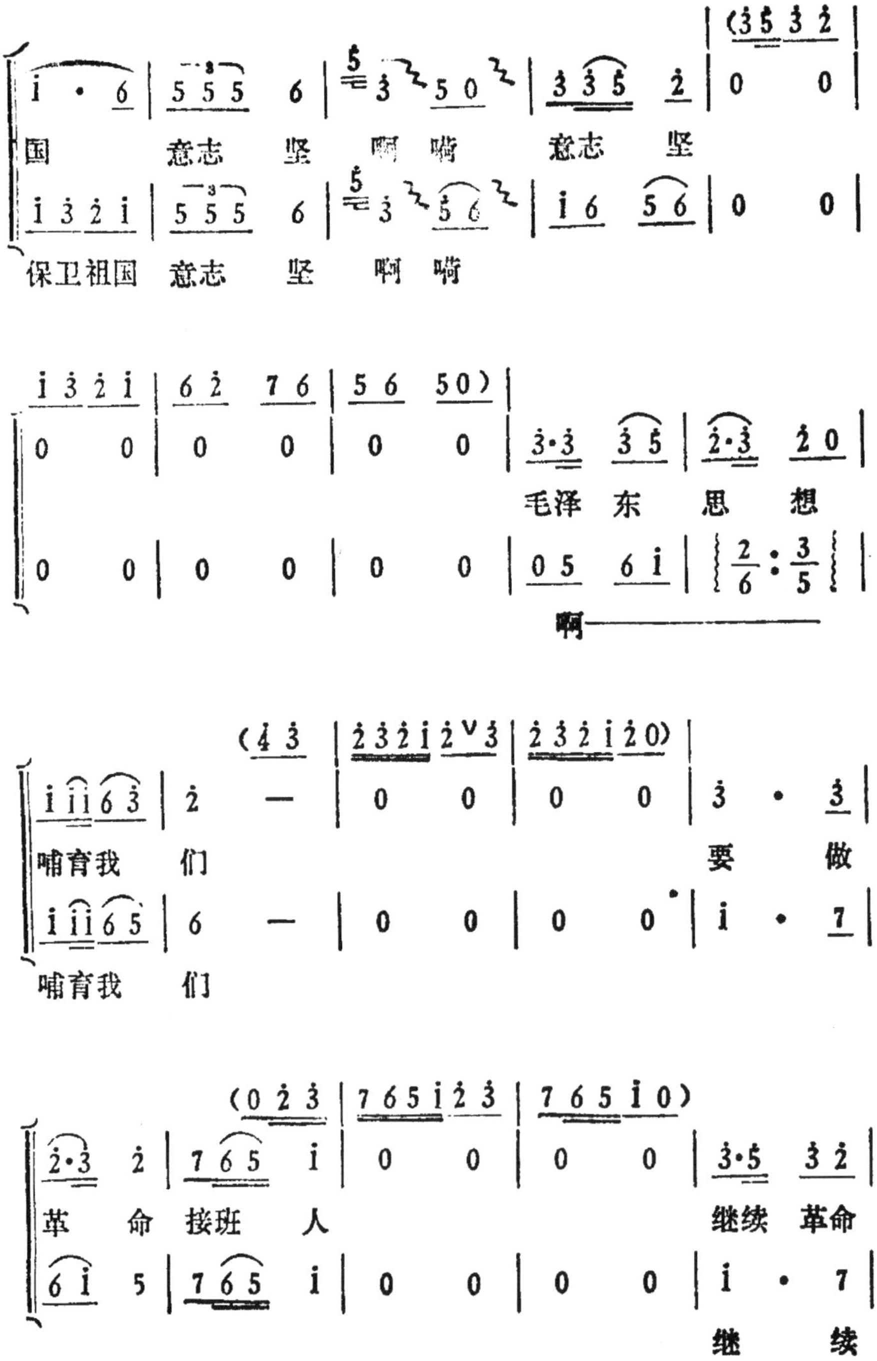
国 意志 坚 啊 啃 意志 坚
保卫祖国 意志 坚 啊 啃
毛泽东 思 想
啊——
哺育我 们 要 做
哺育我 们
革 命 接班 人 继续 革命
继 续

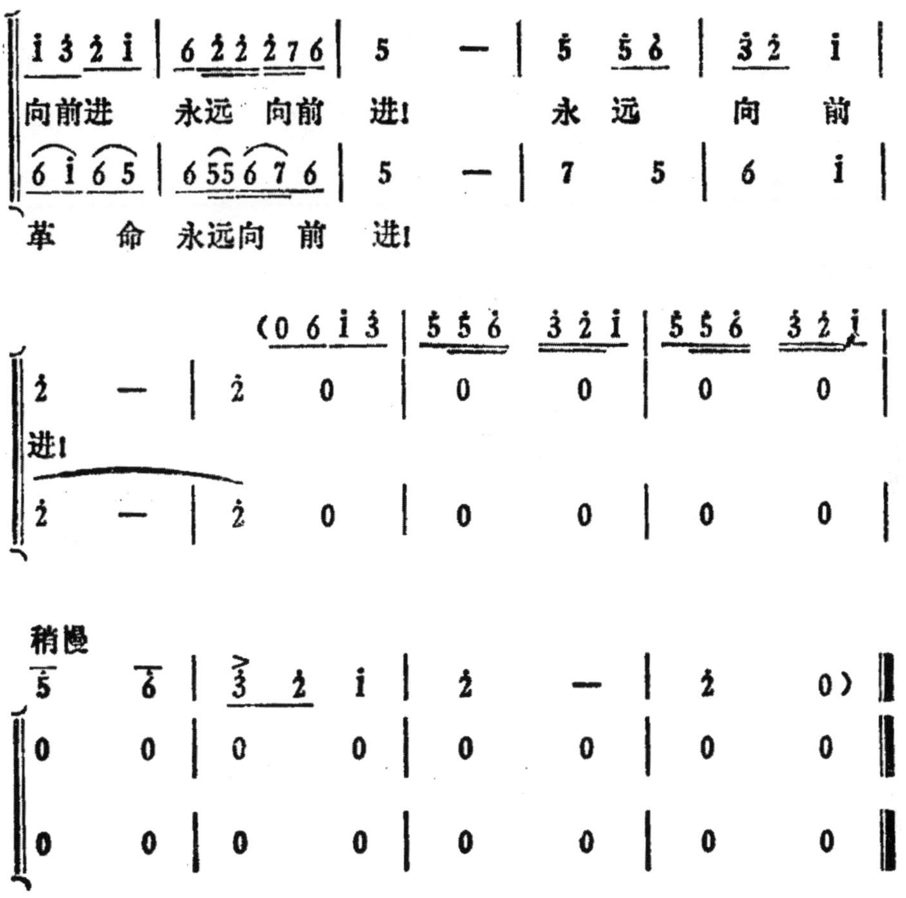
向前进 永远 向前 进！ 永远 向前
革 命 永远向 前 进！
进！
稍慢

小 八 路

木偶片《小八路》主题歌

G = 2/4

稍快、坚定有力

（5·1 2 1 | 5 — | 5·1 2 1 | 6 — | 4·5 6 4 | 5 · | i

6·6 6 2 | 5·6 | 6 2 5 0）: 5 5 6 5 | 0 3 5 | 1

小 八 路， 扛 起
小 八 路， 扛 起

2 0 | 2 2 5 5 | 1 6 | 2 | 6 | 2 5 | —

枪， 英勇 杀敌 上战 场，上 战 场，
枪， 英勇 杀敌 上战 场，上 战 场，

3·3 3 5 | 2 1 | 6 | 2·2 3 2 | 1 — | 2·2 2 2

为了 消灭 侵略 者，浑身 是力 量， 高举 红旗
为了 民族 得解 放，斗志 坚如 钢， 跟着 领袖

1 2 5 | 3·5 5 1 | 2 — | 6·6 | 6 | 6 · | 3

向前 进，越战 越坚 强。 高举 红旗
毛主 席，永远 向前 闯。 跟着 领袖

5·6 5 3 | 2 1 | 2 | 2 5 | 5 | 4 | 5 | 6 — |

向 前 进， 越 战 越 坚 强，
毛 主 席， 永 远 向 前 闯，

1.

6 × | 6·6 6 2 | 5 0 | 0 | （6·6 6 2 | 5·5 6 2 |

（嘿！）越战 越坚 强。
（嘿！）永远 向前 闯。

永　远向　前闯。

丰收的歌声满果园

1=♭E 2/4　朝鲜影片《摘苹果的时候》插曲

（1· 2 | 3　3 | 2 3 2 1 | 6 － | 5 5 6 5 | 3 2 3 2 |

1 － | 1 －）‖: 5　6 | 5 ·3 2 | 1 3 2 1 | 5 － |

1.我　们 富 饶的 果　　园
2.丰　收的 果　　园

0 1 2 3 | 5 1　6 | 5 － | 5 － | 6　1 | 1 · 3 |

无际 无　　边，　　　村 前
花香 飘满　　山，　　　摘 苹果 的

2 1　1 6 5 | 6 － | 6 5 6 5 | 3 2 3 2 | 1 － | 1 － |

苹果　　啊 村后 果树　　山。
姑娘　　啊 歌声 响彻 云 天。

1· 2 | 3　3 | 2 3 2 1 | 6 － | 0 2 2 1 | 6 1 6 5 |

3· 5 | 1　1 | 7 6 5 | 4 － | 0 2 2 3 | 4　4 |

在　北 青 栽的 果 树，　　开花 结 了
感 谢 伟 大 领 袖 带来了 幸

果，　　　　　铺遍了　祖国的　广阔　田　野，
福，　　　　　我们　　无限　　忠于　　您，

盖满了　家乡　山　峦。　　　　啊
红心　　永不　　变。　　　　　啊

我　们　热　爱　领　袖，
我　们　热　爱　领　袖，

红心　代代　永相　传，　　　象鲜花　开在　心
红心　代代　永相　传，　　　象鲜花

（五线谱开头部分）

```
| 1  -  | 1  -  :| 3 2 | 3 2 | i  -  | i  -  ‖
| 1  -  | 1  -  :| 3 2 | 3 2 | 1  -  | 1  -  ‖
```

田。　　　　　　　　　开 在 心 田。

把丰收的果实收获

1=G　2/4　朝鲜影片《摘苹果的时候》插曲

```
( 3  6·5 | 6 7 6 5 | 5 6 5 3 7 | 6 6 5 3 | 0 3 5 6 | 1 3 2 1 |

6  -  | 6  一) :| 3  33 | 5 6 5 3 | 2 3 3 2 1 | 6  -  |
```

1.连 绵 的 山　坡 无 边 果　园，
2.金 色 的 田 野 里 苹 果 成　山，
3.领 袖 的 教　导 牢 记 心　间，

```
1·3 3 5 | 6·6 1 | 2 3 3 2 1 | 2  -  | 3  33 | 5 6 5 3 |
```

成　熟 的 苹果　摘 也 摘 不　完。　响 亮 的 歌　声
劳　动 的 果实　叫 人 真 喜　欢。　苹 果 红 啊
用　我 们 红心　热 情 工　作。　爱 惜 那 果　园 的

```
6 · 5 | 6 5 3 2 | 1  12 | 3 2 3 2 1 | 3 1 1 6 5 | 6  -  |
```

高　唱 丰 收年，响 亮 的 歌 声 高 唱 丰 收　年。
我　们 心 更红，干 劲 冲 天 干 劲 冲　天。
每　个 苹 果，爱 惜 那 果　园 的 每 个 苹　果。

女高 音 `3 6·5 | 6 6· | 6 — | 6 — | 0 i 6 5 | 5 6 |`

女低 音 `0 0 0 | 0 | 1 2·1 | 3 3· | 3 — | 0 0 |`

快来呀，快来，　　　　　快来 摘苹

快来，快来，

`65 3 | 3 — | 5·3 2 | 2 — | 2 — | 2 — |`

`0 1 5 | 5 1 | 6 — | 6 — | 7 7 | 1 7· |`

果，　　　快 来 呀，

快来摘 苹 果。　　　快 来，快来，

`┌1.2.─────┐ ┌3.────┐`

`0 5 3 2 | 1 3 2 1 | 6 — | 6 — : 6 — | 6 — ‖`

把忠诚 果实收 获。　　　　　获。

领袖走过的山路上

`1=G  2/4` 朝鲜影片《劳动家庭》插曲

`5 3 2 | 1 1 2 1 7 | 6 5 1 2 | 3 — | 5 5 3 | 2 1 2 |`

1.我们　每天 走在 山 路 上，　　驾 驶员 姑 娘
2.在白云 缭 绕的 山 路 上，　　白 头山 群 峰
3.革新的 计 划 催人 忙，　　千 里马 骑 手

$6 \cdot 4 \overset{\frown}{3 2 1} | 2 - | 3 \overset{\frown}{3 2} | \overset{\frown}{1 1} \overset{\frown}{7 6} | 6 6 \overset{\frown}{5 4} | 3 - |$

纵情歌　　唱。　伟大　领袖　走过的路　啊，
遥遥在　　望。　解放的恩情　渗透着山　岗，
威名　　　扬。在领袖　指引的　道路　上，

$2 3 5 5 | 4 \overset{\frown}{3 6} | \overset{\frown}{7 7 6 5} | 1 - | 6 - | 5 - |$

我们衷心　向　往。　衷心向　往。　　啊
无　尽的　宝藏　放射着光　芒。　　啊
奋勇奔向　共产主义　前　　方。　　啊

$3 5 \overset{\frown}{4 3 2} | 3 - | \overset{\frown}{2 3 5 5} | 4 \overset{\frown}{3} 6 | \overset{\frown}{7 7 6 5} | 1 - ||$

领袖的关　怀　　　就　象那鲜　花　永远开　放。
领袖的关　怀　　　就　象那鲜　花　永远开　放。
领袖的关　怀　　　就　象那鲜　花　永远开　放。

女 赤 卫 队 员 歌

1=C　$\frac{4}{4}$　　朝鲜影片《劳动家庭》插曲

$5 \quad \overset{\frown}{1 \cdot 1} \overset{\frown}{7 6} | 5 | 6 \overset{\frown}{3 \cdot 4} | 5 - | 6 \overset{\frown}{6 \cdot 6} | \overset{\frown}{6 5} | \overset{\frown}{4 3} |$

1.奋　勇向　前　进,同　志　们！我　们的　脚　　步
2.步　伐迈　整　齐,同　志　们！把　复仇　刺　　枪

1ᵕ2 2ᵕ2ᵕ3 2 — | 3·4 5 5 5ᵕ6 5 | 1̇ 7̇·1̇ 2̇ — |
震天 啊， 不怕敌人美 帝多 猖 狂。
高高举 起， 坚决彻底赶 走美帝国 主 义。

3̇ 3̇·3̇ 2̇ᵕ1̇ 6 | 5 3 2̇·3̇ 1 — | 5 — 1̇ 2̇ |
再侵犯 我 们那是梦 想， 啊
誓死 实 现祖国的统 一， 啊

3̇ 3̇ 3̇ — | 2̇ 3̇ 4̇· 3̇ | 3̇ 2̇·1̇ 2̇ — |
我 们 是 保 卫 祖 国 的
我 们 是 伟 大 领 袖 的

1̇ 1̇ 1̇·7 | 6 4̇ 3̇ — | 2̇ 6 7 5 | 1̇ — — — ‖
百 发 百 中的 神 枪 手 女 赤 卫 队。
以 一 当 百的 战 士 女 赤 卫 队。

鲜花盛开的村庄

1=♭E 3/4 朝鲜影片《鲜花盛开的村庄》插曲

5 5·3 | 5 5 6 | 1 2ᵕ3 2 | 1 — — | 3 5 3 |
1.广阔 的 田野上一 片 金黄， 风卷着
2.天空 里 云雀在纵 情 歌唱， 唧喳喳
3.枝头 上 结满了累 累 果实， 山坡上

1̇ 2̇1̇ 6 | 5 — — | 5 — — | 6 66̇5̇ | 1̇1̇ — |

无　边的　稻　浪。　　　　　我　们的　　农场
响　遍　四　方。　　　　　精　心地　　耕种
牛　羊　肥　壮。　　　　　我　们的　　农场

3 3̇2 3 | 5 6 — | 55 5̇6 | 3·5 2 | 1̇ — — |

日　益　的　兴　旺，　幸福的　鲜花怒　放。
祖　国　的　土　地，　充满着　无限希　望。
一　片　的　繁　忙，　到处是　丰收景　象。

1̇ — — | 1̇ — 5 | 3 3 — | 2·3 2 2 | 1̇ — — |

　首　相领导　我　们社　员，
　互　相帮助，　互　相关　怀，
　社　会主义　康　庄大　道，

2·2 2 1̇ | 2· 1̇ 6 | 5 — — | 5 — — |

走　向那繁　荣　富强。
我们国家人　人　热爱。
我们国家日　益　富强。

6 6 6̇5̇ | 1̇ 1̇ — | 3 3̇2 3 | 5 6 — |

我　们的　家乡　金黄　的田　野，
这　里是　我们　最爱　的地　方，
这　里是　我们　最爱　的地　方，

5 5·6 | 3·5 2 | 1 — — | 1 — — ‖

鲜花　　盛　　开的地　方。

鲜花　　盛　　开的村　庄。

鲜花　　盛　　开的村　庄。

收　割　忙

1=A 2/4　朝鲜影片《鲜花盛开的村庄》插曲

3̇ | 3̇ 3·3̇ | 3̇ 2 3̇ | 2 1̇ | 0 3 2̇ 1̇ |

1.沃　野无　边好景　象，　　处处

2.年　年岁岁大丰　收，　　人人

3.机　械化来新气　象，　　金黄

6 6 1̇ | 6 5 | 3 3 — | 3 6 | 6 6· 1̇ |

秋　收催　人忙。　　拖　拉机　呀

脸　上乐　开花。　　抽　水机　呀

稻　谷堆　满仓。　　幸　福生　活

6 1 6 | 1̇ 2 | 1 2 2 3 | 2̇ 1̇ 6 5 | 6 — |

震天　响，　金黄　谷垛　堆到天　上。

哗哗　淌，　英雄　故事　遍　山　岗。

唱不　完，　感谢　我们　亲爱　的　党。

$\dot{6}$ | $\dot{3}$ — | $5 \cdot \underline{\dot{3}}$ $\dot{6}$ — | $\dot{6}$ — |

哦儿　　希　古　呀哇，

哦儿　　希　古　呀哇，

哦儿　　希　古　呀哇，

$\dot{5}$ — | $\dot{6} \cdot \underline{\dot{5}}$ $\dot{3}$ — | $\dot{3}$ — | 5 6 |

这儿　　希　古　呀哇，　　　　　首　相

这儿　　希　古　呀哇，　　　　　首　相

这儿　　希　古　呀哇，　　　　　首　相

$\dot{6} \cdot$ $\dot{5}$ | $\underline{3 \ 5}$ $\dot{3}$ | $2 \cdot$ $\underline{\dot{1}}$ | $\underline{6 \ 2}$ $\underline{2 \ 3}$ |

缔　　造了　新　　农　村，　　我们　放声

缔　　造了　新　　农　村，　　我们　放声

缔　　造了　新　　农　村，　　我们　放声

$\underline{2 \ \dot{1}}$ $\underline{6 \ 5}$ | 6 — | 6 — |

来　歌　唱！

来　歌　唱！

来　歌　唱！

《文革史料叢刊》 李正中 輯編
古月齋叢書3-8

文革史料叢刊 內容簡介

　　至今中國大陸對於文化大革命仍有極大的爭議，官方和自由派認為文革是錯誤的，自由派甚至認為毛澤東要對此負責。極左派仍支持文革的正當性，認為走資派鄧小平篡奪黨和國家，建立修正主義國家。文革最大的貢獻，就是它本身的失敗，透過失敗破解中國的改革文明進程，也引起我們對整個人類歷史更深遠的思索。

　　本書輯編李正中是一位歷史研究者，也是文革受難者，他以史學家角度鉅細靡遺地蒐集整理文革遺物，舉凡手寫稿、油印品，鉛印文字、照片、繪畫，傳單、小報、造反隊的隊旗、臂標等等。歷時數十年歲月蒐集的內容包羅萬象，以供來者深入研究這一段歷史。

　　「無史料，即無歷史」。史料可分為有意史料與無意史料兩類者，本叢刊為無意史料，都是文革之時不知不覺之中，所留下來的直接史料，更具有學術研究的意義。有了充分的史料，自然會有高明之士運用其正確的史觀深入研究，而有所造就。臺灣蘭臺出版社以服務學術界為原則，不以營利為目的，目前已出版至第六輯，希望有利於文革及其相關的研究。

蘭臺出版社書訊 文革史料叢刊（第一輯一第六輯）

第一輯共六冊，圓背精裝
ISBN：978-986-5633-03-5

第一冊	頁數：758
第二冊	頁數：514
第三冊	頁數：474
第四冊	頁數：542
第五冊	頁數：434
第六冊	頁數：566

第一冊：最高指示及中央首長關於文化大革命講話

第二冊：批判劉少奇與鄧小平罪行大字報選編

第三冊：劉少奇與鄧小平反動言論彙編

第四冊：反黨篡軍野心家罪惡史選編

第五冊：文藝戰線上兩條路線鬥爭大事紀

第六冊：文革紅衛兵報紙選編

古月齋叢書 3 定價 30000元(再版)

第二輯共五冊，圓背精裝
ISBN：978-986-5633-30-1

第一冊	頁數：188
第二冊(一)	頁數：416
第二冊(二)	頁數：414
第二冊(三)	頁數：434
第三冊	頁數：470

第一冊：文件類

　（一）中共中央文

　（二）地方文件 6

第二冊：文論類（

第二冊：文論類（

第二冊：文論類（

第三冊：講話類

古月齋叢書 4 定價 20000元

第三輯共五冊，圓背精裝
ISBN：978-986-5633-48-6

第一冊	頁數：239
第二冊	頁數：284
第三冊	頁數：372
第四冊（一）	頁數：368
第四冊（二）	頁數：336

古月齋叢書 5 定價 25000元

第一冊：大事記類
第二冊：會議材料類
第三冊：通訊類
第四冊（一）：雜誌、簡報類
第四冊（二）：雜誌、簡報類

第四輯共五冊，圓背精裝
ISBN：978-986-5633-50-9

第一冊	頁數：308
第二冊（一）	頁數：456
第二冊（二）	頁數：424
第三冊（一）	頁數：408
第三冊（二）	頁數：440

古月齋叢書 6 定價 35000元

第一冊：參考資料、報紙類
第二冊（一）：戰報類
第二冊（二）：戰報類
第三冊（一）：大批判、大學報集
第三冊（二）：大批判、大學報集

第五輯共五冊，圓背精裝
ISBN：978-986-5633-54-7

第一冊	頁數：468
第二冊	頁數：518
第三冊	頁數：428
第四冊	頁數：452
第五冊	頁數：466

古月齋叢書 7 定價 30000元

第一冊－第五冊：
大批判、大學報集

第六輯共五冊，圓背精裝
ISBN：978-986-5633-59-2

第一冊	頁數：460
第二冊（一）	頁數：422
第二冊（二）	頁數：382
第三冊（一）	頁數：311
第三冊（二）	頁數：389

古月齋叢書8 定價：30000元

第一冊-第五冊：
劇本、歌曲集

購書方式
書款請匯入：

銀行
戶名：蘭臺網路出版商務有限公司
土地銀行營業部（銀行代號005）
帳號：041-001-173756

劃撥帳號
戶名：蘭臺出版社
帳號：18995335

100 台北市中正區重慶南路1段121號8樓之14
TEL：（8862）2331-1675 FAX：（8862）2382-6225
E-mail：books5w@gmail.com
網址：http://bookstv.com.tw/

國家圖書館出版品預行編目資料

文革史料叢刊第六輯/ 李正中編輯. -- 初版. -
臺北市 ： 蘭臺, 2018.1
面 ； 公分. --(古月齋叢書 ; 8)
ISBN 978-986-5633-59-2 (全套 ： 精裝)

1.文化大革命 2.史料
628.75   106007408

古月齋叢書 8

文革史料叢刊第六輯（共五冊）

編輯委員：李正中、張春津、張加君
美　　編：高雅婷、林育雯
封面設計：諶家玲
出 版 者：蘭臺出版社
發　　行：蘭臺出版社
地　　址：台北市中正區重慶南路 1 段 121 號 8 樓之 14
電　　話：(02)2331-1675 或(02)2331-1691
傳　　真：(02)2382-6225
E—MAIL：books5w@gmail.com 或 books5w@yahoo.com.tw
網路書店：http://bookstv.com.tw/、http://store.pchome.com.tw/yesbooks/
　　　　　博客來網路書店、博客思網路書店
　　　　　三民書局、金石堂書店
總 經 銷：聯合發行股份有限公司
電　　話：(02) 2917-8022　　　　傳　真：(02) 2915-7212
劃撥戶名：蘭臺出版社　帳號：18995335
香港代理：香港聯合零售有限公司
地　　址：香港新界大蒲汀麗路 36 號中華商務印刷大樓
　　　　　　C&C Building, 36,Ting, Lai, Road, Tai,Po, New,Territories
電　　話：(852)2150-2100　　　傳　真：(852)2356-0735
經　　銷：廈門外圖集團有限公司
地　　址：廈門市湖里區悅華路 8 號 4 樓
電　　話：(592)2230177　　　傳　真：(592)-5365089
出版日期：2018 年 1 月 初版
定　　價：新臺幣 30000 元整（全套精裝，不零售）
ISBN：978-986-5633-59-2